MORITZ LAZARUS

Grundzüge der Völkerpsychologie und Kulturwissenschaft

Herausgegeben, mit einer Einleitung
und Anmerkungen
versehen von
KLAUS CHRISTIAN KÖHNKE

FELIX MEINER VERLAG
HAMBURG

PHILOSOPHISCHE BIBLIOTHEK BAND 551

Bibliographische Information
Der Deutschen Bibliothek

Die Deutsche Bibliothek verzeichnet diese Publikation in der Deutschen Nationalbibliographie; detaillierte bibliographische Daten sind im Internet über <http://dnb.ddb.de> abrufbar. – ISBN 3-7873-1632-9

Gedruckt mit Hilfe der Geschwister Boehringer Ingelheim Stiftung für Geisteswissenschaften in Ingelheim am Rhein.

© Felix Meiner Verlag 2003. Alle Rechte vorbehalten. Dies betrifft auch die Vervielfältigung und Übertragung einzelner Textabschnitte durch alle Verfahren wie Speicherung und Übertragung auf Papier, Transparente, Filme, Bänder, Platten und andere Medien, soweit es nicht §§ 53 und 54 URG ausdrücklich gestatten. Satz: Type & Buch Kusel, Hamburg. Druck: Strauss, Mörlenbach. Bindung: Schaumann, Darmstadt. Werkdruckpapier: alterungsbeständig nach ANSI-Norm resp. DIN-ISO 9706, hergestellt aus 100 % chlorfrei gebleichtem Zellstoff. Printed in Germany. *www.meiner.de*

INHALT

Einleitung des Herausgebers IX

Zu dieser Ausgabe XXXVIII

Druckvorlagen XLII

Ueber den Begriff und die Möglichkeit einer
Völkerpsychologie [1851] 3

Verdichtung des Denkens in der Geschichte.
Ein Fragment [1862] 27

Beispiele von Verdichtung (27). Der Fortschritt des menschlichen Geistes in der Geschichte bedingt durch Verdichtung von Begriffsreihen zu einfachen Elementar-Begriffen (28). Verhältniß des Irrthums zur geschichtlichen Entwicklung (30).

Objective Mittel zur Verdichtung der Begriffe (31 ff.): Die Sprache (31). Die Sitten und die sittlichen Institutionen, überhaupt die Schöpfungen der Cultur und Civilisation (32). Die objective, in der Cultur des Zeitalters gegebene Verdichtung ist vom Individuum zu einer subjectiven umzugestalten (37).

Ueber das Verhältniß des Einzelnen zur
Gesammtheit [1883/1862] 39

Einleitung. Die Verbindung des Einzelnen zum Ganzen in der Wissenschaft und im Leben (39). Die Verkettung der Verhältnisse des menschlichen Lebens breitet sich über die ganze Erde aus (40), der Wissenschaft von der äußeren Production der Völker, d.i. der Nationalökonomie, gegenüber wird eine Wissenschaft von der Gesammtheit des producirenden Geistes selbst gefordert:

die Völkerpsychologie (42). Bestimmung der hier zu behandelnden Aufgabe (44). Zweifel an der Berechtigung der Völkerpsychologie wird zurückgewiesen (44). Aeußerungen von Goethe, W. v. Humboldt, Ritter, Goltz (47). Der Geist ist das gemeinschaftliche Erzeugniß der menschlichen Gesellschaft (49), nicht des von Verbindung und Geschichte abhängigen Individuums (50), deshalb muß die Gesellschaft selbst Gegenstand der Wissenschaft sein (51). Nationale und andere geistige Gemeinschaft (52). Verschiedenheit der Gesammtheit und ihrer Einzelnen – Fr. Perthes über die Spanier (54).

Begriff der Einheit: Inwiefern ist der einzelne Mensch eine Einheit? (56). Inwiefern eine abgesonderte Einzelheit? (57). Die Familie (60). Das Wesen der Individualität und der Gesammtheit verschieden nach Zeiten und Völkern (62). Individualität und Subjectivität (Steinthal über Griechen, Burckhardt über Italiener) (64), also verschiedene Arten der Einheit (67), nachgewiesen in dem Verhalten der Einzelnen zur Sprache des Volkes (69) (Volksschriften (70)), in dem ökonomischen Bestand und Betrieb eines Volkes (73), in dem politischen Leben (Analogie mit dem Organismus) (74). Die Bedeutung der Gemeinsamkeit für das Volksleben erläutert an den Lappen (79). Die Gesammtheit früher als der Einzelne (81).

Bewußtsein der Einzelnen von ihrem Verhältniß zur Gesammtheit: das Selbstbewußtsein der Gesammtheit (83), als das wesentliche Element für die Definition des »Volkes« (87), es ist bei verschiedenen Völkern dem Inhalte nach verschieden (91), bei den Einzelnen je nach dem Stande und der Stellung (93), verdeutlicht an der geistigen Einheit eines Heeres (93). Folgerung (95).

Der Gesammtgeist in geschichtlicher Bewegung. Bisherige Erklärungsweisen der Fortschritte der Nationen: 1. Hypostasirung der Prinzipien, 2. der Zeitgeist, Apotheose des Genius (97). Grundzüge des Fortschrittsprozesses (100). Die Masse und die genialen Führer in Wechselwirkung (101). Die Allgemeinheit der Idee und die Individualität ihrer Gestaltung im Einzelnen (107). Warum in den glücklichen Epochen viele große Männer neben einander erstehen? (109). Wirkung des Gesammtgeistes in den öffentlichen Versammlungen (110). Die theilnahmslose Masse: Verholzung und Wucher, Verdienst und Schuld der Gesammtheit (110). Pflanzstätten des Gemeinsinns (112). Active und ruhende Kräfte (114).

Wechsel der Generationen (117). Leben und Geschichte (117). Die Continuität des geistigen Lebens (118). Kastenwesen (120). Der allgemeine Nationalgeist und seine besondere Gestaltung in einer bestimmten Zeit (121).

Untergang eines Volkes (123).

Ergänzungen. Die Frauen (125). Die Jugend (126).

Schluß. Schärfste Zuspitzung der Individualität und größte Stärke der Einheit der Gesammtheit (127).

Einige synthetische Gedanken zur Völkerpsychologie [1865] 131

Vorbemerkung .... (131)
§ 1 Die Analogie des gesammten und des einzelnen Geistes .... (136)
§ 2 Das Zusammenleben .... (140)
§ 3 Die Abhängigkeit des Einzelnen von der Gesammtheit .... (146)
§ 4 Formen des Zusammenwirkens im Gesammtgeist .... (153)
   A. Die Beziehung auf die Gesammtheit bleibt unbewußt .... (153)
   B. Die Thätigkeit im Dienste des öffentlichen Lebens .... (163)
   C. Wirkung der Gesammtheit für den Einzelnen .... (167)
   D. Gemeinsame Thätigkeit der Einzelnen für einen öffentlichen Zweck .... (171)
§ 5 Analoge Formen im Einzelgeist .... (173)

§ 6	Der objective Geist	(175)
§ 7	Der objective Geist als Masse	(178)
§ 8	Der objective Geist als System	(178)
§ 9	Die Verkörperung des Geistes	(179)
§ 10	Maschine und Werkzeug	(180)
§ 11	Der psycho-physische Typus	(187)
§ 12	Die Institutionen der Gesellschaft und die Formen der Geselligkeit	(189)
§ 13	Totalbild des objectiven Geistes	(189)
§ 14	Der subjective und der objective Geist	(192)
§ 15	Die Träger des objectiven Geistes	(199)
§ 16	Beiderseitige Gliederung des subjectiven und des objectiven Geistes	(202)
§ 17	Die Harmonie der Gliederung und ihr Gegentheil	(203)
§ 18	Die Ausbildung des objectiven Geistes	(207)
§ 19	Die Fortbildung durch Genialität	(209)
§ 20	Die Fortbildung durch Tüchtigkeit	(212)
§ 21	Das Historische	(213)
§ 22	Unterschiede des historischen Wirkens	(214)
§ 23	Gehalt und Form	(218)
§ 24	Das Individuum und die Individualität, die Gesammtheit und das Allgemeine	(224)
§ 25	Gesetzmäßigkeit, Entwicklungsgesetze, Ideal- und Real-Gesetze; Inhalt, Prozeß und Gesetz	(227)

Siglen und Abkürzungen	239
Anmerkungen des Herausgebers	243
Literaturverzeichnis	275
Personenregister	283
Orts- und Länderverzeichnis, Ethnographisches	285
Begriffs- und Sachregister	287

EINLEITUNG

Moritz, eigentlich *Moses* Lazarus[1] ist erstmals im Jahre 1851 mit dem Programm einer Völkerpsychologie hervorgetreten, die mit den Mitteln der Herbartschen ›Psychologie als Wissenschaft‹ der Erforschung des Volksgeistes dienen sollte. ›Ueber den Begriff und die Möglichkeit einer Völkerpsychologie‹ war dieser hier erstmals wieder abgedruckte Aufsatz betitelt, der zuerst den irreführenden und unglücklich gewählten Namen einer Völkerpsychologie proklamierte,[2] von dem schon der junge Emile Durkheim treffend sagte, daß es sich eigentlich um *Sozialpsychologie* handle.[3] Denn hier sollten in ausdrücklicher *Absetzung* von Hegel, der die Volksgeister als auf- und absteigende Prinzipien der Weltgeschichte bemüht hatte, aber in um so engerer *Anlehnung* an die Sprachwissenschaft W. v. Humboldts die Gesetze der Tätigkeit, der Wirkungen und Funktionsweisen *innerhalb*

---

[1] Vgl. M. Lazarus: Aus meiner Jugend. Autobiographie. Mit Vorw. u. Anhang hg. v. Nahida Lazarus. Frankfurt/M.: J. Kauffmann 1913, S. 125: »Erst auf Veranlassung seiner Frau Sara wurde allmählich ›Moritz‹ eingeführt; Lazarus selbst hat sich nie so genannt.« Vgl. hingegen Belke [siehe Siglenverzeichnis] I S. 369: ›Stammbaum von Moritz Lazarus‹.

[2] Spätestens 1865 ist Lazarus dies bewußt und er distanziert sich vorsichtig: »Nur weil die Vereinigung der Menschen im geistigen Gesammtleben vorzugsweise – wenn auch nicht ausschließlich – in der Volkseinheit sich darstellt, haben wir diese Disciplin als Völkerpsychologie bezeichnet; der Name soll nur die Psychologie jedes Gesammtgeistes *a potiori* bezeichnen.« (IG S. 420 f.)

[3] Vgl. Emile Durkheim: Frühe Schriften zur Begründung der Sozialwissenschaft. Hg. v. Lore Heisterberg. Darmstadt/Neuwied 1981, S. 45.

des Volksgeistes bestimmt werden. Denn was ein Volk zu eben diesem mache, liege nicht in gewissen objektiven Verhältnissen wie Abstammung, Sprache usw., sondern vielmehr in seiner *Identität*: ›der subjektiven Ansicht der Glieder des Volks, welche sich zusammen *als ein Volk ansehen und zu einem Volke rechnen.* Es sei deshalb nötig zu zeigen, was diese subjektive Ansicht der Glieder eines Volkes alles enthalte, welche *Gleichheit* untereinander sie meine, worauf sie beruhe und wie sie sich bilde‹.[4]

Als »die nächste und wichtigste Aufgabe der Völkerpsychologie« bestimmte Lazarus es deshalb bereits in der ersten Formulierung seiner Absichten, »das Verhältniß der Gesammtheit zum Einzelnen zu untersuchen und festzustellen«, eine Aufgabe, der er sich erst ein Jahrzehnt später in der ebenfalls hier wiedergegebenen Abhandlung ›Ueber das Verhältniß des Einzelnen zur Gesammtheit‹ (1861) unterzog. Während der frühe Programmaufsatz noch ganz unter der Leitvorstellung gestanden hatte, daß die Gesamtheit und die Inhalte des Volksgeistes, wie Sprache und Sitten, das Übergewicht den Einzelnen gegenüber beanspruchen müsse, lotete seine Abhandlung von 1861 bereits die vielfältigen *Wechselwirkungen* der Einzelnen und der Gesamtheit aus, um in der bald nachfolgenden Abhandlung ›Einige synthetische Gedanken zur Völkerpsychologie‹ (1865) dann »einige Gesetze des geistigen Zusammenlebens« (§§ 1–5) und eine Theorie des ›objektiven Geistes‹ (§§ 6–25) zu entwickeln. Hier wurde erstmals das Spannungsverhältnis von *subjektivem* und *objektivem Geist* systematisch im Sinne des Problems einer *Aneignung* der ›öffentlichen Cultur des Zeitalters‹ analysiert, wie Lazarus bereits 1862 in dem hier ebenfalls wiedergegebenen kleinen Aufsatz ›Ueber die Verdichtung des Denkens in der Geschichte‹ diese Problemstellung konzipiert hatte.

[4] In diesem Band S. 88.

Der Herbartianer M. Lazarus – Jugendfreund Diltheys[5] und akademischer Lehrer Simmels – hatte sich damit zwischen 1851 und 1865 Schritt für Schritt von der Volksgeist-Psychologie zu einem modernen Kulturbegriff und einer ›Culturwissenschaft‹ vorgearbeitet, die einerseits in die Frühgeschichte der Soziologie gehört, andererseits als ›Theorie des objektiven Geistes‹ dann eine eigene kulturphilosophische Tradition stiftete. Denn es gibt in Deutschland wohl keine akademische *Kulturphilosophie*, die nicht in irgendeiner Weise auf Lazarus, Dilthey oder Simmel zurückginge, und auch der Titel dieser Disziplin wurde erstmals 1899 auf ein Titelblatt gebracht – von Ludwig Stein,[6] einem anderen gemeinsamen Schüler von Lazarus und Dilthey, der später als Soziologe und Philosoph ein Nachfolger auf dem für Lazarus eigens eingerichteten Berner Lehrstuhl für Völkerpsychologie gewesen ist.[7]

Freilich vermeiden die von Lazarus inspirierten Theorien des ›objektiven Geistes‹, die uns von Dilthey, Simmel, Freyer – als ›Der Aufbau der geschichtlichen Welt in den Geisteswissenschaften‹ (1910), als ›Begriff und Tragödie der Kultur‹ (1911) oder als ›Theorie des objektiven Geistes‹ (1923) – überliefert sind, allesamt eine Erwähnung ihres Ideengebers, wenn sie nicht sogar Hegel als deren Urheber fingierten. Was wohl nicht so sehr auf den Antisemitismus Einzelner zurückgehen dürfte, sondern es geht allenfalls auf einen der deutschen Geistesgeschichte, wenn man so will, seinerseits auf den ›objektiven Geist‹ jener Zeit zurück, wie denn schon der junge Simmel bei

---

[5] Vgl. die Literatur in Anm. 61.

[6] Vgl. Ludwig Stein: An der Wende des Jahrhunderts. Versuch einer Kulturphilosophie. Freiburg i. B. / Leipzig / Tübingen: J. C. B. Mohr (Paul Siebeck) 1899.

[7] Vgl. Ludwig Stein: Aus dem Leben eines Optimisten. Berlin: Brückenverlag 1930, S. 16, 24, 49; Ders.: Lazarus, Moritz. In: Biographisches Jahrbuch und deutscher Nekrolog 8/1905, S. 124–134.

Lazarus gelernt hatte: »Auch der Hexenglaube und der Antisemitismus, die Tortur [...] sind Momente des objektiven Geistes, aus dem sie dann mit unberechenbarem Einfluss in unzählige subjektive Geister ausstrahlten und ausstrahlen«.[8] Wobei man hinzusetzen kann, daß dieses Verschweigen und diese Marginalisierung von Lazarus sich letztlich wohl dem Umstand verdankten, daß der Berliner Honorarprofessor für Psychologie und Philosophie, später Mitbegründer der Hochschule für die Wissenschaft des Judentums, ein im deutschen Kaiserreich recht prominenter Jude war: *als Jude* – Mitbegründer der Deutschen Schillerstiftung, ehemaliger Rektor der Universität Bern, Professor an der Kriegsakademie in Berlin, protegiert vom Kronprinzen, dem späteren Friedrich III. Er war Vorsitzender von Synodalversammlungen (1869; 1871), einer der Widersacher Treitschkes im Antisemitismusstreit, in verschiedenen Komitees gegen Pogrome in Osteuropa tätig, und schließlich ein nicht unumstrittener jüdischer Ethiker. Ich glaube, es war vor allem diese *spätere* Prominenz,[9] die die *frühen* völkerpsychologischen Schriften des Kulturwissenschaftlers, Früh-Soziologen und Kulturphilosophen Lazarus nicht zum Zitat empfohlen haben, so daß sie der philosophie- und wissenschaftsgeschichtlichen Marginalisierung anheimfielen.

---

[8] Georg Simmel: [Besprechung von:] Steinthal, H.: Allgemeine Ethik. Berlin 1885. In: Vierteljahrsschrift für wissenschaftliche Philosophie 10/1886, S. 487–503; vgl. Georg Simmel Gesamtausgabe. Hg. v. O. Rammstedt. Frankfurt 1989 ff. [im Folgenden zitiert als GSG] GSG 1 S. 209.

[9] Vgl. z. B. den Artikel, den die ›Vossische Zeitung‹ am 14.9.1884 (Sonntagsbeilage Nr. 37) brachte: »Professor *Moritz Lazarus*, der morgen sein sechzigstes Lebensjahr vollendet, hat eine Bedeutung für unser Kulturleben überhaupt, und insbesondere für Berlin gewonnen, daß man billig seine Wirksamkeit mit der Moses Mendelssohn's im vorigen Jahrhundert vergleichen kann. Er ist

Wenn deshalb Ernst Cassirer 1939 die Umstrittenheit der Legitimität von Kulturphilosophie u.a. darauf zurückführte, daß sie auf keine gesicherte Tradition zurückblicken könne,[10] und wenn demgegenüber heute die überragende Stellung Georg Simmels für die Kulturphilosophie anerkannt wird[11] – dann führt das eine wie das andere auf den Kulturbegriff und die ›Theorie des objektiven Geistes‹ von Lazarus zurück. Denn von diesem ist die wissenschaftliche Aneignung des Alltäglichen und deren Einbeziehung in den Begriff der Kultur ausgegangen, ohne den die Kulturphilosophie, Kultursoziologie und Kulturgeschichte und alle Kulturwissenschaften einschließlich der allerneusten[12] nicht mehr auszukommen vermöchten. Denn was immer und im einzelnen heute die unterschiedlichsten Autoren, Schulen, Richtungen und Einzeldisziplinen unter ›Kultur‹ verstanden wissen wollen, allesamt haben sie den älteren, im 18. Jahrhundert verbreiteten Sprachgebrauch ›Kultur‹ im Sinne einer ›Kultivierung der Seele und des Geistes‹ zu nehmen, verlassen, und statt dessen können als Synonyme ›Zivilisation‹, ›Zweite Natur‹ oder ›objektiver Geist‹ für diesen modernen Kulturbegriff eintreten.

Israelit, aber der blonde Mann mit dem wohlwollenden Antlitz, das von der reinsten Selbstlosigkeit zeugt, hat so gar nichts von dem spezifisch jüdischen Typus an sich, daß man schon oft seine ›christlich germanischen‹ Zuhörer fragen hörte, ob er denn wirklich jüdischer Geburt sei«.

10 Vgl. Ernst Cassirer: Naturalistische und humanistische Begründung der Kulturphilosophie. In: Ders.: Erkenntnis, Begriff, Kultur. Hg. v. R. A. Bast. Hamburg 1993, S. 231.

11 Vgl. Ralf Konersmann: Aspekte der Kulturphilosophie. In: Ders. (Hg.): Kulturphilosophie. Leipzig 1996, S. 9–24; S. 17.

12 Vgl. z. B. Hartmut Böhme, Peter Matussek, Lothar Müller: Orientierung Kulturwissenschaft. Was sie kann, was sie will. Reinbek bei Hamburg 2000. Teil II: Zur Geschichte kulturwissenschaftlicher Ansätze in Deutschland. Kap. 1: Völkerpsychologie.

Als in den dreißiger Jahren Walter Benjamin an seinem Passagenwerk arbeitete und sich vornahm: »Zu ermitteln, wie der Begriff der Kultur entstanden ist, welchen Sinn er in den verschiedenen Epochen hatte und welchen Bedürfnissen seine Prägung entsprach«, da formulierte er die vorsichtige Vermutung: »Es könnte sich herausstellen, daß er, sofern er die Summe der ›Kulturgüter‹ bezeichnet, jungen Ursprungs ist [...]«[13] und lag damit durchaus richtig, denn dieses *neuere* Verständnis des Kulturbegriffs, das auch die Sachkultur, die materielle Kultur oder die Kulturgüter – und also auch die Alltagsgegenstände – in diesen Begriff mit einbezog, beruht ganz offensichtlich auf zwei dezidiert *modernen* Voraussetzungen, denn:

Erstens wird der Begriff Kultur damit nicht mehr exklusiv nur für *höhere* Bildung, für Philosophie und Künste verwendet, also nicht mehr nur im Sinne der cultura animi – der Pflege der Seele oder ›Kultivierung‹ des Geistes – verstanden, was diesem Begriff um 1800, in Spätaufklärung und Frühidealismus, jenen immer auch geschichtsphilosophischen Sinn verliehen hatte, von jeglicher ›Bildung‹ zugleich eine Höherbildung der Menschheit als Ganzer zu erwarten.

Und *zweitens* hat damit der Kulturbegriff – durch die Einbeziehung auch der Kulturgüter – jeden wertenden, teleologischen Sinn verloren und gegen einen rein deskriptiven eingetauscht, worin sich zugleich eine deutliche Höherbewertung des Materiellen, von Handarbeit und des insofern eher Alltäglichen ausdrückt: ›Sach- oder Alltagskultur‹ lautet das dafür gängige Stichwort, mit dem sich auch Benjamins damalige Interessen charakterisieren lassen, weshalb er denn bei seinen Recherchen nicht zufällig auf Georg Simmel stieß und in dessen ›Philosophie

---

[13] Vgl. Walter Benjamin: Gesammelte Schriften. V.1. Hg. v. Rolf Tiedemann. Frankfurt/M. 1982, S. 584.

des Geldes‹ fündig wurde, so daß er soviel richtig gesehen hat, daß in genau dieser Richtung der Ursprung des modernen Kulturbegriffs zu suchen sei. Dieser Kulturbegriff nun stammte nicht ursprünglich von Georg Simmel, sondern bereits von dessen Lehrer, der in seiner Theorie des objektiven Geistes außer den immateriellen auch die materiellen Objektivationen des Geistes, die Lebenswelt und die Lebensweisen bis hin zu den Formen der Geselligkeit in den Kulturbegriff einbezogen hatte. Und dieser *nicht*hegelsche Begriff des ›objektiven‹ Geistes bedeutete, beinhaltete und bewirkte innerhalb der Theoriebildung der sogenannten ›Völkerpsychologie‹ eine Entdeckung des Alltäglichen durch die Wissenschaften, und dies sowohl im Hinblick auf die *alltäglichsten Dinge,* wie auch im Hinblick auf eine Vielzahl von *sozialen Sachverhalten und Gegebenheiten.*[14] Und das kam so: Im Jahrgang 1861 erschien in Berthold Auerbachs Volkskalender – neben Novellen und kulturhistorischen Skizzen – eine zunächst ganz unscheinbare Plauderei eines gewissen Aaron Bernstein, die den Titel trug: ›Ein alltägliches Gespräch‹, in dem Bernstein sich verwunderte, daß seine Zeitgenossen die *Culturwelt* so gedankenlos hinnähmen: »Welch großartige Kultureinrichtung ist z. B. ein gewöhnlicher Wochenmarkt?!« fragt Bernstein[15] und macht als *Bedingungen der Möglichkeit* von so etwas Alltäglichem wie einem Wochenmarkt die Tatsachen der Arbeitsteilung, Tausch und Gegenseitigkeit der Dienstleistungen aus, aber auch eine bestimmte soziale Ordnung dafür verantwortlich, die wir doch allemal so gedankenlos einfach nur hinnehmen: soziale Sachverhalte

[14] Vgl. Köhnke: Der junge Simmel – in Theoriebeziehungen und sozialen Bewegungen. Frankfurt/M. 1996. Kap. III.1 u. passim.
[15] A. Bernstein: Ein alltägliches Gespräch. In: Berthold Auerbach's deutscher Volks-Kalender für das Jahr 1861. Leipzig: Ernst Keil o. J. (= 1861), S. 135–150; S. 140.

nicht anders als die alltäglichen Dinge, Taschenuhren ebenso wie beispielsweise auch die Postzustellung, die doch mindestens eine Kultur des Vertrauens und der Diskretion voraussetze, seien Alltäglichkeiten, die man einfach gedankenlos hinnehmen, aber eben auch deuten und interpretieren könne und müsse, denn diese »Ordnung der Alltäglichkeit« zeuge von einer »Fülle großartiger Gedanken«.[16]

Hierüber berichtete und daran knüpfte Lazarus an, im Jahr darauf, 1862,[17] und versuchte eine Erklärung für diese Gedankenlosigkeit, mit der wir diese ›Ordnung der Alltäglichkeit‹ uns dennoch ständig zunutze machen. Die Erklärung lautet kurz gesagt auf *Trivialisierung*. Denn was einstmals, wie z.B. der Pythagoreische Lehrsatz, eine Großtat der Mathematik darstellte, werde heute von jedem Schulbuben mit Leichtigkeit erworben, weil die Leistung, ihn zu finden – eine gedankliche *Verdichtung* – heute jedem im Resultat bereitstehe, der dies nur nachvollziehen wolle. Und so auch mit allen anderen Erkenntnissen, besonders aber der Sprache als solcher, dann auch die Sitten, Institutionen und sozialen Gegebenheiten, sie stehen jedem zur Verfügung, ganz ohne besondere Bemühungen des Einzelnen zu erfordern, sondern werden einfach erworben resp. *angeeignet*.

Nicht anders gelte dies auch in bezug auf die materielle Welt: Denn »nicht bloß die gewaltige und überwältigende Schöpfung sittlicher Institutionen und hervorragender Kunstwerke ist es, welche Organe der Gedankenverdichtung schafft; sondern da, wo die Wissenschaft und die ethische und ästhetische Gestaltungskraft sich mit dem alltäglichen Leben verbindet, wo sie immer tiefer in die Breite des Lebens herabsteigen, da [...] schlingt sich der

---

[16] Vgl. Bernstein: a.a.O. S. 140.
[17] In diesem Band S. 27 ff.

Faden höchster Geistescultur in die Formen der alltäglichsten Dinge.«[18] Denn auch sie gehören zu diesem gewaltigen – und staunenswerten – Schatz, zur ›öffentlichen Cultur des Zeitalters‹, die durch *Aneignung* in eine ›Cultur des Individuums‹ überführt werden müsse: Denn wer »gedankenlos an einem Wochenmarkt vorübergeht, wer gedankenlos den Postboten kommen und gehen sieht, der wird niemals eine national-ökonomische Wahrheit entdecken oder eine Verbesserung im Postwesen einführen.«[19]

Damit liegt eine Theorie der ›objektiven Verdichtungen‹ resp. des ›öffentlichen‹ und ›objektiven Geistes‹ auf der Hand, und zwar eine, nicht im Sinne Hegels, der bekanntlich die höheren, theoretischen und künstlerischen Gebiete dem sog. ›absoluten Geist‹ zuordnete, sondern Lazarus' Frage ist die nach dem ›objektiven Geist‹ als dem Inbegriff sämtlicher Kulturerrungenschaften. Das zeigt sich spätestens 1865, wo Lazarus sagt: »In Büchern und Schriften aller Art, in Bau- und anderen Denkmälern, in Kunstwerken und den Erzeugnissen des Gewerbefleißes, in den Werkzeugen (und in den Werkzeugen zur Erzeugung der Werkzeuge), in den Verkehrsmitteln zu Lande und zu Wasser, auch in den Vorkehrungen des Handels sammt der Erstellung allgemeiner Tauschmittel, in den Waffen und Kriegsgeräthen, in Spiel- und Kunstwerkzeugen, kurz in der Herstellung von allen körperlichen Dingen zum realen oder symbolischen Gebrauch findet der objective Geist eines Volkes seinen bleibenden Ausdruck.«[20] Dies wäre dann wohl genau diejenige Textstelle, die Walter Benjamin interessiert hätte, als er nach der Aufnahme der ›Kulturgüter‹ in den Kulturbegriff fragte: M. Lazarus: Einige synthetische Gedanken zur Völkerpsychologie, in:

---

[18] In diesem Band S. 33.
[19] In diesem Band S. 36.
[20] In diesem Band S. 180.

Zeitschrift für Völkerpsychologie und Sprachwissenschaft, 3. Jahrgang 1865, § 8. Der objective Geist als System *und* § 9: Die Verkörperung des Geistes überhaupt, lautet dieser Beleg. Ein Verweis übrigens, der so auch zu Hans Freyers Kapitel »Objektiver Geist als System« gehört hätte.

Wenn Lazarus dann in § 12 titelt: »Die Institutionen der Gesellschaft und die Formen der Geselligkeit«, so klingt hier nicht nur Simmels ›Soziologie der sozialen Formen‹ an, sondern seine ›Kulturphilosophie‹ verdankt ihm sogar das Theorem von der ›Tragödie der Kultur‹: »Der Mensch, der [...] in das Leben eintritt, findet neben der objectiv gegebenen Welt der Natur zugleich in dem objectiven Geist eine zweite, eine Welt des Gedankens«, eine Welt der Manifestationen des Gedankens, die ›zweite Natur‹ oder eben ›Kultur‹: »in viel späteren Zeiten und auf viel höheren Stufen der Cultur erleben wir in historischer Zeit denselben wahrhaft tragischen Erfolg der Form, indem die Gestaltung zur Verhärtung, die Bildung zur Versteinerung wird,« heißt es schon bei Lazarus in § 23: Gehalt und Form.

Aber etwas anderes ist wichtiger: Die alltäglichste Lebenswelt und ihre Lebensweisen konnten damit zum Thema auch *systematischer* wissenschaftlicher Bemühungen werden (statt vormals methodenloser kulturhistorischer), und dies gleich in zweierlei Hinsicht, denn die funktionellen Zusammenhänge und Wechselwirkungen von Einzelnen und der Gesamtheit werden zum Gegenstand der *Soziologie* – und die des ›objektiven‹ und ›subjektiven Geistes‹ stellen später das zentrale Thema der *Philosophie der Kultur* dar. Aber nicht nur in diesen Antizipationen liegt die eigentliche Bedeutung der Völkerpsychologie für die Wissenschaftsgeschichte – speziell der Gesellschafts-, Sozial- und Geisteswissenschaften –, sondern darin, daß hier erstmals, und zwar bereits 1860, eine »eigentliche Cultur-Wissenschaft« *neben* der »Geschichte der Cultur« programmatisch gefordert wird,

Einleitung

eine *Kulturwissenschaft*,[21] wie sie in verschiedenen Disziplinen bereits vorgebildet sei, von denen die Nationalökonomie, Politik und Gesellschaftslehre sich ja bereits zu einiger Selbständigkeit emporgearbeitet hätten. Denn in ihnen gehe es doch allenthalben – so Lazarus – »um die Beschreibung gewisser Culturerscheinungen« und *eben nicht* um historische Wandlungen, wie in der herkömmlichen Kulturgeschichte.[22]

Man könnte in diesen Äußerungen von Lazarus, in dieser Programmatik zugunsten einer ›Kulturwissenschaft‹ in Abgrenzung zur ›Kulturgeschichte‹, eine erste Auflehnung

---

[21] Die beiden früheren, ganz unterschiedlichen Programme einer ›Kulturwissenschaft‹ von Moritz v. Lavergne-Peguilhen (1838 u. 1841) und Gustav Klemm (1851) belegen lediglich ein frühes *Vorkommen* des Begriffs: Lavergne-Peguilhen faßt sie als Wissenschaft einer kollektiven *cultura animi* zur Vervollkommnung der Menschheit: »Die *Kulturwissenschaft*, deren Aufgabe es ist[,] die Gesetze festzustellen, auf welche die Vervollkommnung der Menschen und Völker beruht [...]« (Die Bewegungs- und Productionsgesetze. Ein staatswirthschaftlicher Versuch. Königsberg: E. J. Dalkowski 1838 (a. u. d. T.: Grundzüge der Gesellschaftswissenschaft. 1. Teil), S. 8); ausgeführt dann in: Die Kulturgesetze. 1. Abt. enthaltend die allgemeinen Kulturgesetze und die Gesetze der sinnlichen Natur. Königsberg: J. H. Bohn 1841 (a. u. d. T.: Grundzüge der Gesellschaftswissenschaft. 2. Teil), S. 1 ff. (= §§ 63 ff.). – Gustav Klemms programmatische Abhandlung: Grundideen zu einer allgemeinen Cultur-Wissenschaft. In: Sitzungsberichte der kaiserlichen Akademie der Wissenschaften. Philosophisch-historische Classe. 7. Bd. Wien 1851, S. 167–190, wurde verlesen in der Sitzung vom 9. Juli 1851. Sie bestimmt es als Aufgabe der ›Culturwissenschaft‹, »Erscheinungen darzustellen, welche in der Entwicklung der von der Vorsehung in den Menschen gelegten Kräfte gegenüber der Natur hervortreten, die Ursachen derselben im Menschen und in der Natur aufzusuchen und die Gesetze nachzuweisen, nach denen diese Wechselwirkung stattfindet« (S. 168), wobei die von der Culturgeschichte in ihrer Aufeinanderfolge geschilderten Erscheinungen dann nach den ›Trieben der Menschen‹ *geordnet* werden sollen (S. 169).

gegen den Historismus und den Versuch einer Befreiung von dessen Dominanz in den Geisteswissenschaften zugunsten systematischer Ansätze erblicken wollen. Auch läßt sich leicht zeigen, daß dieser Ansatz einer Theorie der Kultur, ganz im Hier und Jetzt, jenseits einer etwaigen ›historisch-genetischen‹ Perspektive genau auf das abzielte, was späterhin bei Simmel *Soziologie* als Theorie der *Formen* der Vergesellschaftung hieß, und was andererseits bei Dilthey unter den Begriffen einer Strukturlehre, von Funktions- und Strukturzusammenhang insbesondere in dessen ›Der Aufbau der geschichtlichen Welt in den Geisteswissenschaften‹ weitergeführt wurde, – oder auch, wie eben von Hans Freyer zu einem ›objektiven Geist als System‹ und einer Theorie starrer ›Kultursysteme‹ verfestigt wurde.

Als eigentlich fruchtbar und anschlußfähig erwies sich nicht Lazarus' Versuch einer *Systematisierung* alles dessen, was den ›objektiven Geist‹ ausmacht, sondern vielmehr die Skizzierung jener *Wechselwirkungen* und jenes *Spannungsverhältnisses*, das zwischen Einzelnen und der Gesamtheit, diesmal aber nicht nur in *soziologischer*, sondern auch in *kultureller* Hinsicht besteht. Denn wenn man den kleinen Aufsatz von Lazarus über die ›Verdichtung des Denkens in der Geschichte‹ von 1862 etwas genauer ansieht, dann unterscheidet Lazarus dort bereits »zwei Arten der Verdichtung des Denkens«: »die eine nämlich ist individuell, subjectiv durchgemacht, dergestalt, daß das verdichtete Denkproduct aus dem eigenen, allmählichen Prozeß der Verdichtung hervorgeht«.[23] Das meint also ganz einfach Herbarts Apperzeptions- resp. Lernprozeß, den wir als Individuen durchmachen. Aber nicht nur das Individuum lernt, sondern dies tun auch ganze

---

[22] In diesem Band S. 273.
[23] In diesem Band S. 35.

Völker, und schließlich die ganze Menschheit, wobei diese andere *Verdichtung* – im Gegensatz zur individuell vollzogenen – »sachlich allgemein, objectiv [ist], dergestalt, daß nur das Resultat eines historischen Prozesses in der Seele aufgefaßt wird«,[24] und damit den Inbegriff der Kultur, Zivilisation oder der ›zweiten Natur‹ darstellt. Denn darin besteht die eigentliche ›Verdichtung der Gedanken in der Geschichte‹. Lazarus sagt: »Jene bezeichnet die eigene Cultur des Individuums, diese die öffentliche Cultur des Zeitalters«,[25] so daß hiermit bereits, und zwar 1862 die heutige Doppeldeutigkeit des Kulturbegriffs aufs klarste ausgesprochen ist, denn das eine ist: Geisteskultur des Individuums, *cultura animi,* wohingegen ›Cultur des Zeitalters‹ die von uns vorgefundene *Zivilisation* oder *natura altera* bezeichnet.

Hinzu kommt, daß diese »objectiven Verdichtungen der Cultur« nach Lazarus »in subjective verwandelt« resp. *angeeignet* werden müssen, womit denn bereits eine Problemformulierung vorgenommen ist, die Georg Simmel 40 Jahre später zum Zentralthema seiner ›Kulturphilosophie‹ machen wird: das Problem der »gesonderten Entwicklung der sachlichen und der personalen Kultur«[26] und damit die Aneignung des ›objektiven Geistes‹ resp. der ›objektiven Kultur‹ durch die Subjekte, eine Aneignung, die in der ›Philosophie des Geldes‹ (1900) schon als prekär angesehen wird, und die im Zuge des wissenschaftlich-technischen und also zivilisatorischen Fortschritts schließlich mißlinge, so daß es zu der von ihm sogenannten ›Tragödie der Kultur‹ komme. Hier sei nur eine frühe Formulierung aus der ›Philosophie des Geldes‹ zitiert: »Täglich und von allen Seiten

---

[24] Ebd.
[25] Ebd.
[26] Vgl. GSG 6 S. 627.

her wird der Schatz der Sachkultur vermehrt, aber nur wie aus weiter Entfernung ihr folgend und in einer nur wenig zu steigernden Beschleunigung kann der individuelle Geist die Formen und Inhalte seiner Bildung erweitern.«[27] Aber auch die »ungeheure Ausdehnung des objektiv vorliegenden Wissensstoffes gestattet, ja erzwingt den Gebrauch von Ausdrücken, die eigentlich wie verschlossene Gefäße von Hand zu Hand gehen, ohne daß der tatsächlich darin verdichtete Gedankeninhalt sich für den einzelnen Gebraucher entfaltete. Wie unser äußeres Leben von immer mehr Gegenständen umgeben wird, deren objektiven, in ihrem Produktionsprozeß aufgewandten Geist wir nicht entfernt ausdenken, so ist unser geistiges Innen- und Verkehrsleben [...] von symbolisch gewordenen Gebilden erfüllt, in denen eine umfassende Geistigkeit aufgespeichert ist – während der individuelle Geist davon nur ein Minimum auszunutzen pflegt«.[28] Womit Simmel nicht nur auf Ernst Cassirers ›Philosophie der symbolischen Formen‹ vorausweist, indem eben diese gedanklichen Verdichtungen allesamt Symbolcharakter tragen,[29] sondern Simmel drückt damit auch genau das aus, was von Lazarus im Anschluß an Herbart als ›Enge des Geistes resp. des Bewußtseins‹ bezeichnet wird: die für das Individuum bestehende Unmöglichkeit, sich einen anscheinend beliebig steigernden Wissensschatz anzueignen.[30]

---

[27] A.a.O. S. 621 f.
[28] A.a.O. S. 621.
[29] Vgl. ausführlich bei Willfried Geßner: Simmel, Cassirer und die Wendung zur Kulturphilosophie. Berlin: Edition Humboldt. i. Ersch.; Ders.: Der Schatz im Acker. Georg Simmels Philosophie der Kultur. Weilerswist: Velbrueck, i. Vorb.
[30] In diesem Band S. 22 f.

Differenz der Kulturen

Warum stellt sich jemand wie Lazarus gerade *dieses* Problem, warum geht *zweitens* dann von einer solchen Problemdisposition eine ganze kulturphilosophische Theorieentwicklung über den ›subjektiven‹ und ›objektiven Geist‹ aus? Um diese Fragen einigermaßen angemessen zu beantworten, ist ein Rückgriff auf gewisse biographische Implikationen unvermeidbar, denn das Thema der *Aneignung von Kultur* und überhaupt das Interesse an *Sozialpsychologie*, resp. an Völkerpsychologie[31] geht auf zunächst ganz persönliche Erfahrungen der ›Differenz der Kulturen‹ zurück, die Lazarus in seinen ›Jugenderinnerungen‹ schildert: In Filehne, einer Kleinstadt von etwa 3000 Einwohnern im damals preußischen Regierungsbezirk Posen wurde er im Jahre 1824 geboren. Die Einwohnerschaft setzte sich zu etwa je einem Drittel aus Deutschen, Polen und Juden zusammen, und der Rabbinersohn Lazarus sollte seinem Vater und Großvater in diesem Beruf nachfolgen und wurde zunächst zum jüdischen Theologen ausgebildet. Das hieß vor allem hebräisch lernen, und neben dem war, wie für einen künftigen Rabbiner nicht unüblich, auch eine Berufsausbildung, in diesem Falle kaufmännische Lehre nötig, und sie wurde von Lazarus bis zu seinem achtzehnten Lebensjahr absolviert. 1842 dann begann er seine sogenannten

---

[31] Vgl. Friedrich Kirchner: Wörterbuch der philosophischen Grundbegriffe. Berlin: Dr. R. Salinger Verlag 1897, S. 494: »Völkerpsychologie oder Sozialpsychologie ist derjenige Zweig der Seelenlehre, welcher auf Grund der Ähnlichkeit zwischen den Formen und Sitten der Gesellschaft und den Zuständen des individuellen Seelenlebens von Herbart angeregt wurde. [...] Daraus entwickelte sich eine Psychologie der Gesellschaft, welche nicht sowohl Verhältnisse der Menschen als zwischen den Menschen betrachten will«.

wissenschaftlichen Studien, d.h. er bereitete sich auf den Besuch eines deutschen Gymnasiums vor, und zwar in Niedersachsen, wohin man ihn schickte, da dort mancher Verwandter sich seiner annehmen werde.»Am 22. Januar 1843 habe ich bei meinem Bruder in Sondershausen die ersten lateinischen und griechischen Stunden gehabt und lange Jahre hin diesen Tag als meinen zweiten Geburtstag gefeiert. Mit der bewußten Energie und Fassungskraft des Erwachsenen und mit der Frische des Kindes ist die Erlernung beider Sprachen ergriffen worden«.[32] Er macht sehr schnelle Fortschritte: »Mit neunzehneinhalb Jahren kam ich nach *Braunschweig,* um dort in das Gymnasium einzutreten. [...] In der Obersekunda blieb ich nur ein Vierteljahr [...] Meine Kameraden [...] standen durchschnittlich im vierzehnten Lebensjahre. Neben der größeren Reihe der Jahre und der mannigfachen geistigen Vorübung kam mir ein nie rastender Fleiß und eine nie getrübte Arbeitsfreude zustatten. Mit einer Art von Heißhunger habe ich alles Lernbare verschlungen, [...] Die lateinische und griechische Lektüre habe ich auf eigene Hand verdoppelt und mehrfach manches bis zum Auswendiglernen wiederholt.«[33]

Dabei mußte er sich neben dem Schulbesuch zwar den Lebensunterhalt durch Stundengeben im Hebräischen, Predigen und durch theologische Unterweisungen selber verdienen, aber dennoch geht es sehr schnell voran, wie Lazarus nicht ohne Stolz berichtet, denn die vier obersten Gymnasialklassen absolviert er in kaum anderthalb Jahren.[34] Soweit hat er die Matura und wird studieren, aber er hat etwas weit Wertvolleres: er spricht inzwischen akzentfrei deutsch, und er hat inzwischen auch erstmals

---

[32] Vgl. M. Lazarus: Aus meiner Jugend, a.a.O. S. 62 f.
[33] A.a.O. S. 79 f.
[34] A.a.O. S. 82.

Christen resp. Deutsche näher – und erstmals in vertraulichem Verkehr – kennengelernt. In dem bezeichnenderweise ›In der Fremde‹ überschriebenen Kapitel berichtet er: »In die gesammte Denk- und Lebensweise meiner neuen Genossen habe ich mich bald hineingefunden. In meinem Innern aber wogte und kämpfte vielerlei. Ob der Instinkt mich leitete, oder wieviel das Nachdenken mir half, ich weiß es nicht, *das* aber weiß ich genau, daß ich gerade wie für die Aussprache der deutschen Mundart, so auch für die Erkenntnis des deutschen Lebens und seiner Kultur den Umweg des lateinischen und griechischen Geistes mit Eifer suchte.«[35] Den Maßstab für das Erreichbare an Verständnis eines Volksgeistes bildete seine eigene, bereits erworbene Kenntnis des jüdischen Geistes und seiner Entwicklung, die freilich sehr ausgeprägt war. Genau so auch wollte er in den Geist der klassischen Völker eindringen, um dann – wie er wörtlich sagte – »*schließlich auch den der deutschen Nation zu erfassen und zu erfahren, um einmal in ihm an meiner Stelle mitzuarbeiten; damals wurde ganz gewiß* [...] *in meinem inneren Arbeiten der Grund zur Völkerpsychologie gelegt*«.[36]

Denn Lazarus sucht sich das alles wirklich *anzueignen* – und versucht dabei das Unvereinbare zu versöhnen: griechische Antike und idealistische Philosophie, wissenschaftliche Rationalität und jüdischen Traditionalismus: »Diese verschiedenen Weltanschauungen zu vereinen, war meine Sehnsucht; ihre Gegensätze, ihre zum Teil himmelweite Entfernung voneinander, war meine Qual! [...] Während meine Zeit und Kraft doch vorzugsweise den täglichen Aufgaben des Gymnasiums und des Talmudstudiums gewidmet war, zerrten an mir und rangen in meiner Seele alle jene unvereinbaren Gegensätze in der

[35] A.a.O. S. 91.
[36] A.a.O. S. 92.

Auffassung der Welt und des Lebens! [...] Daß die Deutschen auf den Wegen des Plato oder Zeno die Wahrheit suchten, erschien mir begreiflich; *aber durchaus wie lebendige Rätsel erschienen mir die modernen Rabbiner*,«[37] so heißt es hier, und es wurde absehbar, daß er sich zunächst einmal schrittweise dem Judentum und der Laufbahn des Rabbiners entfremden würde.

Er studiert statt dessen Philosophie in Berlin, promoviert mit einer Arbeit über ›ästhetische Erziehung‹, lebt als Privatgelehrter und konzipiert 1850/51 sein Programm einer ›Völkerpsychologie‹, in dem er u.a. sagt – und man kann dies als eine Art Selbstbekenntnis lesen:»Jedes Individuum eines jeden Volkes ist von seinem Volksgeiste jedenfalls so weit abhängig, daß der Kreis seiner Vorstellungen sich anfangs nothwendigerweise innerhalb des größern allgemeinen Vorstellungskreises (Sprache, Sitte usw. seines Volkes) befindet. So weit die Beschränkung. Die Freiheit beginnt mit der subjectiven Thätigkeit der *Aneignung des im Volksgeiste Gegebenen*, und kraft der Freiheit unterscheiden sich die Individuen zunächst (noch ganz innerhalb der gedachten Schranke) durch das Maß und den Umfang dieser Aneignung; nur wer diese in einer Richtung vollendet, wer von dem, was den Geist seines Volkes darstellt, genaue Kenntniß gewonnen, demnach wie man zu sagen pflegt, auf der Höhe seines Volkes – seiner Zeit – steht, kann diese weiter führen.«[38]

Aneignung des im Volksgeiste Gegebenen macht frei – im zweifachen Sinne, sowohl die Aneignung des eigenen jüdischen, wie auch die des zunächst fremden deutschen Volksgeistes macht *frei* –, und das ist kein leeres Wort, sondern formuliert hier deutlich erkennbar die Erfahrung eines inzwischen weitgehend assimilierten Juden, der

---

[37] A.a.O. S. 93 f.
[38] In diesem Band S. 16 f.

bis zur Unkenntlichkeit seiner Herkunft in den Berliner Salons verkehrt, der in Literatenclubs, dem ›Tunnel über der Spree‹ und im ›Ruetli‹, mit Theodor Fontane, Theodor Storm, Paul Heyse, mit dem Maler Adolph Menzel, mit Diplomaten und hohen Militärs verkehrt.[39]
Lazarus, der von Haus aus fast mittellose, hat reich geheiratet, und so schmerzte es nicht so sehr, daß er, auch nachdem er seine Professur in Bern aufgegeben hatte, und obwohl er die in Berlin erhoffte Professur nicht erlangte, statt dessen dort als unbezahlter ›Honorarprofessor‹ jahrzehntelang Psychologie und Philosophie lehrte, – gelegentlich hochgeehrt, aber eben doch ausgeschlossen. Als ihm 1895 von einem amerikanischen Rabbinerseminar ehrenhalber der Doktor der Theologie verliehen wurde, da antwortete er, daß seine Völkerpsychologie ›aus den letzten Tiefen des Judentums entspringe‹[40] – was m. E. gleich in einem mehrfachen Sinne wahr ist, denn sicher will seine Völkerpsychologie auch den Geist der Völker in ihrer Verschiedenheit erforschen, um sie zu versöhnen, aber das am eigenen Leibe erlittene Erlebnis der *Differenz der Kulturen* wurde zum eigentlichen Anlaß dieser Theoriebildung, insbesondere die Tatsache, daß er sich zudem eine andere Kultur ›in der Fremde‹ erst eigens anzueignen hatte, zudem auf dem Umwege über eine gymnasiale Bildung und also auf dem Weg über das Studium der Antike, – alles dies muß m. E. berücksichtigt werden, wenn man auf die Frage antworten will, warum ein Lazarus gerade diese bestimmte Problemdisposition geschaffen hat: denn hier allenthalben zeigt sich, daß Aneignung entschieden mit ›Assimilation‹ – wenn

---

[39] Vgl. das Kapitel ›Der Tunnel über der Spree‹ in Theodor Fontanes ›Von Zwanzig bis Dreißig‹ und Fontanes Briefe, Tagebücher.
[40] Vgl. Belke I S. 204–206: Lazarus an das Lehrerkollegium der ›Hebrew Union College‹ Cincinnatti, z. H. Präs. Wise. 7.5.1895.

man so will: auch mit ›Anpassung‹ – zu tun hat, die allerdings mit dem Antisemitismusstreit von 1879 definitiv *scheiterte*.

Daß Lazarus der erste war, der in diesem Sinne eine Theorie des objektiven Geistes zu schaffen versuchte, ist letztlich nur aus religiöser Prägung zu verstehen, bzw. zu erklären, wie sich zeigt, wenn man die Bedeutung, die hier allenthalben das ›Objektive‹, Traditionale und die Gesamtheiten tragen, näher ins Auge faßt, denn: *Aneignung* bedeutete und beinhaltete für den aus dem Posenschen stammenden Rabinersohn Lazarus zuerst Aneignung von fremden Sprachen und der fremden Aussprache und Kultur der Deutschen – *Kultur* meint bei ihm deshalb die *ganze* neue Lebenswelt, die *natura altera*, eben weil er mit dem Wort *Kultur* nicht seine eventuellen Opernbesuche, sondern den *Inbegriff der Differenzen verschiedener Kulturen* bezeichnet wissen will.[41] Zweitens: *Aneignung* der objektiven Kultur entspringt als Auftrag und Gebot schließlich der jüdischen Sittenlehre, indem jeglicher *Individualismus* von Auffassungen, Wertungen und Lebensweise unbedingt vermieden werden muß, wie Lazarus erklärt. In seinem Alterswerk ›Die Ethik des Judenthums‹ (1898) betont er eigens, wie sehr es ihm in diesem Werk ganz darauf angekommen sei, sich *hingebend einzuleben in den Gesammtgeist des Judentums,* »wie sehr es des festen und klaren Verzichtes« bedurft hätte, »anderweitig entlehnte und [...] eigene Gedanken« in dieses Werk hineinzutragen.[42] Und er erklärt dieses Gebot der Zurückhaltung der eigenen Persönlichkeit aus der jüdischen Sittenlehre, indem er ausführt: diese ›Vermeidung des Individualismus‹[43] sei geboten, weil *alle* Kraft der

---

[41] Vgl. M. Lazarus: Aus meiner Jugend, a.a.O. S. 58 ff.
[42] EJ I S. 81.
[43] EJ I S. IX.

Individuen der Gemeinschaft, dem gemeinschaftlichen Ideal zu dienen habe. Wofür er folgerichtig das Leben in der *Diaspora* verantwortlich macht: »Ohne eine geschlossene Gesellschaft« trat die jüdische *religiöse* Gesetzgebung der Thora als das einzige, *Alles* zusammenhaltende Band der Juden ein. Denn es fehlte *jeder politisch-staatliche* Verband, d.h.: »Eine äussere, greifbare Einheit ist nicht vorhanden, aber innere, geistige Einheit des ganzen Stammes mehr als je vorher und vielleicht als bei irgend einem Volk; und mit voller Klarheit des Bewusstseins wird diese Einheit [von den in der Diaspora lebenden Juden] erstrebt und befestigt. [...] Nicht genug kann dieser historische Unterschied des jüdischen gegen andere Völker hervorgehoben werden. Überall sehen wir [...] daß der Zerfall des Staatslebens die Völker zum Individualismus führt«[44] – bei Griechen, Römern und Babyloniern –, *überall* sind die politisch gegründeten Staatswesen am Individualismus zugrunde gegangen. »Bei den Juden aber tritt [damit] eine neue Art geistig-sittlicher Einheit, ein ganz eigenartiges sociologisches Element hervor: [...] das Festhalten an dem eigenen Gesetz, an den überlieferten Principien der Lebensführung, das zähe, ausdauernde, durch zahlreiche Martyrien besiegelte Festhalten« war für die Juden charakteristisch.[45] Hieraus »erblühte zugleich die *Allen gemeinsame Verpflichtung auf die Ehre, die Würde und den Bestand des Ganzen*. Trotz der Zerstreuung in alle Länder, wer und was Einer auch sei, wo er lebe, er ist verpflichtet [...] die Gesammtheit als solche ist [...] Heiligung des göttlichen Namens.«[46] *Daß* also Lazarus allenthalben und prinzipiell die Leistungen und die Bedeutung der Gesamtheit höher stellt als die des Einzelnen, das scheint unter

---

[44] EJ I S. 26.
[45] EJ I S. 26f.
[46] EJ I S. 27.

diesem Aspekt gewissermaßen geradezu *natürlich,* wiederum im Sinne einer ›zweiten Natur‹, d.h. *kulturell* geprägt durch die Geschichte und die spezifischen sozialen Formen des *jüdischen* Lebens in der Diaspora.

Wenn man sich unter dieser Perspektive *erneut* dem Begriff des *objektiven Geistes* zuwendet, dann zeigt sich, daß das ungeheure Übergewicht des objektiven Geistes gegenüber dem subjektiven Geist, zumal aber die Aufgabenstellung der *Aneignung* – so, *wie* sie Lazarus formuliert – *ohne* das spezifisch jüdische Ethos und ein gewisses darin auch mitschwingendes Pathos nicht denkbar scheinen. Und man versteht jetzt auch sein Interesse an Herbart besser, wenn er, Lazarus, sagt: »Der Geist ist das gemeinschaftliche Erzeugniß der menschlichen Gesellschaft, nicht des von Verbindung und Geschichte abhängigen Individuums. Deshalb muß die Gesellschaft selbst Gegenstand der Wissenschaft sein.«[47] – »Die Psychologie [Herbarts] lehrt, daß der Mensch durchaus und seinem Wesen nach gesellschaftlich ist; d.h. daß er zum gesellschaftlichen Leben bestimmt ist, weil er nur im Zusammenhange mit seines Gleichen das werden und das leisten kann, was er soll; so sein und wirken kann, wie er zu sein und zu wirken durch sein eigenstes Wesen bestimmt ist.«[48] Und weiter: »Auch ist thatsächlich kein Mensch das, was er ist, rein aus sich geworden, sondern nur unter dem bestimmenden Einflusse der Gesellschaft, in der er lebt. [...] Der Geist ist das gemeinschaftliche Erzeugniß der menschlichen Gesellschaft. Hervorbringung des Geistes aber ist das wahre Leben und die Bestimmung des Menschen; also ist dieser zum gemeinsamen Leben bestimmt, und der Einzelne ist Mensch nur

---

[47] Vgl. VEG S. XIV; in diesem Band S. 49.
[48] Vgl. EG S. 3. – Dass. findet sich fast wörtlich auch in: VEG S. 332f.; in diesem Band S. 49.

in der Gemeinschaft, durch die Theilnahme am Leben der Gattung.«[49]

Ich möchte diese *Lesart* nur anbieten und keinesfalls verabsolutieren. Denn was Lazarus in seinem Spätwerk als Interpretationen seiner Intentionen bei Begründung der Völkerpsychologie anführt, ist eben erst gesagt, *nachdem* er längst bereits zu einem bewußten Judentum zurückgekehrt war. Wenn man so will, damit auch zu seiner ursprünglichen Bestimmung, wenngleich er tatsächlich jedoch nicht mehr Rabbiner geworden ist. Und so blieb denn, lebensgeschichtlich betrachtet, die Völkerpsychologie eigentlich bloße Episode, fiel vor allem in die Jahre zwischen 1851 und 1865, d.h. in sein 26. bis 41. Lebensjahr, und sie fiel in die Zeit, da er sich vollständig zu assimilieren suchte, ein Projekt, das schließlich scheiterte, nicht anders als die Völkerpsychologie es tat.[50] Worüber sich im einzelnen trefflich spekulieren ließe, aber das Scheitern der Völkerpsychologie geht vor allem wohl darauf zurück, daß dieses Projekt viel zu früh kam. Denn noch dominierte ein fast ungebremster Historismus und Individualismus die Theoriebildung in den Kulturwissenschaften, wohingegen Kulturphilosophie, Sozialpsychologie und Soziologie erst gegen Ende des 19. und eigentlich erst im 20. Jahrhundert Themen universitärer

---

[49] Vgl. EG S. 3. – VEG S. 333; in diesem Band S. 48f.

[50] Über das Fortleben der Völkerpsychologie vgl. Peter Keiler: Feuerbach, Wygotski & Co. Studien zur Grundlegung einer Psychologie des gesellschaftlichen Menschen. Hamburg: Argument 1997. – Georg Eckardt (Hg.): Völkerpsychologie – Versuch einer Neuentdeckung. Texte von Lazarus, Steinthal und Wundt. Weinheim 1997, wo eine sehr umfängliche Einleitung die ›Aktualität‹ der Völkerpsychologie *für die Psychologie* darlegt. Neben drei Texten Wilhelm Wundts wird ein Reprint der ›Einleitenden Gedanken‹ von Lazarus *und* Steinthal geboten. BMV hingegen wird fälschlich als bloße »Vorformulierung« apostrophiert (S. 11) und nicht erkannt, daß BMV fast vollständig in EG eingegangen ist.

Wissenschaft wurden, und dies als Georg Simmel, Wilhelm Dilthey, Ludwig Stein und andere Lazarus' Völkerpsychologie beerbten, und seinen, d. h. *unseren* modernen Kulturbegriff wissenschaftlich etablieren konnten. Das alles war bereits in den dreißiger Jahren des 20. Jahrhunderts vergessen.

Vergessen war und ist auch noch eine andere Quelle der Inspiration zu diesem neuen Kulturbegriff, denn nicht zitiert wird auch Marcus Tullius Cicero. Dies wird deutlich, wenn gleichsam in einem Atemzuge vom Pythagoreischen Lehrsatz und vom Wochenmarkt die Rede ist – im Text wird auch noch das Schauen bemüht –, denn da wird von Lazarus an die klassische Bildung appelliert oder aber, sie liegt einfach als Vorstellungshorizont zugrunde: die Legende von der Entstehung des Begriffes der Philosophie, daß Pythagoras es gewesen sei, der das Leben des Menschen mit einem *Markt* verglichen habe: »wie dort die *einen* mit trainierten Körpern den Ruhm und die Ehre eines Kranzes erstrebten, *andere* mit Aussicht auf Gewinn und Profit durch Kauf und Verkauf angelockt würden und es *endlich* eine besondere Gruppe gebe, die die vornehmste sei und weder nach Beifall noch nach Gewinn strebe, sondern um des *Schauens* willen gekommen sei [...] die alles Andere verachteten und die Natur der Dinge aufmerksam betrachteten. Diese nennten sich Liebhaber der Weisheit, eben Philosophen.«[51] So habe Pythagoras gesagt, wie Cicero in seinen Gesprächen in Tusculum uns überliefert, – ein Buch, das Lazarus seit Schulzeit und Studium begleitet hat, das im Jahre 1849 auch Thema seiner mündlichen Promotion

---

[51] Vgl. Marcus Tullius Cicero: Gespräche in Tusculum. Tusculanae Disputationes. Lateinisch-deutsch. Mit ausf. Anm. hg. v. Olof Gigon 6., durchges. Aufl. München/Zürich 1992. V, 9, S. 323 (Hervorhebungen von mir, KCK).

war,[52] und auch noch Jahrzehnte später nennt er seine Villa in Schönefeld bei Leipzig ›sein Tusculum‹.[53]

Kein Zweifel, daß Lazarus ein großer Cicero-Verehrer war und daß er mit diesem Anklang an Pythagoras implizit seinen spezifisch *modernen* Begriff der Philosophie durchblicken ließ: nichts andres als *schauen* zu wollen, und zwar auf dem *Markt*, um dort die Natur der Dinge aufmerksam zu betrachten. Wobei wir uns wieder an Benjamins Frage nach den *Kulturgütern* erinnern, an den *Flaneur* in den Passagen von Paris, ebenso wie an Simmels ›Philosophie des Geldes‹. Denn das alles bildet einen in sich geschlossenen Vorstellungskreis, dessen Ursprung ein Lazarus noch klar vor Augen hatte, den aber die nachfolgenden Generationen bereits nicht mehr erkannten, und, das muß man heute hinzusetzen, der von Lazarus nur deshalb nicht eigens zitiert zu werden brauchte, weil die Lektüre Ciceros ganz einfach zum Kernbestand damaliger Gymnasialbildung gehörte.

So ging bei den nachfolgenden Generationen mit der Selbstverständlichkeit *dieser* Kenntnisse auch die der ursprünglichen Herkunft des Begriffs des *objektiven Geistes*, insbesondere im Sinne der *Kulturgüter*, verloren. Denn der freilich stammt ganz ursprünglich gewissermaßen ja *auch* von Cicero, und zwar aus der Gegenüberstellung von ›Natur‹ und jener anderen von ihr abgesonderten Sphäre, die auch von Lazarus als ›zweite Natur‹ bezeichnet wurde. Das ist ›natura altera‹ – im freilich *doppelten* Sinne. Einmal im Sinne veränderter Lebensweisen und Verhaltensformen jedes Einzelnen *durch* die Kultur, zum anderen im materiellen Sinne die inselgleiche ›zweite Natur‹, die die

---

[52] Vgl. Lazarus' Brief an G. Th. A. Krüger am 24.12.1849. In: Belke I S. 45–47.

[53] Vgl. Lazarus an Gottfried Keller vom 24.7.1878. In: Belke II/2 S. 754; vgl. ebd. Lazarus an Eduard Zeller vom 16.5.1875, S. 770.

Menschen sich durch die Arbeit ihrer Hände geschaffen hätten, wie es bei Cicero heißt: »Was für geschickte und für wieviel Künste geeignete Dienerinnen aber hat die Natur dem Menschen erst in seinen Händen geschenkt! Denn die leichte Beugung und die ebenso leichte Streckung der Finger verursacht [...] bei keiner Bewegung auch nur die geringste Mühe. Deshalb eignet sich die Hand zum Malen, zum Formen und zum Schnitzen, aber auch zum Saiten- und Flötenspiel [...] Und dies dient nur dem Vergnügen, während das Folgende zu den notwendigen Erfordernissen des Lebens gehört, ich meine damit das Bestellen der Felder, den Bau von Häusern, die Herstellung von gewebter oder genähter Kleidung und jede Art von Verarbeitung von Erz und Eisen; daraus aber läßt sich erkennen, daß wir [zusätzlich] zu dem, was der Geist ersonnen und was die Beobachtung erfaßt hat, durch die Hände [...] alles erhielten, so daß wir ein Dach über dem Kopf, Kleidung und Schutz haben können und dann Städte, Mauern, Häuser und Heiligtümer besitzen. [...] wir säen Getreide und pflanzen Bäume; wir leiten Wasser auf unsere Ländereien und machen sie dadurch fruchtbar, wir dämmen Flüsse ein, bestimmen ihren Lauf und leiten sie ab;« – und dann fällt das entscheidende Wort: »ja wir versuchen, mit unseren Händen inmitten der Natur gleichsam eine *zweite Natur* zu schaffen.«[54]

›Natura altera‹, ›zweite Natur‹ oder eben *Kultur* im Sinne eines Inbegriffes aller ›Kulturgüter‹, – diese Vorstellung und dieser Aspekt einer ›materiellen Kultur‹ geht unzweifelhaft auf die Cicero-Lektüren von Lazarus

---

[54] Vgl. M. Tullius Cicero: Vom Wesen der Götter. Drei Bücher. Lateinisch-deutsch. Hg., übers. u. erl. v. Wolfgang Gerlach und Karl Beyer. 3. Aufl. München/Zürich 1990, S. 322–327 (Hervorhebungen von mir, KCK). – Eine zugehörige und ähnlich wichtige Stelle findet sich in ›De officiis‹ 2,15.

zurück, diesmal aus ›De natura Deorum‹, ›Vom Wesen der Götter‹, wo Cicero den stoischen Pantheismus referiert. Denn ›natura altera‹ bezeichnet freilich schon seit Cicero einerseits jenes äußere, inselgleiche Reich der freilich erst von Lazarus und seinen Nachfolgern so bezeichneten ›materiellen Kulturerrungenschaften‹. Und *andererseits* erwirbt in dieser selbstgeschaffenen Lebenswelt auch der ›innere Mensch‹ eine ›zweite Natur‹, und jetzt ist gemeint: eine andere und veränderte Lebensweise, und zwar durch ›Gewöhnung‹, die sich – so Lazarus – dann zur Sitte und zu sozialen Formen und Institutionen *verdichtet*, und die so als *zweiter* Pol, neben den materiellen Kulturgütern, in den ›objektiven Geist‹ eingeht.[55] ›Natura altera‹, in diesem doppelten Sinne, bezeichnet damit – ganz genau und vollständig – den gesamten Begriffsinhalt des sogenannten ›objektiven Geistes‹ und bildet so den Ausgangspunkt nicht etwa nur der oben skizzierten auf Lazarus zurückgehenden Theorietradition, sondern auch die Anfänge der modernen Kulturphilosophie.

Denn ›Kulturphilosophie‹ basiert auch auf diesem von Lazarus geschaffenen *rein deskriptiven Begriff* des ›objektiven Geistes‹ und macht sie zu ihrem philosophischen Thema. Diese Objektivationen des Geistes kommen vor:

1. im rein geistigen (immateriellen) Sinne: als Sprache, Gesinnungen, Religion und Mythos,
2. in einem institutionellen Sinne: in Verwaltungen, Bildungseinrichtungen – und bis hin zu den emotionellen und ästhetischen »Formen der Geselligkeit«,
3. im habituellen Sinne: in Geschicklichkeiten und anthropologischen resp. psychophysischen Dispositionen,
4. im instrumentellen Sinne: in Werkzeugen, Maschinen und der Technik,

---

[55] In diesem Band S. 192.

5. schließlich im materiellen Sinne: in Kunstwerken, Monumenten und Produkten aller Art: die ganze Sachkultur.[56]

Diese fünf Teilbereiche des ›objektiven Geistes‹, resp. der ›zweiten Natur‹ oder ›Kultur‹ im modernen Sinne, bezeichnen bereits vollständig die Gegenstandsbereiche aller Theoriebildung über die Kultur, die wir heute kennen.

Kultur, verstanden als ›cultura animi‹, oder zweitens, als ›natura altera‹, das ist zwar ursprünglich *immer* Cicero. Aber die von Lazarus durchgeführte Interpretation der ›natura altera‹ als ›objektiver Geist‹, den sich die Subjekte *anzueignen* hätten, ließ ihn eine *subjektive* von einer *objektiven* Kultur unterscheiden, so daß zwei ganz unterschiedliche Akzentsetzungen des Begriffes ›Kultur‹ sich herausbildeten: einerseits *subjektive Kultur* als erweitertes Verständnis von cultura animi und andrerseits *objektive Kultur* annähernd synonym zu *Zivilisation.* Dieser letztere Sprachgebrauch wurde – nach unscharfen und nur gelegentlichen Vorwegnahmen bei Herder und W. v. Humboldt – zuerst von Lazarus festgeschrieben, und ist vor allem von Simmel weiter verbreitet worden. Dieser Sprachgebrauch läßt uns auch noch heute zwei völlig verschiedene *Leitvorstellungen* unterscheiden: den aktiven, teleologischen der ›Pflege des Geistes‹, cultura animi, und den rein deskiptiven, der die *Resultate* von menschlicher Geistes- *und* Handarbeit oder alles habitualisierte Verhalten und die menschlichen Lebensweisen gleichnishaft als *zweite Natur* bezeichnet. Und *nur* dieser letztere Kulturbegriff hat – und nur er konnte es – der Philosophie um die Jahrhundertwende einen besonderen Gegenstandsbereich

---

[56] Vgl. SG S. 53–55: § 13: Totalbild des objektiven Geistes; in diesem Band S. 189–192.

erschließen und ein eigenes Objekt des Interesses bieten: *Philosophie der Kultur* oder *Kulturphilosophie* ist nur da möglich und sinnvoll, wo Kultur nicht als bloßes *Mittel* zum höheren Zweck, sondern als *Symbolisierung von Sinn* und an sich bedeutungsvoll angesehen und entsprechend beschrieben und analysiert wird: ganz gleich, ob nun wie bei Benjamin unter materialistischer Prämisse als Überbauphänomen und Produkt entfremdeter Arbeit, oder als Manifestationen und Objektivationen von geistiger resp. sozialer Arbeit, wie in der durch Lazarus gestifteten Tradition – und damit eben, wie schon bei Cicero als ›natura altera‹ der umgebenden, vom Menschen gestalteten Umwelt verstanden. Dies übrigens innerhalb seines Referates des stoischen Pantheismus des Panaitios, dessen Enkelschüler Cicero war, und dessen Werk zwar verloren, aber insoweit doch von Cicero in ›De natura deorum‹ überliefert ist: *daß* wir wissen, daß *alles*, und auch das *Alltäglichste* in diesem Sinne vom Wesen der Menschen, wie zugleich dem ihrer Götter zeugt.[57]

---

[57] Vgl. dazu Lazarus' Freund Berthold Auerbach: Schrift und Volk. Grundzüge der volksthümlichen Literatur, angeschlossen an eine Charakteristik J. P. Hebels. Leipzig: F. A. Brockhaus 1846, S. 50f.: »Alle höhere Auffassung der Wirklichkeit muß bis zur Schönheit und Heiligkeit vordringen [...] Beim Beginn der rationalistischen Auffassung entsprach es dem negativen Standpunkte, die biblischen Gestalten ihrer Glorie zu entkleiden und in die Alltäglichkeit hinabzuzerren. Der positive Standpunkt der modernen Philosophie und Dichtung hat im Gegentheile das Augenmerk, auch in der sogenannten Alltäglichkeit, in dem Gewohnten, den höhern und allgemeinen Gedanken, das Fortwirken des heiligen Geistes zu erkennen und darzustellen.«

Zu dieser Ausgabe

Die Auswahl der hier wiedergegebenen vier Aufsätze erklärt sich für *drei* aus der Strenge der ihnen von ihrem Verfasser selbst jeweils verliehenen Vorausweisungen.[58] Daß auch der kleine Aufsatz über die ›Verdichtung des Denkens‹ hinzugekommen ist, verdankt sich dem Umstand, daß Lazarus diesen zentralen Topos aus seinem Hauptwerk, dem ›Leben der Seele‹ (1856/57; 3. Aufl. 1883–97), auch in die ›Zeitschrift für Völkerpsychologie und Sprachwissenschaft‹ zu bringen sich genötigt sah, ein Verfahren, daß hier insoweit nachgeahmt wurde.

Der Abdruck erfolgt grundsätzlich zeichengetreu, vor allem deshalb, weil die wiedergegebenen Texte auch als Dokumente der Herausbildung einer eigenen Terminologie i. w. S. kultur- und sozialtheoretischer Fachsprache anzusehen sind, wie sich dies z. B. an den Adaptionen der Wortfamilien ›social‹ und ›culur‹ aus dem Französischen resp. Lateinischen zeigt. Daß darüber hinaus Lazarus eine seltene Virtuosität der Sprachbeherrschung zeigt, läßt sich wohl nur daraus erklären, daß er *kein native-speaker* des Deutschen war, sondern es vom Jiddischen her erlernte, und auch dies verbot von selbst, eine auch nur vorsichtige Modernisierung seiner Texte vorzunehmen. In folgenden Fällen jedoch sind, bedingt wohl durch verschiedene Gewohnheiten unterschiedlicher Verlage eingetretene Inkonsequenzen von Schreibweisen (z. T. innerhalb desselben Textes) beseitigt und zugunsten der jeweils neueren vereinheitlicht worden: ächt, allmälig, Akademieen, Analogieen, Antipathieen, blos, Brod, Capitel, Entwickelung, giebt, gleichgiltig, Göthe, Gränze, hie, hiebei, hieher, Kategorieen, läugnen, mannichfach, mannichfaltig, Prädicat, Princip, Proceß, selbstständig. Darüber hinaus sind offen-

---

[58] Vgl. in diesem Band S. 14 und 263.

bare Versehen stillschweigend berichtigt und auch die älteren und z. T. uneinheitlich verwendeten Abkürzungen wie: dergl.; vergl.; zc. modernisiert worden; nicht (mehr) gebräuchliche Abkürzungen wurden in [ ] aufgelöst.

Lazarus' Anmerkungen sowie im ursprünglichen Text von ihm gegebene Literaturangaben sind als Fußnoten wiedergegeben, wobei letztere in { } gesetzt wurden. Auf Anmerkungen des Herausgebers wird mittels fortlaufend gezählter Randziffern verwiesen.

Kursivierung, Sperrdruck und lateinischer Text des Originals sind einheitlich als *Kursivierung* wiedergegeben. Durch den Herausgeber gemachte Zusätze (auch in Zitaten) werden mit [ ] gekennzeichnet. Seitenumbrüche der Druckvorlagen sind im Text mit | gekennzeichnet und die Originalpaginierung im Kolumnentitel wiedergegeben.

Die aus dem Inhaltsverzeichnis entnommenen und vom Herausgeber in den Text von VEG in KAPITÄLCHEN eingefügten Inhaltsbeschreibungen sind gleichzeitig durch eine eingefügte Leerzeile abgesetzt worden.

Beim Vergleich des Abdrucks von VEG aus LdS I (1883) = 1. Bd. 3., [revidierte] Aufl., S. 323–411 mit der Fassung VEG/A aus ZVPs 2/1862, S. 393–453 sind in den Herausgeberanmerkungen nur inhaltliche Abweichungen mitgeteilt worden, und ansonsten sind diejenigen Passagen, die gegenüber der Fassung von 1862 später hinzugefügt worden sind, durch ¶ (Anfangs- und Endkennung) und Einfügung von Absätzen kenntlich gemacht worden.

Lazarus' Texte wandten sich naturgemäß nicht an ein Fachpublikum, sondern an alle Gebildeten, und so verfügen wir nicht nur nicht mehr über deren *zeitbedingte* Vorbildung, sondern müssen auch einen weitgehenden Mangel an wissenschaftlichen Nachweisen beklagen, den der Herausgeber durch kommentierende Anmerkungen zwar zu kompensieren versucht hat, ohne daß freilich diese Aufgabe damit erledigt wäre. Vielmehr muß man als ›Kommentar‹ und beste Erläuterung zu allen Bestrebungen der Völkerpsychologie die ›Zeitschrift für Völkerpsychologie und Sprachwissenschaft‹ ansehen, die Lazarus mit seinem Schwager Heymann Steinthal in 20 Bänden von 1860–90 herausgab. Sie wurde tatsächlich allerdings fast allein von Steinthal redigiert, der nicht nur Mitstreiter in dieser Zeitschrift, sondern auch in Sachen Völkerpsychologie war. Bereits 1852 lesen wir von ihm: »Eine neue wissenschaft ist im entstehen: die *völkerpsychologie*. Es kommt darauf an, wissenschaftliche gesichtspunkte zu finden, nach denen sich die volksgeister darstellen lassen, gesetze zu begründen, durch welche ihre thätigkeit bestimmt wird. Die sprachwissenschaft wird nicht bloss die reichhaltigste quelle für diese neue disciplin sein; sondern sie wird ein zweig derselben werden, ein zweig der *psychischen ethnologie*. Denn sie *ist* es ihrem wesen und begriffe nach. Die sprache ist ganz unmittelbar der volksgeist; die entstehung beider fällt ineinander.«[59] – Eine Auffassung, die Lazarus so übrigens keinesfalls teilte,[60] die aber den *Titel* der Zeitschrift dahingehend erklärt, daß *nur* Steinthal diese Synthese von Völkerpsychologie und Sprachwissenschaft zu repräsentieren vermochte. Und er war es auch, der die Zeitschrift sehr weit öffnete, so daß auch Autoren wie z.B. Wilhelm Dilthey,[61] Hermann Co-

[59] Vgl. Steinthal: Jacob Grimm über den liebesgott. (Akademische abhandlung 1851. 16 s. 4.). In: Zeitschrift für vergleichende Sprachforschung auf dem Gebiete der deutschen, griechischen und lateinischen. Hg. v. Theodor Aufrecht u. Adalbert Kuhn. 1. Bd., Berlin 1852, S. 566–570; hier S. 568.

[60] In diesem Band S. 12, 14, 69 f.

[61] Vgl. Hans-Ulrich Lessing: Bemerkungen zum Begriff des ›objektiven Geistes‹ bei Hegel, Lazarus und Dilthey. In: Reports on Philosophy 9/1985, S. 49–62; Ders.: Dilthey und Lazarus. In: Dilthey-Jahrbuch für Philosophie und Geschichte der Geisteswissenschaften. Hg. v. Frithjof Rodi. 3/1985, S. 57–82.

hen,[62] Wilhelm Windelband[63] und Georg Simmel[64] in ihr auftraten, ohne freilich deshalb ihrerseits unter die ›Völkerpsychologen‹ gerechnet werden zu können. Aber das eben ist Steinthals große Leistung gewesen, und nicht die von Lazarus, denn der war eben kein Sprachwissenschaftler, sondern *Früh-Soziologe* und *Proto-Kulturphilosoph*.

Die ›Nationalzeitung‹ vom 30.5.1893 brachte eine ›Kleinere Mitteilung‹, die den folgenden Wortlaut hat: Von Herrn Prof. *Steinthal* geht uns folgender offener Brief an Herrn Dr. *Achelis* mit der Bitte um Veröffentlichung zu: »Sie waren so freundlich, in diesem Blatte vom 16. Mai meine wissenschaftliche Wirksamkeit sehr wohlwollend zu besprechen, wofür ich Ihnen herzlich danke. Zur Berichtigung eines Punktes aber sehe ich mich verpflichtet. Die Ehre, Begründer der Völkerpsychologie zu sein, kommt nicht mir, sondern dem Herrn Lazarus zu. Er hat zuerst 1849 in einer Schrift: ›Die sittliche Berechtigung Preußens in Deutschland‹, noch unsicher und tastend zwar, aber doch völlig bestimmt, den Charakter der Völkerpsychologie gezeichnet, und hat dann 1850 [1851] in einem Aufsatz im ›Deutschen Museum‹ von Prutz und Wolfsohn den Begriff derselben genau festgestellt. Ich füge hinzu, daß im 2. und 3. Bande unserer Zeitschrift für Völkerpsychologie 1862–64 Lazarus die grundlegenden Aufsätze über ›Verdichtung des Denkens‹, ›Verhältniß des Einzelnen zum Allgemeinen‹ und ›Synthetische Gedanken

---

[62] Vgl. Köhnke: »Unser junger Freund« – Hermann Cohen und die Völkerpsychologie. In: Hermann Cohen und die Erkenntnistheorie. Hg. v. Wolfgang Marx u. Ernst Wolfgang Orth. Würzburg 2001, S. 62–77.

[63] Vgl. Köhnke: Entstehung und Aufstieg des Neukantianismus. Die deutsche Universitätsphilosophie zwischen Idealismus und Positivismus. Frankfurt 1986, Kap. VI,3.

[64] Vgl. Köhnke wie Anm. 14 und den Neudruck der frühen Aufsätze in GSG 1, hg. v. Köhnke, Editorischer Bericht.

zur Völkerpsychologie‹ gegeben hat. Ich kann für mich nur beanspruchen, daß ich 1852 in meiner Abhandlung über ›Die Entwicklung der Schrift‹ S. 47 der Erste war, der sich den neuen Gedanken aneignete.«

Druckvorlagen

BMV M. Lazarus: Ueber den Begriff und die Möglichkeit einer Völkerpsychologie. In: Deutsches Museum. Zeitschrift für Literatur, Kunst und öffentliches Leben. Hg. v. Robert Prutz u. Wilhelm Wolfsohn. 1. Jg. 1851, S. 112–126 (= Juli 1851).

VDG M. Lazarus: Verdichtung des Denkens in der Geschichte. Ein Fragment. In: Zeitschrift für Völkerpsychologie und Sprachwissenschaft. Hg. v. M. Lazarus u. H. Steinthal. 2/1862, S. 54–62.

VEG M. Lazarus: Ueber das Verhältniß des Einzelnen zur Gesammtheit. In: Ders.: Das Leben der Seele in Monographien über seine Erscheinungen und Gesetze. 3. Aufl. 1. Bd. Berlin: Dümmler 1883, S. 321–411.

VEG/A Verglichen mit: VEG – 1. Abdruck in: Zeitschrift für Völkerpsychologie und Sprachwissenschaft. Hg. v. M. Lazarus u. H. Steinthal. 2/1862, S. 393–453.

SG M. Lazarus: Einige synthetische Gedanken zur Völkerpsychologie. In: Zeitschrift für Völkerpsychologie und Sprachwissenschaft. Hg. v. M. Lazarus u. H. Steinthal. 3/1865, S. 1–94.

MORITZ LAZARUS

Grundzüge der Völkerpsychologie
und Kulturwissenschaft

Ueber den Begriff und die
Möglichkeit einer Völkerpsychologie
[1851]

Wir haben den Namen einer Wissenschaft genannt, welche als solche noch nicht existirt. Folgende Bemerkungen sollen dazu dienen, vorerst das Vorurtheil der Unmöglichkeit, das sich gegen die Verkündigung alles Neuen erhebt, zu beseitigen, und den Blick derer darauf hinzulenken, die im Stande sind daran zu arbeiten. Groß ist die Arbeit, welche diese Wissenschaft erfordern wird, nicht bloß wegen ihrer Neuheit, sondern mehr noch durch den Umfang des Fundamentes, worauf allein sie gebaut werden kann – zu groß für Einen, genug für Viele!

Es ist in unserer Zeit ganz allgemein und auch unter wissenschaftlichen Männern – Historikern, Ethnologen, Philosophen und Juristen – die Rede von dem »Volksgeist« und verschiedenen »Volksgeistern«; soll aber auf wissenschaftliche Weise davon geredet werden können, so muß natürlich dieser Begriff selbst erst eine Stelle in der Wissenschaft haben, wo sein Inhalt, Umfang, und seine Bedeutung in der Form wissenschaftlicher Erkenntniß gewonnen und festgestellt wird. Diese Stelle müßte offenbar, da von einem »Geiste« gesprochen wird, in der Wissenschaft des Geistes sein, in der Psychologie. Wir suchen in den bisherigen Werken über dieselbe vergebens danach; allenthalben in der Geschichte und deren Philosophie, Geographie, Sprachwissenschaft usw. wird der Volksgeist genannt, einzelne, zerstreute Erscheinungen und Verhältnisse desselben gelegentlich – also unwissenschaftlich – besprochen, nur hier, wo man es erwarten, ja fordern kann, wo alles Einzelne gesammelt und verbunden sein sollte zur Wissenschaft – hier wird er nicht einmal erwähnt. Von dem Geiste des Einzelnen[,] auch des

Staates und der Gesellschaft – von dem »Volksgeist« wird *nicht* gehandelt. – Doch wir wollen nicht weiter erörtern *was* oder gar *weshalb* es versäumt ist, sondern zeigen, was geschehen muß.

Es gilt nämlich: das *Wesen* des Volksgeistes und sein Thun *psychologisch* zu erkennen; die *Gesetze* zu entdekken, nach denen die innere, geistige oder ideale Thätigkeit eines Volkes – in Leben, Kunst und Wissenschaft – vor sich geht, sich ausbreitet, erweitert, erhöht, verklärt, vertieft, abstumpft, und die *Gründe*, Ursachen und Veranlassungen | sowohl der Entstehung als der Entwicklung und letztlich des Unterganges der Eigenthümlichkeiten eines Volkes zu enthüllen. Soll der Begriff des Volks- oder Nationalgeistes nicht eine bloße Phrase, ein sachleerer Name, soll er nicht ein bloß unbestimmtes, willkürliches Zusammenfassen oder ein phantastisches Bild der innern Eigenthümlichkeit eines Volkes sein, sondern (wie der »Geist« des Individuums) den Inbegriff aller innern und höhern Thätigkeit ausdrücken: dann muß die Auffassung und Darstellung desselben nicht diese und jene einzelnen und zufälligen Richtungen und Thatsachen seiner Erscheinung, sondern die Totalität derselben umfassen, und die *Gesetze* seiner Bewegung und Fortbildung offenbaren. Der Geist, im höhern und wahren Sinne des Wortes, ist eben: *die gesetzmäßige Bewegung und Entwicklung der innern Thätigkeit.*

Das Bedürfniß einer solchen Wissenschaft hat sich im Grunde längst kundgegeben, und an vortrefflichen Vorarbeiten für sie fehlt es gar nicht; nur ist man sich bisher offenbar weder jenes Bedürfnisses, noch auch dieses Zweckes der Vorarbeiten recht bewußt geworden. Zunächst liegt in der Philosophie der Geschichte eine Ahnung des Strebens nach solcher Erkenntniß; allein sie hat, statt Entdeckung der *Gesetze* der Völkerentwicklung, meist nur eine übersichtliche und räsonnirende *Darstellung des geistigen Inhaltes,* der Quintessenz der Geschichte gegeben; wobei denn auch gewöhnlich von einem bestimmten Begriffe ausgegangen wurde, welcher als die Idee und das Ziel der Menschheit von vorneherein festgestellt war, das zu erreichen der Gang der Geschichte sei. So kam es ihr denn auch mehr darauf an, den Geist der einzelnen Völker summarisch zu schildern, um dann besonders die relativen Fortschritte von einem zum andern ins Auge zu fassen, und so ein concentrirtes Bild der gesammten Menschheit zu gewinnen. Davon, daß auch die Zukunft schon mit in den Kreis hineinprophezeit wurde, wollen wir hier nicht reden. So viel ist gewiß, daß nicht die Gesetze der Entwicklung, sondern vielmehr eine *Schilderung* derselben allemal die Hauptsache war. Nur einzelne Bemerkungen zielten dahin, vielfach wiederholte historische Thatsachen als gesetzmäßig zu bezeichnen. – Das Beste hat auf diesem Gebiete unstreitig Hegel geleistet; allein ihm erschien es hier, wie in der Psychologie überhaupt, überflüssig, eine *Gesetzmäßigkeit in der Entfaltung der bloßen Erscheinung* aufzusuchen; ihm genügt vielmehr die Entwicklung der Idee nach ihrer immanenten Reihenfolge, d. i. die Erkenntniß, daß und worin sich auch hier der dialektische Prozeß im Großen und Ganzen manifestire. Hegel betrachtet auch die einzelnen psychologischen Thatsachen – die Sammlung und Bewegung, das Gehen und Kommen, die Anziehung und Trennung der Vorstellungen in der Seele – gleichsam als bloße Technik des Denkens, welche | in der Psychologie ebensowenig zu beachten sei, als die technischen Regeln der Künste in der Aesthetik; wenn wir in der Seelenthätigkeit nur die nach der dialektischen Stufenfolge aufsteigende That der Ideen nachweisen können, so ist die Arbeit gethan, zu welchem Behufe es hinreicht[,] alle jene Erscheinungen summarisch zu betrachten und zu classificiren, nach einem Gesetze aber gar nicht zu fragen. Hiergegen den Werth und die Nothwendigkeit der individuellen (so wollen wir die gewöhnliche nennen) und der Völker-Psychologie weitläufig zu vertheidigen ist hier der Ort nicht. Nur zweierlei sei angemerkt: erstens, daß die Gesetzmäßigkeit der psychischen Erscheinungen bei weitem nicht so äußerlich, deshalb auch deren wissenschaftlich-theoretische Erkenntniß so gleichgültig nicht sein kann, da auch bei Hegel's Voraussetzung, daß die Idee allein die treibende Kraft ist, welche die Erscheinungen hervorbringt, gewiß zugestanden werden muß, daß die Idee nicht nach Zufall oder Willkür, sondern nach bestimmten, bis in die einzelnsten Thatsachen hin angewendeten Gesetzen dieselben erzeugt; Gesetze, die zu erkennen uns ebenso wichtig sein muß, als die Erkenntniß der Gesetze der Natur auch für *den* Theologen, welcher Gott für das einzige Agens in der letztern hält. Nicht bloß *daß*, sondern auch *wie* Gott oder die Idee in der Natur oder Geschichte wirksam ist, soll die Wissenschaft zeigen. Zweitens ist auf die praktische Seite der Psychologie, nämlich als Fundament der Pädagogik – im weitesten Sinne – hinzuweisen; was sie nur dann werden kann, wenn sie die Gesetzmäßigkeit aller einzelnen psychischen Erscheinungen und Thatsachen erkennt. – Von der praktischen Seite der Völkerpsychologie weiter unten.

Außer der Philosophie der Geschichte pflegt auch in der Anthropologie von der Differenz der Volkscharaktere und den Gründen derselben gehandelt zu werden. Viel Treffendes, Schönes und Brauchbares ist hier gesagt worden; aber weder ist eine vollständige Darstellung aller geistigen Lebensmomente auch nur *eines* Volkes nur versucht worden, noch könnte das auch innerhalb der Anthropologie im engern und üblichen Sinne des Wortes jemals geschehen. Denn die *anthropologischen* – physiologischen und klimatischen – Verhältnisse können, wie viel sie auch zur Darstellung und Erklärung eines Volkscharakters beitragen, doch niemals zureichende Gründe zur Erklärung des Volksgeistes mit allen seinen *psychischen* Thatsachen darbieten. Hegel's Einwand gegen die anthropologische Begründung: »Rede man nichts von ionischem Himmel, denn jetzt wohnen da Türken, wo ehemals Griechen wohnten, damit Punctum und laßt mich in Frieden!« läßt sich allerdings – wie dies von Gruppe geschehen,[1] – durch die Behauptung widerlegen, daß der Charakter der Türken schon auf einem andern Boden gewachsen, selbständig und erhärtet war und sich als solcher dem | Einfluß des neuen Klimas entziehen kann. Aber Herr Gruppe und Jeder bedenke nur dies: welch' eine Mannigfaltigkeit und Differenz der geistigen Fähigkeit hat unter den Ioniern selbst zur Zeit der ionischen Blüthe unter demselben ionischen Himmel statt gehabt? und – *unter demselben ionischen Himmel, wo der griechische Geist blühte, hat er auch abgeblüht und ist verwelkt;* allgemeiner: der *Verfall* der Nationen unter *demselben Himmel* beweist, daß ihre *Entwicklung* nicht von diesem allein abgeleitet werden darf. Indeß werden wir ebensowohl in der bisherigen Anthropologie als in der Philosophie der Geschichte an Bemerkungen, Anregungen und dgl. viel Schätzbares finden.

Eigentliche Materialien, welche unmittelbar den Stoff der Bearbeitung abgeben, werden wir gleichfalls in reichem Maße finden bei den geistvollen Historikern, Ethnographen und Ethnologen. Desgleichen bieten die sprachwissenschaftlichen Werke Wilh[elm] v. Humboldt's und nach ihm Steinthal's – und von einer andern Seite Grimm's und seiner Genossen, durch die etymologischen

---

[1] {[O. F. Gruppe:] Antäus[. Ein Briefwechsel über speculative Philosophie in ihrem Conflict mit Wissenschaft und Sprache. Berlin: Nauck 1831,] S. 396 f.}

Studien, ebenso Böckh namentlich durch seine Charakteristik und Entwicklungsgeschichte der griechischen Stämme – unschätzbare Beiträge. Nicht minder lehrreich sind die Werke Alex[ander] v. Humboldt's, Ritter's u. A. – Alle diese können uns freilich nur die concreten Erscheinungen des innern und äußern Lebens der Völker, einzelner oder mehrerer zugleich, also die Thatsachen, in denen die Volksgeister sich manifestiren, und die *historische* Entfaltung darlegen. Der Völkerpsychologie fällt nun die Aufgabe zu, aus diesen concreten Erscheinungen heraus auf wissenschaftliche Weise und in wissenschaftlicher Form die Gesetze zu finden, nach denen sie sich erzeugt haben. Es verhalten sich jene Arbeiten zur Völkerpsychologie wie Biographien und Novellen zur Psychologie: die besseren liefern reichen Stoff und häufige Winke, welche der Psychologe wohl benutzen und kaum entbehren kann, aber sie überheben ihn seiner Arbeit nicht. –

Aus dem eben Gesagten geht hervor, was dennoch ausdrücklich wiederholt werden muß: *daß die Völkerpsychologie nur von den Thatsachen des Völkerlebens ausgehen kann,* daß sie aus der Beobachtung, Ordnung und Vergleichung der Erscheinungen allein hoffen kann, die Gesetze des Volksgeistes zu finden. Daß eine Construction der verschiedenen Volksgeister und der aufsteigenden Kräfte nach irgend welchen fertigen Kategorien keinerlei Art wissenschaftlich begründeter Resultate ergeben kann, wird man heutzutage gern zugestehen. Die Construction kann sich – geistvoll behandelt – ganz dem Gesetze der Wirklichkeit fügen, finden wird sie es nimmermehr! Von den Thatsachen also muß ausgegangen werden, ja um bloß die Aufgabe der Völkerpsychologie *vollständig* richtig zu bestimmen, wird eine reiche und wiederholte Sammlung derselben nöthig sein. |

Die Quelle der Thatsachen strömt auch hier nicht sparsamer als bei den Individuen, obwohl sie, umfassender an Form und Inhalt, bei weitem schwieriger zu finden und zu fassen ist. Die Culturgeschichte *aller* Nationen, so weit sie uns irgend bekannt, mit all ihren einzelnen Zweigen liefert uns eine so reiche Ausbeute des mannigfaltigsten Materials, daß sich uns ein unabsehbares Feld der Beobachtung und Combination eröffnet; und eine Zusammenstellung und Vergleichung der verschiedenen Richtungen in dem Leben eines und desselben Volkes, dann wiederum der verschiedenen Völker, ist offenbar auch für die volle und klare Erkenntniß eines einzigen erforderlich. Nur auf Einem Punkte scheint uns das Feld der Beobachtung beschränkt, nämlich die der Kindheit, welche für die individuelle Psychologie gewiß von hoher Bedeutung und Fruchtbarkeit ist. Indeß reicht, wenngleich nicht die directe, so doch die indirecte Kenntniß der Menschheit bis zu den frühesten Zeiten der Bildung hinauf; nämlich durch die etymologischen Studien besonders eines Grimm[1] werden uns durch die Sprache auch die Vorstellungen und Sitten usw. selbst der ersten Jugend der gebildeten Nationen auf überraschende Weise vor die Augen gestellt. Weitere Forschungen lassen uns sowohl hier noch Vieles hoffen, als auch in Bezug auf die Kenntniß der roheren und ungebildeteren Stämme, welche uns in anderer Weise das Bild der Kindheit eines Volkes zeigen. Für die empirische Psychologie könnte man also diese Lücke mit der Zeit ausfüllen; aber wichtig bleibt dieser dunkle Punkt wegen des noch immer nicht geschlichteten Streites, ob die Geschichte des Menschengeschlechts mit einem allmählichen Fortschritt oder aber mit einem Rückschritt, einem Abfall von einem bessern Sein beginnt. Würde nicht dieser Abfall in antediluvianische Zeiten versetzt, so könnten vielleicht unsere Beobachtungen an

---

[1] [Jacob Grimm:] {Gesch[ichte] d[er] deutsch[en] Spr[ache]}[. 2 Bde. Leipzig: Weidmann 1848.]}

solchen Völkern, die jetzt *noch* in der Kindheit des Geistes sich befinden, uns auch über diese Epoche belehren und den Streit enden, so aber ist denen *damit* nicht beizukommen. Nun könnte man sich zwar in der Psychologie das Gebiet beschränken, jene antediluvianische Geschichte der Menschheit in *suspenso* lassen und von der spätern Geschichte, deren Documente vor uns liegen, ausgehen; allein nach jener Ansicht soll die zwar geschwächte aber nicht vertilgte Kraft des frühern Zustandes[1] der Grund und die Ursache alles Bessern auch in der spätern Zeit sein, so daß wir neben den erscheinenden Thatsachen immer noch einen unbekannten Factor zu bedenken und in Anschlag zu bringen haben. Es dürfte, besonders um diesen Punkt auszumachen, die Völkerpsychologie gleich der individuellen einen metaphysischen Theil erfordern, welcher passend in der Philosophie | der Geschichte seine Stelle hätte. – Wir haben bis hierher den Begriff, die Methode und die Möglichkeit der Völkerpsychologie nur ganz im Allgemeinen besprochen; es kommt nun darauf an, wenigstens die wesentlichsten Momente derselben als Wissenschaft näher zu beleuchten.

Zunächst könnte die Anwendung des Begriffs der Psychologie auf das Völkerleben, d.h. die Gründung einer solchen Wissenschaft, Zweifel gegen sich *dadurch* erregen, daß, weil eine Psyche des Volkes im eigentlichen Sinne des Wortes undenkbar, die Substanz, welche als Träger der Thätigkeit gedacht werden muß, zu fehlen scheint. Fassen wir aber die Sache näher ins Auge, so leuchtet bald ein, daß die Erkenntniß der Seele, d.h. der Substanz und Qualität derselben, keineswegs das Ziel oder auch nur das Wesentliche der Aufgabe ist, welche die Psychologie zu lösen hat. Vielmehr besteht diese we-

---

[1] gleich der Erinnerung des Plato [vgl. Gesetze III 676a ff.].

sentlich in der Darstellung des psychischen Prozesses und Progresses, also in der Entdeckung der Gesetze, nach denen jede innere Thätigkeit des Menschen (vom Rechnen bis zum Dichten, vom sinnlichen Begehren bis zum sittlichen Wollen, von der materiellen bis zur ästhetischen Anschauung der Dinge) vor sich geht, und der Auffindung der Ursachen und Bedingungen jedes Fortschrittes und jeder Erhebung in dieser Thätigkeit. Wir könnten deshalb, – da man in unserer Sprache fast allgemein und sicher den Unterschied zwischen Seele und Geist darin begreift, daß *jene* eine Substanz, ein reales Etwas, *dieser* aber mehr die bloße Thätigkeit bedeutet – die Psychologie in Seelenlehre und Geisteslehre unterscheiden, so daß jene, welche mehr das Wesen oder Substanz und Qualität der Seele an sich betrachtet, eigentlich einen Theil der Metaphysik oder Naturphilosophie, diese aber (die Geisteslehre), welche die Thätigkeiten der Seele und deren Gesetze betrachtet, die eigentliche Psychologie ausmacht.[1] Demgemäß ist leicht ersichtlich, wie von einer Völkerpsychologie, analog der individuellen Psychologie, die Rede sein kann: nämlich als *Volksgeisteslehre* in dem eben bezeichneten, engern Sinne. (In diesem Sinne pflegt man denn auch von dem Volksgeist analog dem individuellen, von der moralischen *Persönlichkeit* einer Nation, eines Staates, einer Gesellschaft zu reden.) – Wenngleich nun aber auch eine Substanz des Volksgeistes, eine substantielle Seele desselben nicht erfordert wird, um die Gesetze seiner Thätigkeit zu begreifen, so müssen wir doch jedenfalls den Begriff des *Subjects* als einer bestimmten Einheit feststellen, um von ihm etwas prädiciren zu können. |

[1] Die wissenschaftlichen Resultate beider werden zwar mit einander innig zusammen- aber darum doch nicht von einander abhängen. So hat die frühere empirische Psychologie eine bedeutende Summe von Erfahrungen und Beobachtungen zusammengetragen, ohne den Begriff der Seele in den Kreis der Betrachtung zu ziehen.

Die bloße *Summe* aller individuellen Geister in einem Volke – welche allerdings das *substantielle* Wesen des Volksgeistes ist – kann den *Begriff ihrer Einheit* nicht ausmachen, denn dieser ist etwas Anderes und bei weitem mehr als jene; – ebenso wie der Begriff eines Organismus (einer organischen Einheit) bei weitem nicht durch die Summe der zu ihm gehörenden Theile erschöpft wird, vielmehr fehlt dieser Summe gerade noch das, was sie zum Organismus macht, das *innere* Band, das Prinzip oder wie man es sonst nennen mag. – So ist auch der Volksgeist gerade das, was die bloße *Vielheit der Individuen* erst zu einem *Volke* macht, er ist das Band, das Prinzip, die Idee des Volkes und bildet seine Einheit. Diese Einheit nun ist die des *Inhaltes und der Form* oder Weise seiner *Thätigkeit*, in der gemeinschaftlichen Erzeugung und Erhaltung der Elemente seines geistigen Lebens. Denn in dem geistigen Thun aller Individuen eines Volkes herrscht eine Uebereinstimmung und Harmonie, welche sie zusammenschließt und zu einer organisch verbundenen Einheit macht. *Das* nun, was an dem verschiedenen geistigen Thun der Einzelnen mit dem aller Anderen übereinstimmt und jene Harmonie bildet, zusammengenommen, ist die geistige Einheit des Volkes, der Volksgeist. In der Form einer Definition wird die Völkerpsychologie den Volksgeist, als das Subject, von welchem sie etwas prädiciren will, demnach etwa so bezeichnen: das, was an innerer Thätigkeit allen Einzelnen des Volkes gemeinsam ist; oder: *das Allen Einzelnen Gemeinsame der innern Thätigkeit.* (Eine viel schärfere und prägnantere Fassung ist gewiß nicht nur möglich, sondern zu hoffen; einstweilen gelte diese als unvorgreifender Versuch.)

Nach dieser Definition des Subjects könnte man, bei der ungeheuren Verschiedenheit der Individuen, von denen fast niemals auch nur *zwei* einander völlig gleichen, wohl fürchten, daß die Prädikate desselben gar dürftig ausfallen müßten. Aber man bedenke wohl, daß die *wichtigsten Elemente* des geistigen Lebens, trotz aller Verschiedenheit ihrer Handhabung bei den Individuen, Allen gemeinsam sind; zunächst: die *ganze Sprache* – bis auf die verhältnißmäßig höchst geringe Ausnahme künstlicher Formen – *also der ganze Schatz von Vorstellungen und Begriffen* ist das Allen gemeinsame Eigenthum der Nation, (wie sehr auch die Individuen in dem Maße und Grade der Erwerbung – Auffassung der Begriffe – und Anwendung dieses Eigenthums abweichen mögen). Man stelle nur zwei Völker zusammen und gleich wird man aus dem Grade ihrer Verschiedenheit den der Gleichheit Aller innerhalb eines jeden wahrnehmen; man denke zwei Individuen aus ihnen, etwa einen Perser und einen Griechen – von specifisch gleichem | Range und Stande, so ähnlich an Charakter, Intelligenz usw. als immer möglich: und Jeder wird zugeben, daß sie, psychologisch näher betrachtet, dennoch bei weitem mehr von einander verschieden sind, als jeder der beiden von einem seiner ihm an Rang und Bildung entferntesten Stammgenossen. – Mit der Sprache hängen dann die logischen Formen des Denkens aufs Innigste zusammen, und Jeder, dem das Wesen der Sprache im wahren Lichte erscheint, wird erkennen, daß *grundverschiedene* Redeformen nur die Erscheinung grundverschiedener Denkformen sind. – Dazu kommen noch Sitten und Gewohnheiten von der Nahrung und Bekleidung bis hinauf zur Pflege des Rechts und der Verfassung des Staates, Uebung der Künste, Betrieb der Handwerke und Cultur der Wissenschaften, endlich die Religion – Alles specifisch-verschiedene Prädikate des Volksgeistes und dennoch durchaus *gemeinsames* Gut aller Einzelnen – (diese mögen sich affirmativ oder *sogar negativ* dazu verhalten; denn der griechische Irreligiöse, Kunstlose usw. ist von dem persischen ebenso sehr verschieden, als der Gläubige, der Künstler usw.). So bilden ferner fast alle Momente des geistigen Lebens, der innern Thätigkeit, trotz ihrer Differenz und Zersplitterung in den Individuen, durch ihren innern Zusammenhang unter einander, eine wahrhafte Monas im Volksgeiste, sind der geforderten Einheit des Subjects darin völlig adäquat und dadurch geeignet als Prädikate desselben bezeichnet zu werden.

Die beiden Grundbegriffe jeder Erkenntniß hätten wir nun für unsere Wissenschaft nachgewiesen und bestimmt: den Gegenstand oder das *Subject* und seine möglichen *Prädikate*. Wir wollen nunmehr noch einige Themata der völkerpsychologischen Betrachtung aufsuchen und auszeichnen, um ein concreteres Bild ihrer möglichen Leistungen zu gewinnen.

Indem sich zwar das Gemeinsame der individuellen Geister als der Inhalt des Volksgeistes erwiesen hat, dieser aber sich dennoch nicht anders als in den einzelnen Individuen manifestirt, und zwar so, daß – was am wichtigsten ist – die Blüthen und Höhen desselben, die specifisch höhere und fördernde Intelligenz und reinere und exemplarische Sittlichkeit, die besseren Kunst- und andere Werke, nur Wenigen zukommen: so ist die nächste und wichtigste Aufgabe der Völkerpsychologie, das Verhältniß der Gesammtheit zum Einzelnen zu untersuchen und festzustellen. Daß sich dies Verhältniß durchschnittlich als eine Wechselwirkung darstellt, wird man auf den ersten Blick begreifen. Denn alle und jede geistige That eines Individuums, sie mag sich noch so sehr über die der Anderen, über den ganzen zeitigen Standpunkt des Volkes erheben, wurzelt dennoch in dem Geiste des Volkes, ist ein Product desselben, oder hat wenigstens in ihm einen der wesentlichsten Factoren. Andererseits | wirken diese

Thaten der Individuen – unmittelbar oder mittelbar – wieder auf den Volksgeist zurück, sie bleiben nicht isolirt, sie werden vielmehr Eigenthum und bildendes Element desselben. (So wird jeder zugestehen, daß die Werke eines Aeschylus, Phidias und Plato, wie weit sie sich auch über frühere Leistungen in ihren Fächern emporheben, dennoch dem griechischen Volksgeist eigen und eigenthümlich, durch ihn entstanden sind und *nur in ihm* entstehen konnten; daß aber auch die gesammte Anschauung der Griechen in Leben, Kunst und Wissenschaft durch diese Werke geläutert und gehoben wurde.) Das Gesetz dieser Wechselwirkung und ihre näheren Bestimmungen zu finden, ist eine würdige Aufgabe der Psychologie. Dabei wird natürlich die wichtige Frage zur Sprache kommen, in wie weit das Individuum bei seiner geistigen Thätigkeit frei und unbeschränkt oder von dem Volksgeiste beherrscht ist, und andererseits wie weit der Charakter eines bestimmten Volksgeistes durch das Streben und Wirken der Individuen modificirt werden kann. Jenes Verhältniß der Wechselwirkung und die Frage nach der Freiheit und Beschränktheit derselben treffen wir ganz analog schon an der individuellen Psychologie, und wir wollen die Möglichkeit analoger Gesetzesbestimmungen mit Wenigem erläutern – wobei wir uns freilich ganz auf der Oberfläche der Sache erhalten müssen, da jede Vertiefung eine Heranziehung des beweisenden Materials erfordern würde.

Wir finden, wie gesagt, auch im Geist des Individuums eine Wechselwirkung, nämlich zwischen den je auftauchenden, von selbst entstehenden oder irgend woher neu gewonnenen Vorstellungen und der *vorher* dagewesenen Vorstellungsmasse; auch die neue Vorstellung wird durch den Kreis der früheren bestimmt, insofern dieser die ganze Weise der Auffassung jener bedingt; dagegen wird auch oft der ganze Kreis der vorhandenen Vorstellungen durch eine oder einige neue verändert, erweitert, geläutert und zerstört. – Wer kennt nicht das schöne Bild vom Gedankenwebeschifflein! – Aber das Maß und der Grad dieser Wechselwirkung ist in verschiedenen Menschen verschieden, bei dem Einen ist der Gedankenkreis starr, fest und unbeweglich, bei dem Andern biegsam und flüssig – der Eine ist kaum im Stande neue Vorstellungen aufzunehmen, ein Anderer kann sie sogar mit den anderen amalgamiren. Beides aber ist das Ergebniß nicht des Zufalls oder der Willkür, sondern ganz gewiß immanenter Gesetze, welche die Natur der vorangegangenen Gedankenthätigkeit betreffen, nämlich den Umfang, die Art des Wachsthums und die Uebung in der Bewegung der früheren Vorstellungen – diese werden zusammen das Maß der Wechselwirkung für die folgenden bestimmen.

Fast ebenso wie die einzelnen oder einigen Vorstellungen zum ganzen Kreise derselben, verhalten sich nun die Individuen zu dem Volksgeist; | (solchen Analogien muß man freilich keine größere Bedeutung als einer Handhabe des Verständnisses beilegen!) und so werden wir auch verschiedene Völker finden, bei denen ein verschiedenes Maß der Wechselwirkung der Einzelnen auf die Gesammtheit und umgekehrt stattfindet. – Jedes Individuum eines jeden Volkes ist von seinem Volksgeiste jedenfalls so weit abhängig, daß der Kreis seiner Vorstellungen sich anfangs nothwendigerweise innerhalb des größern allgemeinen Vorstellungskreises (Sprache, Sitte usw. seines Volkes) befindet. So weit die Beschränkung. Die Freiheit beginnt mit der subjectiven Thätigkeit der *Aneignung des im Volksgeiste Gegebenen,* und kraft der Freiheit unterscheiden sich die Individuen zunächst (noch ganz innerhalb der gedachten Schranke) durch das Maß und den Umfang dieser Aneignung; nur wer diese in einer Richtung vollendet, wer von dem, was den Geist seines Volkes darstellt, genaue Kenntniß gewonnen, demnach wie man zu sagen pflegt, auf der Höhe seines Volkes – seiner Zeit – steht, kann diese weiter führen. Und zwar, dies ist der zweite Schritt der Freiheit, zunächst theils durch *Analyse* theils durch *Combination* des *Gegebenen*. Wie mannigfaltig der Fortschritt des Gedankenkreises sich innerhalb seiner selbst durch jene beiden Operationen gestalten kann, ist leicht begreiflich. Die Trennung der religiösen und der politischen wie dieser von den juridischen Verhältnissen und dgl. (wir führen nur sehr Allgemeines als Beispiel an) ist meist das Werk Einzelner und doch die reichste Quelle und der Wendepunkt des Fortschrittes bei den Nationen gewesen; daß die Combination vorhandener Begriffe bei jeder größern geistigen Schöpfung die Grundthätigkeit bildet, braucht nicht erörtert zu werden.

Wie weit und wodurch die Freiheit der Individuen für ihre eigene Entwicklung und damit auch für die Fortbildung des Volksgeistes sich noch ausdehnen könne, ist Stoff der weitern Untersuchung. Hier wollen wir uns jetzt lieber zur entgegengesetzten Seite, der Natur des Volksgeistes wenden, um in diesem die verschiedenen Bedingungen und Gründe einer größern oder geringern Freiheit der individuellen Entwicklung und der Wechselwirkung aufzusuchen. Wir führen nur zwei an: erstens wird der bloße Umfang oder die Größe der ursprünglichen[1]

---

[1] Wir sagen »ursprünglich,« natürlich ohne das Wort im genauesten Sinne zu nehmen, vielmehr kann darunter nur ein sehr jugendlicher Standpunkt der Volksentwicklung gemeint sein. Das schmälert aber den Werth der Resultate einer von da anfangenden psychologischen Untersuchung nicht im Geringsten, denn die Gesetze späterer Phänomene sind nicht von den früheren so abhängig, daß sie selbst an Wahrheit oder Gewißheit verlören. Es könnte nur der Mangel an Vollständigkeit zu beklagen sein. Indeß dürften die Untersuchungen über historische Zeiten so weit reichen, den Betrachtungen der Philos[ophie] d[er] Gesch[ichte] (wie oben bemerkt) ziemlich entgegenzukommen und eine geringe Lücke zu lassen.

Vorstel|lungsmasse eines Volkes (als des eigentlichen Stoffes der Ausbildung) das Maß möglicher Combination, also die Bildungsfähigkeit des Stoffes an und für sich bezeichnen, nach dem einfachen arithmetischen Gesetze: je größer eine gegebene Anzahl, desto reicher die mögliche Combination derselben. Die Sprache liefert wieder das beste Beispiel: je mehr Wörter, also Begriffe eine Sprache ursprünglich umfaßt, desto mehr kann sie sich durch Combination derselben fortbilden und erweitern. Dies Beispiel trifft noch mehr auf den Grad der Möglichkeit der Analyse: je mehr Wörter eine Sprache besitzt, desto mehr wird sie den Inhalt der einzelnen gegenseitig scheiden und unterscheiden und dadurch *klarmachen* können. (Die *Mpongwe* oder *Gaban*, ein afrikanischer Stamm, welche für die beiden Begriffe »das Volk« und »das Land« nur ein und dasselbe Wort haben, ebenso für »schön, gut, angenehm, erhaben, lieblich, prächtig« und dgl. Attribute nur ein einziges – werden es einstweilen wohl schwerlich in der Politik oder Aesthetik weit bringen.) Zweitens ist die Art der ursprünglichen – oder durch spätere Institutionen mehr oder minder constanten – *Vertheilung* der gesammten Vorstellungsmasse eines Volkes auf die verschiedenen Individuen für die Freiheit dieser, an der allgemeinen Fortbildung mitzuarbeiten, maßgebend. Es kommt nämlich darauf an, in wie weit die verschiedenen Geschlechter, Lebensalter und ganz besonders Stände und Stämme im Volke zu dem Besitze der vorhandenen Gedankenmasse zugelassen oder davon ausgeschlossen werden. Wenn ein Volk die Frauen, die Jünglinge oder wie bei Kastenvölkern ganze Stämme von der Kenntniß seines geistigen Eigenthums ausschließt, so hat es dadurch auch die Zahl der Mitarbeiter an der Entwicklung des Volksgeistes natürlich beschränkt und die geistigen Arbeitskräfte sind außerdem durch die zwischen ihnen gezogenen Schranken gehemmt. (Das Mittelalter, welches fast alle Bildungsmittel dem Volke entzog und für die Klosterinsassen ausschließlich bestimmte, zeigt uns das Kastenwesen in anderer complicirterer Form.)

Wir haben hier sowohl den Bildungsstoff als die Bildungskräfte nur nach Größenverhältnissen betrachtet; ein Eingehen auf die Differenz der Qualitäten würde uns viel zu weit führen. Nur andeuten wollen wir die

26 Unterschiede: ob die wichtigsten Quellen der Fortbildung eines Volkes diesem als Schöpfung des menschlichen Geistes und der menschlichen Kraft, (wie den Griechen ihr Homer) oder als ein übermenschliches, transcendentales Werk Gottes (wie den Israeliten die Bücher Mosis) überliefert sind; es ist offenbar, daß dort eine größere und freiere muthige Schaar von Nach- und Fortbildnern – hier aber nur die Männer der höchsten Begeisterung und tiefsten Einsicht, die als Gottesmänner auftreten können, sich zu dem Ausbau des Gedankens entschließen werden; ferner: ob die Verfassung der Gesellschaft eine monarchisch-despotische oder | eine freie; ob die Tendenz des Gemeinlebens auf innere Entwicklung oder Ausbreitung der Macht gerichtet ist usw.

27 Ebenso haben wir die Völker nur in ihrer Abgeschlossenheit betrachtet, über die Wirkung des Verkehrs mit andern in Krieg und Handel, über den Erfolg der Reisen begabter Männer in fremde Länder und den Einfluß der erworbenen Kenntnisse auf den Volksgeist können wir ebenfalls nicht sprechen. Im Vorbeigehen nur dies: daß ein Volk nur dann von der Berührung mit einem andern Bildungsstoff und Bildungsfähigkeit empfängt, wenn es vorher so weit gediehen ist, eine solche Gedankenfülle und Geisteskraft zu besitzen, daß es für die fremden Gedanken und Verhältnisse in den eigenen *Gleichungsformeln* zu finden vermag. So haben die Griechen von den

28 Egyptern, nicht aber die Perser von jenen gelernt. – Unter den neueren Völkern sind wir Deutsche bekanntlich am

meisten geeignet und geneigt das Fremde zu erkennen und aufzunehmen; wir haben leider mehr aufgenommen, als wir mit dem eigenen Volksgeiste amalgamiren können. Aber es wird hoffentlich eine Zeit kommen, da wir unseres eigenen Besitzthums, des eigenen Nationalgeistes uns bewußt werden und ihn zum Mittelpunkte unserer Gedanken wieder erheben, das Fremde aber sichten und nur was möglich und angemessen mit ihm verbinden werden. – Diese Zeit herbeizuführen wird eine wissenschaftlich strenge psychologische Betrachtung des deutschen Nationallebens und seiner Geschichte gewiß nicht wenig beitragen. –

Nachdem die Völkerpsychologie das Gesetz der Wechselwirkung zwischen Volksgeist und Individuum und damit das Maß der Freiheit und Nothwendigkeit der Entwicklung beider näher bestimmt hätte, sonach die Untersuchung über das *Subject* erledigt wäre, müßte sie zu den *objectiven* Verhältnissen des Volksgeistes übergehen. Einige Andeutungen über die diesseitigen Aufgaben der Völkerpsychologie werden ebenfalls am besten nach Analogie der individuellen Psychologie verstanden werden.

So wie z. B. in dem Geiste des Individuums, trotz seiner geschlossenen Einheit, verschiedene – in gewissem Sinne höhere und niedere – Thätigkeiten unterschieden werden (man mag nun diese Verschiedenheit auf verschiedene geistige Kräfte oder Vermögen, wie die ältere Psychologie, oder, wie die neuere, bloß auf eine gradweise Verschiedenheit in der Thätigkeit selbst zurückführen) und die Psychologie dann zu zeigen hat, *daß* und *wie* die höhere Thätigkeit einen gesetzmäßigen Einfluß, resp. eine Herrschaft auf die niederen, etwa die moralischen Grundsätze oder praktische Vernunft auf das sinnliche Begehren, ausübt und ausüben soll und kann: ebenso erkennen wir in jedem Volke höhere und niedere Thätigkeiten des Geistes, – gleichviel ob sie sich auf verschiedene Classen und Stände vertheilen oder nicht – und die Völkerpsychologie hat zu zeigen: *daß* und *wie* die höheren Thätigkeiten einen gesetzmäßigen | Einfluß auf die niederen ausüben können, etwa die Wissenschaften und Künste auf Sitte und Lebensweise. – Wie viel die ästhetische Bildung der Griechen auf die Einrichtung ihres Privat- und öffentlichen Lebens eingewirkt hat, ist bekannt. – Der Einfluß der Theologie auf die religiöse und der Jurisprudenz auf die Rechtsanschauung, bieten im Mittelalter reiche, nicht immer erfreuliche Thatsachen. –

Ferner: so wie im Individuum sich im Laufe der Erziehung und in der Zeit der Bildsamkeit aus einzelnen Anschauungen, Urtheilen, Empfindungen, Gewohnheiten usw. ein Charakter bildet, welcher nach psychologischen Gesetzen eine so feste Gestalt annimmt, daß er, weit entfernt auch von späteren Ereignissen und Erfahrungen noch modificirt zu werden, vielmehr die Form und Beschaffenheit aller spätern Einwirkung auf ihn bedingt und so eine Selbständerung unmöglich macht – wie sich, wissenschaftlicher zu reden, aus einer gegebenen *Reihe* sowohl receptiver als productiver *geistiger Thaten* eines Menschen, verbunden mit dem *Maße* der ursprünglichen und dann durch jene Thaten mehr oder minder geübten, dadurch so oder so veränderten *Fähigkeiten* endlich auf einem gewissen, und nach psychologischen Gesetzen zu bestimmenden Punkte die geistige Beschaffenheit (der Charakter im weitesten Sinne) des Menschen sich zu einer geschlossenen Totalität abrundet und die fernere Bildsamkeit ausschließt (eine Thatsache, die man jederzeit wahrnehmen kann): so gibt es unbestritten auch in dem geistigen Leben der Völker ein Maß ihrer Entwicklung, welches, wenn es erfüllt ist, den Charakter, oder, wenn man lieber will, die Idee des Volkes umschließt; und ebenso wie das *Aufsteigen* der Volksbildung bis zur Vollendung des Charakters, geschieht diese, die *Abschließung* der Bildung, aus bestimmten Gründen und Ursachen nach unzweifelhaft bestimmten Gesetzen, welche die Psychologie zu entdecken hat. – Es ist leicht[,] die Reihe solcher Themata fortzusetzen; wir wollen aber zum Schlusse eilen, in der Hoffnung, daß diese Betrachtung auch so ihren angegebenen Zweck erfüllt. Nur Ein psychisches Verhältniß müssen wir noch erwähnen, welches an und für sich wichtig und bedeutsam genug, es dadurch noch mehr wird, daß man es selbst in der individuellen Psychologie selten, bei der Betrachtung des Volksgeistes aber noch seltener berücksichtigt hat. Es ist nämlich die sehr einfache, aber vielfach unbeachtete Thatsache, welche Herbart treffend mit der »Enge des menschlichen Geistes« bezeichnet: daß von allen den Vorstellungen, die ein Mensch in sich trägt, und an welche man ihn erinnern kann, in jedem einzelnen Augenblicke nur ein äußerst geringer Theil im Bewußtsein gegenwärtig ist. Will der Mensch seinen Kreis des Bewußtseins nach der einen Seite hin erweitern, eine größere Menge von Vorstellungen zusammenhalten, so wird die Menge auf der andern Seite kleiner werden; will er mehr als gewöhnlich zugleich umfassen, werden alle an Klarheit ver|lieren, immer nur eine kleine Reihe von Vorstellungen kann der Geist klar und gegenwärtig im Bewußtsein haben. Für dies Verhältniß scheint kein analoges im Volksgeiste vorhanden zu sein, denn bei der Vielheit der Individuen des Volkes kann die ganze Summe der Vorstellungen, welche den Volksgeist ausmachen, in demselben Augenblicke im Bewußtsein sich befinden. Näher betrachtet werden wir jedoch auch im Volksgeiste eine ganz ähnliche Enge finden. Die Thatkraft des Volksgeistes gliedert sich in verschiedene Richtungen, religiöse, ästhetische, politische, militärische usw. Zu verschiedenen Zeiten kommt mehrentheils nur je Eine derselben zum Bewußtsein des Volkes, Ein Gedanke oder Zweck nimmt sein ganzes Interesse in Anspruch, wir nennen dies das Zeitbewußtsein; alle anderen Richtungen des Geistes (Vorstellungsreihen) sind dann nicht verschwunden – auch beim Einzelnen nicht – aber gehemmt, lebenslos und ohnmächtig, ohne Productionskraft. Man denke nur an die römischen Kriege – an die Kreuzzüge ganz besonders – an die Reformationszeit – an die Freiheitskriege usw. – Was aber beim Individuum Augenblicke, das sind beim Volke Jahre und Jahrzehende. Das Maß dieser Enge des Geistes ist bei verschiedenen Menschen und Völkern natürlich verschieden; wie wichtig dasselbe [ist], ist offenbar; denn von der Frage: *wie viele Gedanken und Begehrungen im Menschen zugleich lebendig sein, und einander gegenseitig bestimmen können, hängt das Ganze des geistigen Vermögens und Thuns ab.* Das bedeutendste Gegengewicht gegen diese Enge liegt, um es nur kurz anzudeuten, in der *Beweglichkeit des Geistes.* Durch diese werden z. B. einem gebildeten Menschen bei einer Ueberlegung, wenn ihm jetzt die Gründe im Bewußtsein vorschwebten, im nächsten Augenblicke auch die Gegengründe im Bewußtsein erscheinen, und bei seiner Entscheidung werden beide mit größerer oder geringerer, wohl selten mit ganz gleicher Klarheit ihn bestimmen. Dadurch ist er dann auch im Stande mehrere Interessen und Zwecke besser auszugleichen oder zu verbinden. Ebenso wird ein Volk bei größerer Beweglichkeit des Geistes mehrere oder alle seine Interessen – die materiellen mit denen der Ehre, die humanen mit denen der Klugheit, die religiösen mit den politischen und wissenschaftlichen usw. – auszugleichen und zu verbinden wissen. Diese Enge wie die Beweglichkeit aber haben ihre Gründe und Gesetze.

Dies und noch vieles Andere wissenschaftlich darzuthun, wäre die Aufgabe der Völkerpsychologie. Wenn sie erfüllt würde, wenn sich uns durch sie aus den Thatsachen der Geschichte, im weitesten Sinne, die psychologischen Gesetzes des Völkerlebens offenbarten, würden diese wiederum gewiß viel dazu beitragen, unsern Blick für die Thatsachen zu schärfen und ganz besonders auf den rechten Weg zu lenken; so wie *der* Biograph die beste und lehrreichste Beschreibung von dem Leben eines Menschen ge|ben kann, welcher Psychologie versteht: so wird auch dann erst eine wahre und gute, d. i. wahrhaft wissenschaftliche Entwicklungsgeschichte einer Nation oder der Menschheit geliefert werden können, wenn wir eine Völkerpsychologie besitzen werden. – Weiter von dem Zwecke der Völkerpsychologie zu reden, ist unnöthig; die bloße Möglichkeit beweist ihre Nothwendigkeit; wie jede Wissenschaft ist sie Zweck ihrer selbst.

Aber auch als Mittel für Anderes kann die Völkerpsychologie von hoher Bedeutung werden. Zunächst für die individuelle Psychologie; durch jene kann erst auf *wissenschaftliche Weise* erfüllt werden, was Herbart für diese fordert: »Empirische Psychologie darf von der Geschichte des Menschengeschlechtes gar nicht getrennt werden.« Gewiß wird, wie überall, auch hier erst durch die klare Erkenntniß des Ganzen jeder Theil ins rechte Licht gestellt; aber das Ganze muß zuvor – das hat Herbart nicht ausgeführt – in der Helle der Wissenschaft gesehen werden. – Dann aber könnte die Völkerpsychologie gleich der individuellen eine praktische Seite gewinnen; wie diese für die Pädagogik die Elemente und Fundamente bereitet, könnte jene uns die Gesetze zeigen, nach denen eine wahre und echte *Nationalbildung* und *Nationalerziehung* einzurichten ist; ja sie allein kann uns die Formen und Bedingungen lehren, in und unter denen der Nationalgeist erhalten und erhoben werden kann. Wie schwankend, vage und phrasenhaft das bisherige Reden vom Nationalgeist noch ist, wie wenig die Erinnerung an ihn auf die Einrichtung der öffentlichen Erziehungsanstalten eingewirkt hat und einwirken konnte, ist Jedem bekannt; wie viel wir von einer psychologisch-wissenschaftlichen Erkenntniß über das Leben, Wirken, Wachsen und Gedeihen des Volksgeistes an Belehrung und Ermunterung erwarten und hoffen dürfen – wer mag dies im Voraus bestimmen?

Vielleicht wird auch durch eine solche Wissenschaft ein anderer Gedanke, den sich die Staatsmänner merken sollten, Bestätigung und Grund erhalten: daß nämlich der Geist einer Nation das »heilige Feuer« ist, das man nicht verlöschen *darf*; daß er aber zugleich ein vulcanisches Feuer, welches nach *Naturgesetzen* unter *gewissen Bedingungen* verheerend hervorbricht, und das keine menschliche Macht noch Kunst verlöschen oder bannen *kann*; und daß eben deshalb »mit Völkern zu experimentiren eine gefährliche Sache ist.«

Schließlich darf ich wohl die Hoffnung aussprechen: man werde aus dem Umstande, daß eine Bearbeitung der Völkerpsychologie oder auch nur der Gedanke daran noch nicht vorhanden gewesen, keinen Verdacht gegen ihre Möglichkeit schöpfen, wenn man bedenken will, daß die Psychologie als Wissenschaft, welche sich nicht mit der Schilderung und Classification der Geistesthätigkeiten begnügt, sondern nach den Gesetzen derselben forscht, ein Kind *unseres Jahrhunderts* ist.

Verdichtung des Denkens in der Geschichte.
Ein Fragment
[1862]

»Der pythagoreische Lehrsatz ist für den Anfänger in der Geometrie ein großes Ziel, das zu erreichen nicht wenig Freude macht, aber auch viele Mühe kostet; und wenn es erreicht ist, wenn er ihn begriffen hat, dann muß er doch, um seinen Inhalt klar und begründet zu denken, sich aller vorangegangenen Sätze erinnern und ihn selbst in allen Theilen sich genau vergegenwärtigen; für den gelehrten Mathematiker aber ist der Satz so einfach, seine Anwendung so leicht, der Inhalt desselben streift durch seine Seele so flüchtig und so sicher, wie beim Anfänger kaum das erste Axiom, daß es zwischen zwei Punkten nur eine grade Linie gebe«. Den psychischen Prozeß, welchen der Mathematiker durchgemacht hat, um zu einer solchen Art des Denkens zu gelangen, nennen wir: *Verdichtung der Vorstellungen.*

Dieselbe Verdichtung des Denkens – und Handelns sogar – vollzieht sich in der Geschichte für einzelne Völker und selbst für die gesammte Menschheit; sie geschieht, indem Begriffe und Begriffsreihen, welche in früheren Zeiten von den begabtesten Geistern entdeckt, von wenigen kaum erfaßt und verstanden, doch allmählich zum ganz gewöhnlichen Gemeingut ganzer Classen, ja der gesammten Masse des Volkes werden können. Als Plato zuerst in dem gesammten Wortschatz der Sprache zwei Gattungen von Wörtern ὄνομα und ῥῆμα unterschied, war diese Unterscheidung für ihn und sein Zeitalter, für den erhabensten Geist aus dem bildungsreichsten Volke in der Zeit seiner höchsten Blüthe eine – Entdeckung. Wenn er einen funfzehnjährigen Gymnasiasten sähe, der aus einer seiner Schriften einen Satz ins Deutsche überträgt, nicht bloß richtig, sondern auch sicher, indem er den Satz genau analysirt und in neun verschiedene begrifflich fest bestimmte Arten von Wörtern | (Redetheile) unterscheidet – er würde den Knaben für einen »zweiten Prometheus« halten, »von den Göttern müsse ihm solche Weisheit überliefert sein« und er würde ihm »wie der Spur eines Unsterblichen folgen«.[1]

Solche Thatsachen mögen diejenigen beachten, welche an dem allgemeinen Fortschritt des menschlichen Geistes zweifeln, weil sie, unfähig, die innere Verschiedenheit zu erkennen, nur sehen, daß wir heute noch mit denselben

---

[1] {vgl. Phil. 16c und Phädrus 265} [Vgl. Plato: Philebos 16cff.: »Denn alles, was jemals mit der Kunst zusammenhängend, ist erfunden worden, hat man durch ihn [den dialektischen Weg] entdeckt. [...] Als eine wahre Gabe von den Göttern an die Menschen, [...] ist einmal von den Göttern herabgeworfen worden durch irgendeinen Prometheus, zugleich mit einem glanzvollsten Feuer, und die Alten, Besseren als wir und den Göttern Näherwohnenden haben uns diese Sage übergeben, aus Einem und Vielem sei alles, wovon jedesmal gesagt wird, daß es ist, und habe Bestimmung und Unbestimmtheit in sich verbunden. Deshalb nun müssen wir, da dieses so geordnet ist, immer einen Begriff von allem jedesmal annehmen und suchen; denn finden werden wir ihn gewiß darin. Wenn wir ihn nun ergriffen haben, dann nächst dem einen, ob etwa zwei darin sind zu sehn, wo aber nicht, ob drei oder irgendeine andere Zahl, und mit jedem einzelnen von diesen darin befindlichen ebenso, bis man von dem Ursprünglichen einen, nicht nur, daß es Eins und Vieles und Unendliches ist, sieht, [...] So nun haben [...] die Götter uns überliefert, zu untersuchen und zu lernen und einander zu lehren.« – Phaidros 263a-b – nicht 265! – heißt es: »Sokrates: Wenn jemand das Wort ›Eisen‹ oder ›Silber‹ ausspricht, denken wir dabei nicht alle dasselbe? Phaidros: Gewiß. Sokrates: Wie aber, wenn ›gerecht‹ oder ›gut‹? Wendet sich da nicht der eine hierhin, der andere dorthin, und sind wir nicht uneinig untereinander und mit uns selbst? [...] Wer uns also eine Redekunst bringen soll, muß diese beiden [Gattungen] zuerst rein und gehörig voneinander getrennt haben und sich eines Kennzeichens beider Gattungen bemächtigen«.]

Problemen uns abmühen, deren Lösung auch die ältesten Zeiten schon vergeblich beschäftigt hat; diejenigen vollends, welche in vergangenen Zeiten und Völkern Ideale der Vollkommenheit sehen, um deswillen schon der weise Koheleth[1] ihnen zuruft, daß sie unweise seien.

Diese fortschreitende Ausbreitung der Ideen, oder richtiger diese immer allgemeinere Vertiefung in der Anschauung der Dinge, beruht wesentlich auf dem Prozeß der Verdichtung der Begriffsmassen. Alle Bildung des Einzelnen – also auch der Gesammtheit – gründet sich auf Aneignung und Verarbeitung beziehungsweise einfacher Begriffe; an die elementaren Denkformen und Anschauungsweisen, in denen die Welt und das Leben erfaßt wird, knüpft die Entwicklung des Geistes an. Das Maß der Klarheit eines Gedankens steht mit dem Maße der Anstrengung, ihn zu erfassen, im umgekehrten Verhältniß; was aber ohne Anstrengung erfaßt werden kann, gilt als das Einfache, Elementare, womit der Pädagog seine Bildungsarbeit beginnt. Je mehr also eine Begriffsreihe, jetzt noch das Product einer kaum geahnten Entdeckung und Gegenstand einer mühevollen Erkenntnißarbeit, bei der einen Generation an Klarheit und Durchsichtigkeit und Geläufigkeit gewinnt, desto mehr erhält sie von jener elementaren Natur und kann für eine folgende Generation Gegenstand der ersten und einfachsten Belehrung sein. Die Redetheile, die Umdrehung der Erde und die fünf Welttheile sind Lehrobjecte unserer Elementarschulen in Dorf und Stadt.

Was also ein letztes Ziel der Geistesthätigkeit in einer vergangenen Epoche gewesen, wird zum Ausgangspunkt

---

[1] {Kap. 7. B. 10} [»Sprich nicht: ›Wie ist es gekommen, daß die früheren Tage besser waren als diese?‹ Denn nicht aus Weisheit fragst du danach.« (Die Heilige Schrift ins Deutsche übertragen von Naftali Herz Tur-Sinai. 2. Aufl. Neuhausen-Stuttgart: Hänssler 1995, S. 1189)]

in einer | späteren. In diesem neuen Ausgangspunkte nun, in diesen nunmehr elementaren Begriffen liegt die ganze Reihe der Begriffsvermittelungen, durch welche hindurch sie einst langsam und mühevoll erzeugt wurden, verdichtet vor; eine langgedehnte Vergangenheit wird in ihnen zur geschlossenen Gegenwart.

Müßige Köpfe mögen sich mit der Frage beschäftigen, weshalb die Vorsehung der Menschheit diesen langen und beschwerlichen Weg vermittelter Erkenntniß auferlegt hat; wir werden aus der Geschichte der Wissenschaften und dem Fortschritt des öffentlichen Geistes in der Menschheit die Gedanken gewinnen: daß eine Theilung der Arbeit von der Vorsehung, wie in die Breite, so auch in die Länge der Zeiten angeordnet ist; daß jede wahrhafte und fruchtbare geistige Arbeit den Zweck hat und erfüllt, daß sie gethan und abgethan und nun nicht mehr gethan zu werden nöthig ist, daß mit jedem Schritt das Ringen und Sinnen des menschlichen Geistes sich in ein einfaches Schauen verwandelt; daß aber in jeder Geistesthat eine ganze Geschichte von Geistesarbeit aufgehoben und unverloren und darin gerade so enthalten und erhalten ist, wie die Eichel in der Eiche, die aus ihr erwachsen.

Freilich nicht im Hegel'schen Sinne meinen wir, daß neue historische Prinzipien als neue Phasen des dialektischen Begriffes auftreten, und diese die früheren objectiv in sich aufgehoben haben; sondern psychologisch erscheint die frühere Arbeit in der gegenwärtigen verwerthet, und die Begriffe schreiten fort, indem die einen auf kritischem Wege als Irrthum erkannt und abgeworfen werden, andere aber als Wahrheit festgehalten und geläufig gemacht, zum Gemeingut erhoben und zu keimkräftigen Elementen umgebildet werden. Auch die Irrthümer können, indem sie die Kritik und den Forschungsgeist wachrufen, mittelbar zur Wahrheit führen, und in so fern als Glieder in der Kette von Ursachen und Wirkungen zur

Entdeckung derselben aufgenommen erscheinen; dies aber darf uns nicht hindern zu erkennen, daß wirklich Irrthum und Täuschung im ganzen und strengen Sinne des Wortes wie beim Individuum auch in der Geschichte auftreten. Eben nicht all unser Sinnen und Denken führt in gerader Linie zu erhöhter Erkenntniß; nicht jede eigenthümliche | Gestaltung ist eine wirkliche Bereicherung des Ganzen. Wenn sich im persönlich einzelnen oder nationalen Individuum in einzelnen Zeitpunkten wirklich Irrthum, Uebel und Böses zeigt, so hat eine wahrhafte Theodicee dasselbe nicht sophistisch zu leugnen, sondern seine Nothwendigkeit außerhalb dieser bestimmten historischen Individualität nachzuweisen.

Diese Andeutungen mögen hier genügen, um zu zeigen, daß und in wie fern wir nicht etwa alle geschichtlichen Ereignisse ein für allemal und auf gleiche Weise in den Prozeß eintreten sehen, den wir als Verdichtung der historischen Begriffe bezeichnet haben.

Das Mittel aber, welches der menschliche Geist anwendet, um diese Verdichtung der Begriffe zu erreichen, besteht nicht etwa bloß in der subjectiven Arbeit des Individuums, in der Wiederholung und Durchbildung des psychischen Prozesses, wie oben beim Mathematiker und Philosophen angegeben ist, sondern es gibt objective Mittel, welche dieselbe neben dem psychischen Prozeß und sogar ohne denselben veranlassen. Zu diesen objectiven Mitteln gehört vor allem die Sprache. Jeder neugeborne Mensch muß, gerade so wie der Urmensch, *zu denken anfangen;* durch die Sprache kommt ihm zweierlei entgegen, um ihn unter günstigen Bedingungen in der winzigen Reihe von Jahren eines Menschenalters auf die Höhe einer Entwicklung zu stellen, welche Jahrtausende alt ist. Einmal ist es die unendliche Summe vorgedachter Gedanken, der unsäglich reiche Schatz von geistigem Gehalt, welcher in der Sprache niedergelegt und festgehalten ist und durch sie dem neuen Menschen als Erbe der ganzen Vergangenheit überliefert werden kann. Sodann aber ist die Sprache nicht bloß Mittheilungs- sondern auch Bildungsmittel, um eigene Gedanken zu denken und fremde zu erfassen und zu begreifen; die Sprachform des eigenen Geistes enthält nicht bloß das Mittel und Gelegenheit, den fremden Gedanken überhaupt zu vernehmen, sondern die Fähigkeit, ihn in gleicher Weise zu denken und zu verstehen[1].

Außer der Sprache aber sind es die Sitten und die sittlichen | Institutionen aller Art, welche dem Menschen den sittlichen Gehalt seiner Zeit, das Product langer geistiger Entwicklung und historischer Arbeit eben so fertig entgegenbringen, wie die vorhandenen Kunstwerke, die Monumente des Genies und des Fleißes, ihm die allmählich gereifte ästhetische Anschauung göttlicher und menschlicher Dinge vor die Seele führen, um sein Gemüth, wenn es empfänglich ist, auf die gleiche Höhe zu erheben, und es mit der gleichen Idealität zu erfüllen.

Man sieht es freilich diesen letzten und höchsten Producten einer ausdauernden und allmählich fortgeschrittenen Entwicklung, gerade weil sie unsere Seele mindestens receptiv auf ihre eigene Höhe zu heben im Stande sind, nicht an, daß und wie wir in ihnen gleichsam den ganzen Prozeß unserer und ihrer eigenen rückläufigen Geschichte vor uns haben, daß sie die langsam gereiften Bedingungen ihres Daseins überragend, dieselben unserem Auge verhüllen. Aber nicht bloß die gewaltige und überwältigende Schöpfung sittlicher Institutionen und hervorragender Kunstwerke ist es, welche Organe der Gedankenverdichtung schafft; sondern da, wo die Wissenschaft und die ethische und ästhetische Gestaltungskraft

---

[1] Vgl. Leben der Seele. Bd. II. [I. Abhandlung: Geist und Sprache]. Kap. 3 [Die Erlernung und Fortbildung der Sprache].

sich mit dem alltäglichen Leben verbindet, wo sie immer tiefer in die Breite des Lebens hinabsteigen, da durchflechten sie das Gewebe auch der einfachsten Verhältnisse mit idealen Gestalten; fern von seinem Beginn und unerwartet schlingt sich der Faden höchster Geistescultur in die Formen der alltäglichsten Dinge.

Neuerdings hat A. Bernstein[1] diesen Gedanken populär | in vorzüglicher Weise dargestellt. Er deutet beispielsweise auf die Uhr hin, »als auf ein Kunstwerk hohen wissenschaftlichen Werthes, das ein getreuliches Bild abgibt von dem Lauf der Sonne am Himmelszelt, oder richtiger von der Umdrehung der Erde um ihre Axe ... das ohne Fernrohr und Messung, ohne Anstrengung des Auges und ohne Mühen des Verstandes sofort zu jeder Zeit und mit größerer Genauigkeit zeigt, wie es augenblicklich um den Sonnenlauf des Himmels oder mit der Umdrehung der Erde um ihre Axe steht, als je die unsterblichen Meister

---

[1] »Ein alltägliches Gespräch« in Auerbach's Volkskalender für 1861. Zweierlei möchten wir bei dieser Gelegenheit für unseren geehrten Leser über den Kalender anmerken: 1) daß die beiden Aufsätze von Carl Andree über die Verbreitung des bairischen Bieres (im vorigen Jahrgang) und »über natürliche Gränzen und was daran hängt« (in diesem) interessante culturhistorische Kapitel interessant behandeln [vgl. Literaturverzeichnis]; 2) der gesammte Inhalt des diesjährigen Kalenders kann in literarischer Hinsicht als ein Zeichen der Zeit [Matthäus 16,3] angesehen werden. Im Anfang des Jahrhunderts brachten die Kalender Gedichte, Novellen, Romänchen und dgl., später häuften sich die naturwissenschaftlich populären Belehrungen; in dem vorliegenden Heftchen, in acht verschiedenen Gaben (zwei Geschichten von Auerbach, eine von G. Keller, Weltgeschichte im Dorfe von [Berthold] Sigismund, Brief eines Turners und die oben | genannten Stücke) sind sowohl die Erzählungen als die Betrachtungen ohne Ausnahme der Art, daß man sie am besten als »culturhistorische« bezeichnet. Selbst der naturwissenschaftliche Aufsatz von Virchow: »Wie der Mensch wächst« gibt sich als eine »Erinnerung« und nimmt historische Gestalt an [vgl. Literaturverzeichnis].

und Forscher Hipparch, Ptolemäus und Copernikus es hervorbringen konnten; ein Kunstwerk, das eigentlich die feinsten Materien unseres Denkens zum Gegenstand seiner Lösung macht,[«] indem es »unsichtbare Abschnitte der Ewigkeit, die man Zeit nennt, in Theile der Unendlichkeit verdeutlicht, die man mit dem Worte Raum bezeichnet«. »Wie sonderbar, heißt es dann, ist es doch, daß Millionen Menschen gar nicht ahnen, welch einen Gedankenreichthum sie in den Westentaschen mit sich herumschleppen«! An dem Beispiel des »Wochenmarkts« und des »Briefkastens« wird dann gezeigt, »welche Fülle großartiger Gedanken in unserer Ordnung der Alltäglichkeit verkörpert ist«. Die Prinzipien der Theilung der Arbeit, des Austausches der Bedürfnisse, der Gegenseitigkeit und gegenseitigen Ergänzung der Dienstleistungen, der weit geschlungenen, hierhin und dorthin gewundenen, aber immer wieder sich schließenden Kette des Verkehrs, sie sind im Wochenmarkt lebendig, und im Postwesen ist, von aller materiell und geistig nutzbaren Verwerthung einer schleunigen und prompten Gedankenmittheilung abgesehen, ein solches Quantum von vollendeter sittlicher Discretion gewährleistet, daß es ein Triumph auch der sittlichen Natur des Menschen heißen mag.

Man kann an diesen Beispielen deutlich ersehen, wie der Mensch sich nachgerade willkürlich und unwillkürlich, absichtlich und zufällig Organe der Verdichtung seines Denkens schafft, | sowohl materielle als geistige Organe, nur daß jene, in ihrer psychischen Wirkung betrachtet, in Wahrheit selbst nicht minder geistige Organe und Objecte sind. Auf diesem Prozeß der Verdichtung des Gedachten, als der Kunst der Zusammenfassung des Mannigfaltigen und der steigenden Erleichterung des Schwierigen, beruht auch allein die Aussicht, daß der Culturmensch nicht allmählich durch den von allen Seiten massenhaft anwachsenden Stoff der Erkenntniß völlig erdrückt werde. Es sind durchaus nicht bloß, wie man zuweilen wohl gemeint hat, die verbesserten Schulmethoden für Aneignung der Wissenschaft – diese haben in der That kaum Schritt gehalten mit der Entwicklung der Objecte des Wissens – sondern diese psychische Qualität des denkenden Wesens, die es möglich macht, daß ein mäßiger Kopf sich heute so gut wie vor dreihundert Jahren auf der Höhe des gegenwärtigen Bildungszustandes erhalten kann, obgleich nicht bloß dieselben Gebiete, welche den Inhalt damaliger Wissenschaft ausgemacht haben, durch eine unermüdliche Thätigkeit stetig bereichert, sondern ganze und weite neue Felder geistiger Thätigkeit urbar gemacht worden sind.

Wenn nun Bernstein in Bezug auf die angeführten Beispiele meint, »man glaube sich freilich des Nachdenkens über solch alltägliche Dinge ganz überhoben, sobald man ein bequemes Wort dafür hat«, wie »Austausch der Bedürfnisse, Gegenseitigkeit der Dienstleistung«: so ist zunächst zu erwidern, daß, wie oben für die Sprache angedeutet, in der That diese Ausdrücke selbst nichts Anderes als eine »geistige Uhr«, eine psychisch-sprachliche Verdichtung national-ökonomischer Gedanken sind. Objectiv nämlich ist darin Alles enthalten, wie in der Uhr objectiv und thatsächlich die Zeitmessung; nur subjectiv ist mit dem Anblick der Uhr und mit dem Aussprechen der verdichteten Vorstellungen der ganze Inhalt *nicht* gegeben.

Wir müssen demnach zwei Arten der Verdichtung des Denkens unterscheiden; die eine nämlich ist individuell, subjectiv durchgemacht, dergestalt, daß das verdichtete Denkproduct aus dem eigenen, allmählichen Prozeß der Verdichtung hervorgeht; die andere ist sachlich allgemein, objectiv, dergestalt, daß nur das Resultat eines historischen Prozesses in der Seele aufge|faßt wird. Jene bezeichnet die eigene Cultur des Individuums, diese die öffentliche Cultur des Zeitalters.

Es ist aber offenbar, daß die inhaltreichen, verdichteten Elemente der Bildung bei dem Individuum flacher, wirkungsloser sein können, als jene einfachen, ursprünglichen Elemente einer viel niedriger stehenden Culturepoche. Der Grad der selbständigen Thätigkeit des Individuums ist von dem Objecte derselben unabhängig; die individuelle Bildung aber im Gegentheil weniger von diesem als von jener bedingt. Die Geschichte arbeitet für das Individuum; aber sie kann es seiner eigenen Arbeit nicht überheben. Und wenn einerseits die persönliche Ausbildung erleichtert wird im Vergleich zu der aufgewendeten Arbeit im Laufe der Geschichte, so wird sie andererseits erschwert im Vergleich mit der geringeren Aufgabe, welche in vergangenen Zeiten durch einfache Elemente gegeben war.

Wir möchten daher auch nicht ganz mit Bernstein übereinstimmen und »ein Culturgesetz darin erkennen, daß jede Gedankenschöpfung alltäglich und dann gedankenlos benutzt und genossen werde«; vielmehr sollte der geschichtliche Unterricht auch in den einfachsten Schulen eben dies leisten, daß die objectiven Verdichtungen der Cultur durch die Kenntniß ihrer Geschichte in subjective verwandelt werden. Ist doch namentlich aller Fortschritt gerade dadurch bedingt, daß das Individuum sich nicht mit dem unverstandenen Resultat begnüge, ohne die Breite des Inhalts und die Länge des Erforschungsweges zu kennen, daß es vielmehr zu einer bewußten Verdichtung des Inhalts, das heißt zu einer Auflösung und eigenen, erneuten Zusammenfassung desselben gelange. Wer oberflächlich vom »Austausch der Bedürfnisse« redet, oder gedankenlos [an] einem Wochenmarkt vorübergeht, wer gedankenlos den Postboten kommen und gehen sieht, der wird niemals eine national-ökonomische Wahrheit entdecken oder eine Verbesserung im Postwesen einführen.

Vor allem aber hat die Wissenschaft die Aufgabe, die objective Verdichtung des Wissens durch die Geschichte zu einer subjectiven Verdichtung durch den eigenen Denkprozeß zu erheben und jener damit die wahre Fruchtbarkeit zu verleihen. Muß doch alles Wissen, um seiner Natur zu entsprechen, subjective | Gewißheit sein, und eben darum auf die letzten Gründe dieses Wissens zurückgehen. Jedes Wissen muß deshalb neu und voraussetzungslos beginnen. Wenn nun aber alle Voraussetzungslosigkeit in der That nur eine scheinbare ist, wenn vielmehr Jeder auch mit seinen letzten, scheinbar ganz individuell und frei gefundenen, Anfängen in dem Boden seiner Geschichte wurzelt, dann gibt es, zwar keinen Sprung aus dieser Geschichte heraus, keinen archimedischen Punkt außerhalb derselben, wohl aber einen zulänglichen Grad von Freiheit des Wissens gerade durch die *Erkenntniß der Voraussetzungen und ihrer Geschichte.* Ich nenne diese Freiheit eine zulängliche, weil sie hinreicht, den *Fortschritt* des Wissens auf dem gegebenen Boden zu gewährleisten. Die historische Gebundenheit und die individuelle Freiheit sind die Elemente desselben; beide aber sind gleichmäßig Hebel und Schranken der menschlichen Natur: die historische Gebundenheit fesselt das Individuum nach Maß und Gehalt, aber sie bietet dafür einen bereiteten Boden; das Gegebene besteht aus gebildeten, verdichteten Gedankenmassen; das Thier beginnt stets von Neuem und bleibt *deshalb* stets beim Alten. Die individuelle Freiheit dagegen verstattet die Erhebung über das Gegebene, aber sie schließt die Schranke ein, daß das Individuum nur Individuelles schaffen, nur am Theile arbeiten, weder das Allgemeine ganz noch auch schlechthin allgemein erfassen kann. Beide Elemente weisen auf die Gemeinsamkeit der Menschheit in die Breite der Gegenwart und in die Länge der Geschichte hin. Durch das Bewußtsein aber von der Art und dem Wesen seiner historischen Voraussetzung steht jeder Denker auf seiner Stelle zugleich fest und frei; und das ist der echte Adel eines Wissens, daß es die Ahnenreihe seiner historischen Voraussetzungen kennt, den Werth derselben aber in sich verwerthet, d.h. verdichtet.

Ueber das Verhältniß des Einzelnen zur Gesammtheit[1]

[1883/1862]

EINLEITUNG. DIE VERBINDUNG DES EINZELNEN ZUM GANZEN IN DER WISSENSCHAFT UND IM LEBEN. In der Wirklichkeit des Lebens sucht Jeder in seinen Grenzen das Begrenzte, erzielt jeder Einzelne das Einzelne; die Wissenschaft aber trachtet nach der Erkenntniß der Gesammtheit und des Ganzen. Dieses Ganze ist keine Erfindung der Wissenschaft, kein bloß willkürliches Zusammenfassen des Mannigfaltigen in der Einheit eines Gesammtbildes, sondern eine Einsicht in die wirklich und thatsächlich bestehende Verkettung des Besonderen zu einem Allgemeinen. Auch da, wo die Thätigkeit der Wissenschaft eine analytische ist, wo sie ein gegebenes Ganze in seine Theile zerlegt, sucht sie eben die Elemente der Dinge, welche auch in anderen gleichfalls als Elemente enthalten sind, und gewinnt also auf solchem Wege wiederum aus der Vereinigung des Besonderen das Allgemeine.

Die Wissenschaft hat deshalb von je her ihren Standort, die Dinge zu betrachten, auf der Höhe genommen, und was sie an Schärfe des Blickes für das Einzelne eingebüßt, das hat sie reichlich durch Weite desselben für das Gesammte gewonnen.

Wo die Verbindung des Einzelnen zum Ganzen im Leben noch nicht besteht, weist zuweilen die Wissenschaft eine Möglichkeit oder Nothwendigkeit derselben nach und wird dadurch zum Führer und Lehrer des Lebens. Unter anderen Bedingungen aber und öfter schreitet das Leben voran, und die | Wissenschaft folgt nach. Das

---

[1] Ein (weiter ausgeführter) Vortrag, gehalten am 11. Januar 1861 im Groß-Rathssaal zu Bern.

gilt nicht bloß von den vergangenen Zeiten ihrer Entstehung, sondern auch von den gegenwärtigen ihrer Blüthe; denn mehr als frühere Jahrhunderte es geahnt, und als die Wissenschaften es verwerthet haben, findet gerade gegenwärtig in natürlichen und geistigen Dingen eine durchgreifende Verknüpfung statt; das Entfernteste ist an das Nächste gekettet und wirkt als Ursache und leidet seinen Einfluß. Wer heute ein mercantilisches Gewerbe betreibt oder betrachtet, wird, wenn es von irgend welcher Bedeutung ist, weder in der Theorie noch in der Praxis ein Genüge finden dürfen an der Erkenntniß der Maximen desjenigen Verkehrs, mit dem er wirklich beschäftigt ist; vielmehr muß er wissen, wie auch hier »ein Tritt tausend Verbindungen schlägt;« heitere Mienen auf dem Kornmarkt zu Chicago machen das Brot theurer, welches wir essen, aber angemessene Temperaturgrade auf den Reisfeldern in Arakan und Carolina machen es wiederum billiger. – Wird der Aberglaube der Moslemen, welcher den blauen Steinen Heilkraft zuschreibt, durch europäische Aufklärung geschwächt, dann wird der reale Werth des Schmuckes in unserem Kasten verringert; und von dem größern oder geringern Glück des Fischfangs an der Bank von Neufundland hängt es ab, ob der arme Mann im glaubensreichen Spanien während der Fasten die Fleischspeise durch Stockfisch ersetzen kann oder nicht.

DIE VERKETTUNG DER VERHÄLTNISSE DES MENSCHLICHEN LEBENS BREITET SICH ÜBER DIE GANZE ERDE AUS, DER WISSENSCHAFT VON DER ÄUSSEREN PRODUCTION DER VÖLKER, d.i. DER NATIONALÖKONOMIE, GEGENÜBER WIRD EINE WISSENSCHAFT VON DER GESAMMTHEIT DES PRODUCIRENDEN GEISTES SELBST GEFORDERT: DIE VÖLKERPSYCHOLOGIE. Daß die ökonomischen Verhältnisse des Einzelnen, des Grundbesitzers, des Fabrikanten, des Kaufmanns und des Arbeiters nicht aus der engen Sphäre eines Jeden nach ihrer wahren

Bedeutung zu erkennen sind, kann heutzutage als eine allgemein zugestandene Sache gelten. Vielmehr erscheint die Gesammtheit aller menschlichen Arbeit und der Naturprozesse, welche sie anregt und in Dienst nimmt, einschließlich aller | geistigen Thätigkeit, welche jene lenkt und leitet, in jedem Lande als ein Ganzes, das nach der Ordnung im Innern und nach den Beziehungen zu äußeren Staaten Förderung oder Verfall erleidet und auf Arbeit und Löhnung jedes Einzelnen spornend oder hemmend zurückwirkt. Die Nationalökonomie, ein Jahrhundert etwa alt, ist eine blühende und fruchttragende Wissenschaft geworden. Wie sehr der Einzelne auch nach der Enge seines Gesichtskreises sich bornirt und blind und wandellos den eng umschriebenen Kreis seiner Tretmühle tritt, die Wissenschaft hat ein Auge für ihn und sein Schaffen und Wirken; jeder Pflug, der seine Furche zieht, jeder Fluß, der die Mühlen oder Kahn und Floß zwischen seinen Ufern treibt, jedes Rad, das eine Spindel dreht, der Karrengaul und das Dampfroß, sie treten als Glieder in die Kette der nationalen Arbeit ein und die Wissenschaft verbreitet Licht über ihren Ort und ihren Werth. Und jedes Licht verbreitet Segen.

Auch die Zeiten ferner sind vorbei, wo die Transactionen zwischen den beiden mächtigen Staaten Zürich und Straßburg wegen eines Schutz- und Trutzbündnisses beinahe deshalb gescheitert wären, weil die räumliche Entfernung beider von einander den Zweck eines Bündnisses illusorisch zu machen schien, und nur die bekannte Reise eines warmen Hirsebreis den augenscheinlichen Beweis dagegen führte. Hier bedarf es wahrlich keiner Beispiele, um bemerkbar zu machen, daß es jetzt nicht mehr, wie in älteren Zeiten eine wunderbare Ausnahme ist, wenn das Schicksal östlicher Staaten im fernen Westen entschieden, wenn das tragische Geschick nordischer Provinzen weit im Süden besiegelt wird. Es geht ein Zug der Gemeinsamkeit, der Gegenseitigkeit und der Wechselwirkung durch das Leben und die Wissenschaft, der nur dadurch das Wunderbare in unserem Auge verliert, daß er den Gang und | Zug der Geschichte selber bezeichnet, und daß ihm unausgesetzt Erfindungen und Entdeckungen zur Seite gehen, welche seine Verwirklichung möglich machen und eben darum natürlich erscheinen lassen.[1]

Wenden wir nun unsern Blick von dem, was der Mensch nach außen hin wirkt und schafft, nach innen, nach der Werkstätte, in welcher Sinn und Plan für all das geschmiedet wird. Blicken wir, sag' ich, auf den menschlichen Geist selbst, wie verhält es sich mit der Wissenschaft von demselben? Werden wir nicht zu fordern und zu erwarten berechtigt sein, daß sie uns auch die Einheit des Mannigfaltigen, die Gesammtheit des Einzelnen zeige und darüber belehre? Die Wissenschaft, welche sich mit der Natur des menschlichen Geistes beschäftigt, welche die Gesetze seiner Wirksamkeit und Entwicklung zu erforschen sucht, ist die Psychologie; bis auf die neueste Zeit aber hat sie nur von dem einzelnen Geist gehandelt; um seine Zusammenschließung, um den Geist der Gesellschaft oder des Volkes hat sie sich wenig geküm-

---

[1] Diese Verbindung schließt Kampf und Streit nicht aus. Kampf und Streit findet auch in den engsten Kreisen der Gemeinde und der Familie statt; die Zusammenschließung ist eben eine in Haß wie in Liebe, und an dem von höherem Gesichtspunkte betrachteten Verkehrsleben bewährt sich um so mehr das Wort des tiefen und weisen Dichters (Rückert):

> Auch der Haß ist Liebe,
> Nur schöpfend mit dem Siebe
> Statt der Schaale im Born.

[Vgl. Friedrich Rückert: Waldstille. In: Ders.: Haus- und Jahrslieder. 1. Bd. (= Gesammelte Gedichte 5. Bd.), Erlangen: Carl Heyder 1838, S. 45–49; hier S. 48].

mert. Zwar von dem Volksgeist ist sonst nicht selten die Rede, aber eine wissenschaftliche Untersuchung desselben ist eine Aufgabe, die erst seit wenigen Jahren gestellt ist. Eine Erkenntniß des Volksgeistes zu erstreben, wie die bisherige Psychologie eine des individuellen Geistes bereitet, oder diejenigen Gesetze zu entdecken, welche zur Anwendung kommen, wo immer Viele als eine Einheit zusammen leben und wirken, das ist die Aufgabe einer Wissenschaft, welche unter dem Namen der Völkerpsychologie in der jüngsten Zeit sich zu gestalten beginnt.

Diese Thatsache wird dem nicht wunderbar scheinen, welcher aus der Geschichte aller Wissenschaft weiß, daß auf jeder Stufe der Erkenntniß der Mensch immer der letzte Gegenstand der Betrachtung ist, daß es immer den Abschluß einer früheren und damit den Beginn einer neuen Epoche des menschlichen Wissens bezeichnet, wenn die Forschung von der äußeren Natur und der eigenen sachlichen Schöpfung sich auf den Menschen selber zurückwendet. Nach einer weisen Einrichtung in dem Getriebe menschlichen Strebens richtet sich sein Geist auf jeder historischen Stufe so lange wissend und schaffend nach außen, bis daß er in seiner Schöpfung ein Bild seiner schaffenden Kraft sieht und nun erst diese selbst zum Gegenstande seiner Betrachtung macht, ganz analog wie das Kind langehin sein Bewußtsein erst in der äußeren Umgebung orientirt, bevor es sich selbst in demselben erfaßt.

Ich habe an einer anderen Stelle nachgewiesen, wie auch in der Religion der Mensch das Bild des Göttlichen früher in den Reichen der Natur zu finden meint und erst zuletzt in sich selber ergreift. Aus der Geschichte der Wissenschaft erinnere ich nur flüchtig an Sokrates, Cartesius und Kant; und nachdem mit unvergleichlicher Triebkraft der deutsche Geist speculative Gedankenmassen, System auf System, erzeugt und vernichtet oder verklärt hat, ist jetzt der Zweig psychologischer Forschung der lebensvolle Sproß am Baum der Erkenntniß.

BESTIMMUNG DER HIER ZU BEHANDELNDEN AUFGABE. Der Gegenstand, der uns hier beschäftigt, die Frage nach dem Verhältniß des Einzelnen zur Gesammtheit ist vieldeutig | und muß je nach der Bestimmtheit des Inhalts, welchen wir ihr beilegen, von verschiedenen Wissenschaften beantwortet werden. Denn die Beziehungen des Einzelnen sind mannigfach und verschieden zum Staate, zur Gemeinde, zur Stadt, zur Kirche; die Einzelnen machen zusammen ein politisches, ein religiöses, ein ökonomisches Ganzes aus usw., und es ist offenbar, daß jede dieser Beziehungen einem verschiedenen wissenschaftlichen Gebiete zufällt. In allen diesen Beziehungen aber ist eines gemeinsam, nämlich die *geistige Thätigkeit* des Menschen und die Bildung einer *geistigen Gesammtheit und Einheit.* In diesem Sinne nun, d.h. mit Rücksicht auf die geistige Thätigkeit des Menschen und in dem Streben, das Gesetz und die Entwicklung derselben zu erforschen, fragen wir nach dem Verhältniß des Einzelnen zur Gesammtheit, und die Völkerpsychologie ist es, von welcher wir eine Beantwortung dieser Frage heischen. Wir werden uns von der Beantwortung dieser Frage nicht entfernen, vielmehr ihr geradezu nähern, wenn wir uns zuvor eine andere Frage vorlegen, nämlich die, so zu sagen, nach dem Rechtstitel der Völkerpsychologie als einer eigenen Wissenschaft. Gibt es eine solche? kann und muß es eine geben?

ZWEIFEL AN DER BERECHTIGUNG DER VÖLKERPSYCHOLOGIE WIRD ZURÜCKGEWIESEN. Es hat nämlich an dem Zweifel daran bei dieser wie bei jeder anderen Wissenschaft in der ersten Zeit ihrer Entstehung nicht gefehlt. Der Grund dieses Zweifels liegt nicht fern. Da der Volksgeist, sagt

man sich, und jede geistige Gesammtheit in der That ja
nur aus den einzelnen Geistern besteht, welche zu ihr
gehören, so kann ja die wissenschaftliche Betrachtung
sich ebenfalls nur auf die einzelnen Geister beziehen;
und wenn die Psychologie diese Betrachtung ausführt,
so bleibt für eine Völkerpsychologie kein besonderer
Gegenstand. Diese Thatsache, meint man, sei durchaus
einfach, auf den ersten | Blick klar! Gewiß! aber das
Einfache und auf den ersten Blick Klare ist nicht immer,
sogar selten, vielleicht niemals – das Wahre. Mindestens
wird man diesem Einwurf gegenüber vermuthen dürfen,
derjenige, welcher zuerst von Völkerpsychologie geredet
hat, werde diese Thatsache, da sie so klar und einfach
ist, auch gekannt haben; es müssen also doch Gründe
dagegen sprechen. Von diesen Gründen, das ist offenbar, hängt die Existenz nicht bloß dieser Wissenschaft,
sondern des Volksgeistes selber ab; denn es handelt sich
darum, ob ein Volksgeist ein bloßer willkürlicher Begriff,
sachleerer Name, ob er Etwas sei, das einer besonderen
wissenschaftlichen Betrachtung gar nicht werth und zugänglich, d. h. ob er eine bloße Redensart sei? Schon wenn
ich noch einmal an die Nationalökonomie erinnere, muß
bemerklich werden, daß auch ihr Gegenstand schlechterdings nur in dem ökonomischen Betrieb aller Einzelnen
besteht. Nichts desto weniger haben die Gesetze der
Nationalökonomie einen ganz anderen Inhalt, als die
ökonomischen Betriebsregeln, welche der Vater seinem
Sohne, oder der Meister seinem Lehrling gibt. Vielleicht
aber können wir uns die Sache an einem anderen, gar
nicht der Sphäre des Menschen angehörigen Bilde noch
klarer machen. Jedes Ding und Ereigniß gehört nach der
Mannigfaltigkeit seiner Erscheinung mehreren und verschiedenen Wissenschaften an, vorzugsweise aber eignet
es derjenigen Wissenschaft, welche das Eigenthümliche
und Unterscheidende an ihm zum Gegenstand der Be-

trachtung macht. Der Baum z. B. ist ein Complex von Körpern, welche bestimmte chemische Eigenschaften und physikalische Kräfte besitzen; so kann er ein Gegenstand sein für Physik und Chemie. Was ihn aber vor bloß physikalischen und chemischen Körpern auszeichnet, ist, daß diese in ihm ein organisches Gebilde ausmachen, daß sie als eine | Pflanze existiren und wirken. Die Wissenschaft, welcher er vorzugsweise angehört, ist also die Pflanzenphysiologie. Jeder Baum und alle Bäume, das ist gewiß, gehören dieser Wissenschaft an. Der Mensch als geistiges Wesen ist Gegenstand der Psychologie, also auch jeder Mensch und alle Menschen.

Die Vielheit, so scheint es, ändert Nichts an der Sache. Und doch ist es nicht so. Wie ein Baum, auch hundert Bäume sind Gegenstand der Pflanzenphysiologie; aber 50.000 Bäume etwa auf einer Quadratmeile stehend, sind ein Wald. Der Wald als solcher, als Ganzes, ist Gegenstand einer anderen, nämlich der Forstwissenschaft. Sie wird sich vielfach auf die Botanik und Physiologie beziehen und stützen, aber sie ist nach *Zweck und Mitteln* der Betrachtung eine andere Wissenschaft. Man kann und man muß sagen, der Volksgeist besteht nur aus lauter einzelnen Geistern, wenn man aber meint, daß deshalb der Volksgeist ebenso wie jeder andere Geist der Psychologie angehört und keiner besonderen Wissenschaft bedarf, dann, im strengen Sinne des Wortes, nach diesem Bilde, dann sieht man den Wald vor lauter Bäumen nicht.

Gewiß wird sich die Völkerpsychologie in wesentlichen Stücken auf die individuelle beziehen, denn der einzelne Mensch folgt seiner Natur und dem ihm einwohnenden Gesetz, auch indem er zur Gesammtheit gehört; es ist aber offenbar, daß die Gesammtheit nicht eine bloß addirte Summe von Einzelnen, sondern eine geschlossene Einheit ausmacht, deren Art und Natur wir eben zu erforschen haben; eine Einheit, in deren Gestaltung und Entfaltung Prozesse und Gesetze zur Sprache kommen, welche den Einzelnen als solchen gar nicht betreffen, sondern nur in wie fern er etwas Anderes ist, als ein Einzelner, nämlich Theil und Glied eines Ganzen.

Gleichwohl wird sich über diejenigen, welche die Entbehr|lichkeit oder Unmöglichkeit einer Völkerpsychologie behaupten, Niemand wundern, der da weiß, wie schwer es alle Zeit gehalten hat, einen neuen Begriff, mochte die Wissenschaft seine Nothwendigkeit noch so klar und dringend bewiesen haben, zur Geltung zu bringen. Wie klein ist immer noch mitten in den Nationen, welche die Gebildeten sind und heißen, das Häuflein derer, welche wissen, daß das Feuer nicht ein Element, sondern ein Prozeß ist; wie unendlich viel kleiner noch die Anzahl derer, welche begreifen, wie groß die Verschiedenheit der Naturanschauung überhaupt ist, welche in dieser Verschiedenheit der Auffassung einer und derselben Erscheinung sich ausdrückt! Auch in der Republik der wissenschaftlichen Begriffe ist es schwer, einem neuen Begriff das Naturalisationspatent zu verschaffen.

Wir wollen davon nicht reden, daß derselbe Frager in der nächsten Viertelstunde dennoch vom Volksgeiste reden, in gefahrvollen Zeitläuften dies oder das von seiner Erhebung erwarten, ihn loben oder tadeln wird, denn wir wollen aus dem Munde dieses Fragers keinen Beweis für das Dasein und Wirken des Volksgeistes haben.

AEUSSERUNGEN VON GOETHE, W. V. HUMBOLDT, RITTER, GOLTZ Erinnern aber wollen wir daran, wie Goethe einmal flüchtig die Bemerkung hinwirft, daß so wie von der Kindheit als einer eigenthümlichen Natur ohne Rücksicht auf einzelne Kinder geredet werde, es auch nothwendig sei, von der *Volkheit* zu reden und sie wissenschaftlich zu betrachten.

¶ Auch Wilh[elm] v. Humboldt[1] erkannte schon den Grundgedanken. »Die Gesetze,« sagt er, »nach welchen das geistige Streben im Einzelnen erwacht und zur Reife gedeiht, könnte man die Physiologie des Geistes nennen. Aehnliche Gesetze muß es auch für eine ganze Nation geben. Die Nation ist *ein* Wesen sowohl, als der Einzelne.«

Und Carl Ritter, anknüpfend an die Geographie sagt, er mache es sich zur Aufgabe: »alle wesentlichen Naturverhältnisse darzulegen, in welche die Völker auf diesem Erdenrunde gestellt sind, und es sollen aus diesen alle Hauptrichtungen ihrer entwickelten Zustände, welche die Natur bedingt, hervorgehen. Wäre dieses Ziel dann wirklich erreicht, so würde eine Seite der Historie im Allgemeinen einen Fortschritt gewonnen haben, indem das erregende Wesen der Antriebe der äußeren Naturverhältnisse auf den Entwicklungsgang der Menschheit dadurch zu größerer Klarheit gekommen sein müßte. Es bliebe ein anderes Gebiet, *das der inneren Antriebe der von dem Aeußeren unabhängigen rein geistigen Natur* in der Entwicklung des Menschen, der Völker und der Staaten zur vergleichenden Untersuchung übrig, als würdiger Gegenstand einer leicht noch glücklicheren Betrachtung und nicht minder lohnenden Forschung.« ¶

---

[1] {Ges. W. IV. [VI.!]. S. 427} [Vgl. Wilhelm v. Humboldt: Ueber den Zusammenhang der Schrift mit der Sprache. In: Wilhelm von Humboldt's gesammelte Werke. 6. Bd. Berlin: G. Reimer 1848, S. 427 f.: »Zuerst muss das geistige Streben im Einzelnen erwachen, und zur Reife gedeihen; und die Gesetze, nach welchen dies geschieht, könnte man die Physiologie des Geistes nennen. Aehnliche Gesetze muss es auch für eine ganze Nation geben. Denn der Erklärung gewisser Erscheinungen, zu denen ganz vorzugsweise die Sprache gehört, lässt sich auch nicht einmal nahe kommen, wenn man nicht, ausser der Natur und dem Zusammentreten Einzelner, auch noch das Nationelle in Anschlag bringt, dessen Einwirkung durch gemeinschaftliches Leben und gemeinschaftliche Abstam-

»Das Volk in der Masse,« sagt Bogumil Goltz, »in der Jury, im Aufstande, im Volksfeste, ist nicht mehr die bloße Addition von so und so viel simpeln und unwissenden Individuen, sondern *es entbindet sich ein Geist aus der Masse, der im Einzelnen nur als negative Kraft vorhanden war.*« Die Thatsache ist unbestreitbar, allein sie enthält noch nicht, sondern erfordert eine genauere Bestimmung und Erklärung, wie in den Vielen als Gesammtheit das zur Erscheinung kommt, was in den Einzelnen nicht vorhanden war; statt des mystischen Ausdrucks einer negativen Kraft müssen wir ein klares und deutliches Verhältniß zu erkennen suchen.

¶ DER GEIST IST DAS GEMEINSCHAFTLICHE ERZEUGNISS DER MENSCHLICHEN GESELLSCHAFT, NICHT DES VON VERBINDUNG UND GESCHICHTE ABHÄNGIGEN INDIVIDUUMS, DESHALB MUSS DIE GESELLSCHAFT SELBST GEGENSTAND DER WISSENSCHAFT SEIN. Die Psychologie lehrt, daß der Mensch durchaus und seinem Wesen nach gesellschaftlich ist; d.h. daß er zum gesellschaftlichen Leben bestimmt ist, weil er nur im Zusammenhange mit seinesgleichen das werden und das leisten kann, was er soll; so sein und wirken kann, wie er zu sein und zu wirken durch | sein eigenstes Wesen bestimmt ist. Auch ist thatsächlich kein Mensch das, was er ist, rein aus sich geworden, sondern nur unter dem bestimmenden Einflusse der Gesellschaft, in der er lebt. Jene unglücklichen Beispiele von Menschen, welche in der Einsamkeit des Waldes wild aufgewachsen waren, hatten vom Menschen Nichts als den Leib, dessen sie sich nicht einmal menschlich bedienten: sie schrien wie das Thier und gingen weniger, als sie kletterten und krochen.

mung zwar zum Theil bezeichnet, allein gewiss weder erschöpft, noch in ihrer wahren Beschaffenheit dargestellt wird. Die Nation ist Ein Wesen sowohl, als der Einzelne.«]

So lehrt traurige Erfahrung selbst, daß wahrhaft menschliches Leben der Menschen, geistige Thätigkeit nur möglich ist durch das Zusammen- und Ineinanderwirken derselben. Der Geist ist das gemeinschaftliche Erzeugniß der menschlichen Gesellschaft. Hervorbringung des Geistes aber ist das wahre Leben und die Bestimmung des Menschen; also ist dieser zum gemeinsamen Leben bestimmt, und der Einzelne ist Mensch nur in der Gemeinschaft, durch die Theilnahme am Leben der Gattung.

Die Grundlage für das, über das thierische Dasein sich erhebende Sein und Wirken des Menschen ist demnach zuerst die Gemeinsamkeit mit gleichzeitigen Nebenmenschen. Doch diese gibt nur erst den ungebildeten Menschen, den Wilden, durch welchen der Geist nur erst hindurchschimmert, ohne leuchtend und wärmend aus ihm hervorzustrahlen. Das Bewußtsein des gebildeten Menschen beruht auch noch auf einer durch viele Geschlechter hindurch fortgepflanzten und angewachsenen Ueberlieferung. So ist der Einzelne, welcher an der gemeinsamen Geistesbildung Theil nimmt, nicht nur durch seine Zeitgenossen, sondern noch mehr durch verflossene Jahrhunderte und Jahrtausende bestimmt und von ihnen abhängig im Denken und Fühlen und Wollen.

Er lebt aber nicht mit allen seinen Zeitgenossen und allen Zeiten seiner Vergangenheit in gleich innigem Zusammenhange. | Es bilden sich innerhalb des großen Kreises der Gesellschaft kleinere Kreise und immer engere bis hinab zur Familie. Diese Kreise nun stehen nicht neben einander, sondern durchschneiden und berühren sich mannigfach. So entsteht innerhalb der Gesellschaft ein höchst vielfach in sich verschlungenes Verhältniß von Verbindung und Absonderung. Demgemäß ist auch die Theilnahme des Einzelnen am Gesammtgeiste eine höchst verschiedene nach Richtung und Innigkeit und gestattet die unermeßbare Mannigfaltigkeit persönlicher Individualitäten. Aber wie scharf begrenzt, und welcher Art, wie reich, wie werth- und kraftvoll die Persönlichkeit sein mag; sie ist immer in ihrer Entwicklung durch die räumlichen Verhältnisse eines bestimmten Ortes, durch die zeitlichen eines bestimmten Zeitpunktes, durch einen besonderen Volks-, Familien- und Standesgeist, sowohl nach dem Grade ihrer möglichen Bildung, wie auch nach Inhalt und Form des Geistes bedingt. Nicht nur sein Wissen, sondern auch sein Gewissen, sein Fühlen und sein Wollen, sein Thun und sein Genießen, sein Empfangen und darum auch sein Schaffen, ist mit seiner Geburt an diesem Punkte der geistigen Gesammtentwicklung im Voraus bestimmt.

Folglich – und das ist schon anerkannt und ausgesprochen – »bleibt die Psychologie immer einseitig, so lange sie den Menschen als alleinstehend betrachtet«.[1]

Die Sache ist nun aber damit nicht abgethan, daß man diese Einseitigkeit hinterher durch gewisse Zusätze, durch eine gewisse Rücksicht auf die Verhältnisse des Menschen in der Gesellschaft, zu ergänzen sucht; sondern diese Ergänzung ist überhaupt erst dann möglich, wenn zuvor der Mensch als gesellschaftliches Wesen, d.h. wenn die menschliche Gesellschaft, also | ein ganz anderer Gegenstand als der einzelne Mensch, zum Gegenstande einer besonderen Untersuchung gemacht ist. Denn innerhalb des Menschenvereins treten ganz eigenthümliche psychologische Verhältnisse, Ereignisse und Schöpfungen hervor, welche gar nicht den Menschen als Einzelnen betreffen, nicht von ihm als solchem ausgehen. Es sind nicht mehr sowohl Verhältnisse im Menschen, als zwischen Menschen; es sind Schicksale, denen er nicht

---

[1] [Vgl.] {Herbart, Lehrb[uch] z[ur] Psych[ologie] 2. Ausg[abe.] §240}

unmittelbar unterliegt, sondern nur mittelbar, weil er zu einem Ganzen gehört, welches dieselben erfährt. Kurz es handelt sich um den Geist einer Gesammtheit, der noch verschieden ist von allen zu derselben gehörenden einzelnen Geistern, und der sie alle beherrscht.

Es verbleibe also der Mensch als seelisches Individuum Gegenstand der *individuellen Psychologie,* wie eine solche die bisherige Psychologie war; es stelle sich aber als Fortsetzung neben sie die Psychologie des gesellschaftlichen Menschen oder der menschlichen Gesellschaft, die wir *Völkerpsychologie* nennen, weil – um hier nur kurz auszusprechen, was die Wissenschaft selbst zu beweisen hat – für jeden Einzelnen diejenige Gemeinschaft, welche eben ein Volk bildet, sowohl die jederzeit historisch gegebene als auch im Unterschied von allen freien Culturgesellschaften, die absolut nothwendige und im Vergleich mit ihnen die allerwesentlichste ist. Einerseits nämlich gehört der Mensch niemals bloß dem Menschengeschlechte als der allgemeinen Art an, und andererseits ist alle sonstige Gemeinschaft, in der er etwa noch steht, durch die des Volkes gegeben. Die Form des Zusammenlebens der Menschheit ist eben ihre Trennung in Völker, und die Entwicklung des Menschengeschlechts ist an die Verschiedenheit der Völker gebunden. Was wir aber hier als anerkannten Sachverhalt voraussetzen, hat die Völkerpsychologie als noth|wendig zu erweisen, und zwar sowohl in causaler, als in teleologischer Hinsicht; d.h. sie hat sowohl die Ursachen darzulegen, aus denen die Vertheilung des Menschengeschlechts in verschiedene Völker erfolgt, als auch zu zeigen, wie dieser Umstand der Entwicklung des menschlichen Geistes förderlich ist.

NATIONALE UND ANDERE GEISTIGE GEMEINSCHAFT. Wenn im Laufe der Geschichte hier und da gesellige Elemente die Schranken der Volkseinheit durchbrechen, wenn

Religionen, Staaten, wissenschaftliche Richtungen und Kunstepochen Einheiten oder Kreise bilden, welche aus Segmenten verschiedener Nationen zusammengesetzt sind, so wird die Völkerpsychologie solche Erscheinungen natürlich nicht minder zum Gegenstande wissenschaftlicher Betrachtung zu machen haben. Es liegt im Begriff der Völkerpsychologie, ob sie ihren Grundgedanken auch zunächst auf das natürlichste und allzeitige Band der menschlichen Gesellung richtet, durchaus nicht, irgend eine Form menschlicher Gesellschaft von der psychologischen Erforschung auszuschließen. Wo große, allgemeine Ideen ihre Kraft über mehrere Völker ausbreiten, wo *ein* Gedanke den Genius mehrerer Nationen ergreift und beherrscht und ihn unterdrückt oder belebt, da wird die psychologische Untersuchung nicht bloß auf das Verhalten des Volksgeistes, sondern auf die Natur und das Gesetz jener Gemeinschaften gerichtet sein, welche über diesen hinausgehen. Ob sich aber nicht auch hier der Volksgeist, sowohl in causaler wie in teleologischer Beziehung, als der wesentlichste Ausgangs- und Zielpunkt erweisen wird, ist eine Frage, welche die Wissenschaft erst zu lösen hat. Wenigstens in dem großen Beispiele der Geschichte des Mittelalters, wo politische und religiöse Ideen die Bestimmtheit der Volksgeister zu überspringen und ihre Bedeutung zu verwischen scheinen, möchte vielleicht gerade die Ausnahme die Regel bestätigen; um so viel mehr, als am Ende desselben, in der | Zeit der Reformation, sowohl in politischer wie in religiöser und aller Culturbeziehung, gerade die ursprüngliche Bestimmtheit des germanischen Volksgeistes einen so ungeheuren, wesentlichen und günstigen Rückschlag ausübt, daß man bekanntlich lange genug das ganze Mittelalter für eine bloße Nacht chaotischer Gährung ansehen konnte, aus welcher die moderne Welt des national-gesonderten Geisteslebens wie ein junger Tag sich leuchtend emporhebt. – Andererseits ist auch beim Hinblick auf die Einheit der Volksgeister im Mittelalter nicht zu vergessen, daß dieselbe auf der Einheit der germanischen Stämme beruht. Alle schaffenden Culturkräfte des europäischen Mittelalters sind germanisch, nicht celtisch, nicht iberisch. Das Hervortreten der gesonderten eigenthümlichen Nationalitäten um das 16te Jahrh[undert] dagegen ist verbunden mit dem Untergange der germanischen Elemente in den romanischen Ländern und dem Aufschwunge des germanischen Geistes in den rein deutschen Völkern.

VERSCHIEDENHEIT DER GESAMMTHEIT UND IHRER EINZELNEN – FR[IEDRICH] PERTHES ÜBER DIE SPANIER. So hat unsere Wissenschaft sich selbst zu begründen – neben der Wissenschaft von der individuellen Seele – als Wissenschaft vom Volksgeiste, d.h. als Lehre von den Elementen und Gesetzen des geistigen Völkerlebens. Es gilt: das *Wesen* des Volksgeistes und sein Thun *psychologisch* zu erkennen; die *Gesetze* zu entdecken, nach denen die innere, geistige oder ideale Thätigkeit eines Volkes – in Leben, Kunst und Wissenschaft – vor sich geht, sich ausbreitet und erweitert oder verengt, erhöht und vertieft oder verflacht, sich verschärft und belebt oder ermattet und abstumpft; es gilt, die *Gründe*, Ursachen und Veranlassungen, sowohl der Entstehung als der Entwicklung und letztlich des Unterganges der Eigenthümlichkeiten eines Volkes zu enthüllen. Soll der Begriff des Volks- oder Nationalgeistes nicht eine bloße Phrase, ein sachleerer | Name, soll er nicht ein bloß unbestimmtes, willkürliches Zusammenfassen oder ein phantastisches Bild der inneren Eigenthümlichkeit eines Volkes sein, sondern (wie der »Geist« des Individuums) den Quell, das Subject aller inneren und höheren Thätigkeit ausdrücken: dann muß die Auffassung desselben nicht diese und jene einzelnen und zufälligen Richtungen und Thatsachen seiner Erscheinung, sondern die Totalität derselben umfassen und die *Gesetze* seiner Bewegung und Fortbildung offenbaren. Der Geist, im höheren und wahren Sinne des Wortes, ist ja eben: *die gesetzmäßige Bewegung und Entwicklung der inneren Thätigkeit.* ¶

Ein ganz auffälliges Beispiel, wie die Gesammtheit von dem Einzelnen verschieden sei, meinte Fr[iedrich] Perthes in dem ganzen Dasein eines bestimmten Volkes, nämlich der Spanier zu erkennen; »dieselben Spanier«, sagt er, »sind als Einzelne kindlich gut, wie wir sie unter Romana kennen lernten, sind edel, ja erhaben, wie sie sich in dem Kampfe gegen Napoleon darstellen, aber als Nation sind sie ohne Gefühl für Gerechtigkeit und von tigerhafter Natur. Als Nation verwüsteten und entvölkerten sie Amerika und die Niederlande, als Nation wütheten sie in ihren eigenen Eingeweiden, früher aus religiösen, jetzt aus politischen Meinungen. In Pizarro und Alba verkörperte sich die Nationalität. Eine Nationalität ist eben noch etwas ganz Anderes als der Inbegriff ihrer einzelnen Glieder.« Wenn man nun dies Factum und noch vielmehr den Schlußsatz gern anerkennt, so läßt sich doch nicht verkennen, wie sehr die Begriffe hier noch im Dunkeln schweben. Sollte man wohl die Spanier unter Romana und im Kampfe gegen Napoleon als Einzelne betrachten dürfen? Der Widerspruch wird dadurch freilich noch größer und seine Erklärung muß anderswo gesucht werden; wir wollen uns indeß hier weder mit der Lösung | des Widerspruchs noch überhaupt mit dem concreten Fall beschäftigen; aber es wird an ihm und seiner Auffassung bei Perthes klar geworden sein, daß es vor Allem nothwendig ist, festere Begriffe über das Verhältniß der Gesammtheit zu den Einzelnen zu gewinnen.

BEGRIFF DER EINHEIT: INWIEFERN IST DER EINZELNE MENSCH EINE EINHEIT? INWIEFERN EINE ABGESONDERTE EINZELHEIT? Hiermit also wären wir wieder bei unserer Frage angekommen und werden sie zunächst so zu fassen haben: bildet die Gesammtheit ein Ganzes und welcher Art ist das Ganze? d. h. in welchem Sinne sind die Einzelnen Theile des Ganzen? wie und worin verbinden sich die Vielen zu einer Einheit? Um diese Frage zu beantworten, werden wir unsere Betrachtung zunächst auf den Begriff der Einheit richten müssen, um zu sehen, in welchem Sinne er auf eine menschliche Gesellschaft angewendet werden kann. Denn der Begriff ist bei weitem so einfach nicht, als es auf den ersten Blick scheint. So meint man z. B., daß, da jede Gesellschaft eine Vielheit bildet, jedes Glied derselben unbedenklich und ohne weitere Erläuterung als eine Einheit angesehen werden darf. Aber ist denn der einzelne Mensch eine so völlige und absolute Einheit? Wir wollen die Einheit einer jeden Persönlichkeit gewiß nicht leugnen, werden sie vielmehr schließlich als Fundament ansehen für die Betrachtung jeder anderen geistigen Einheit. Aber ist jene Einheit etwa so unmittelbar gewiß und selbstverständlich? Von dem Körper, den wir auch als einen und ganzen fassen, wird die Physiologie nicht bloß behaupten, sondern beweisen, daß er aus einer Vielheit besteht, welche nur in gewissen Weisen der Thätigkeit zusammenstimmt, nur in diesem Prozesse ein harmonisches Ganze bildet. Und im Geiste, haben wir da nicht eine Vielheit von Gedanken, Gefühlen, Wünschen und Entschlüssen? und nicht einmal harmonisch vereint ist diese Vielheit immer! | haben wir heute dieselben Ideen wie gestern? sind unsere Ueberzeugungen dieselben wie im vorigen Jahre? sind wir sicher, daß wir morgen die Entschlüsse von heute festhalten und ausführen werden? Jedes einfache Bewußtsein freilich weiß und faßt sich unmittelbar als eine Einheit und hat dazu guten Grund; wir mögen die Einheit in der einfachen Seele oder in der Einheit des Selbstbewußtseins oder im Ich erblicken. Wenn ihm aber die Vielheit und Mannigfaltigkeit wie ein sophistisches Spiel erscheint, so ist das nur die Schuld des einfachen Bewußtseins. Bei einiger Besinnung auf sich selbst kann man die Vielheit nicht leugnen, welche neben oder richtiger in der Einheit des Selbstbewußtseins stattfindet; ja sogar die Vielheit geht der Einheit zeitlich und genetisch voran, denn bevor das Kind sich als Persönlichkeit erfaßt, bevor es als »ich« von sich spricht, und damit es dazu gelange, hat es in sich eine Mannigfaltigkeit des Bewußtseins von seinem eigenen und anderen Wesen und deren Thun.

Die Einheit also ist hier durchaus weder so ursprünglich noch so einfach, wie man gewöhnlich voraussetzt, sondern schon ein bestimmter Erfolg der Zusammenfassung und des Zusammenhalts einer Vielheit. Aber so wie jedes Individuum schon innerhalb seiner selbst nicht unbedingt, sondern in einem wissenschaftlich erst zu erläuternden Sinne eine Einheit ist, so noch viel weniger, wenn wir nach irgend einer Seite auf die Gesammtheit achten, in welcher es steht. Von dem Einzelnen schlechthin als einem für sich alleinstehenden Wesen zu reden, ist nur eine wissenschaftliche Fiction, welche erst durch den Zweck irgend einer Betrachtung gerechtfertigt werden muß. Denn thatsächlich erscheint der Einzelne in jeder Ausbildung und Darstellung seines inneren Lebens durch die Gesammtheit bedingt und von ihr abhängig. |

Von jener wissenschaftlichen Fiction aber machen wir im gewöhnlichen Leben und Denken einen sehr ausgedehnten und oft gedankenlosen Gebrauch. Uns scheint nämlich die absolute Trennung in Einzelindividuen als absolut nothwendig, weil sie absolut geläufig ist. Aber schon wenn wir nur unsere eigenen Institutionen ansehen, finden wir, daß der Staat gar nicht bloß den Einzelnen und die ganze Gesammtheit einfach einander gegenüber stellt, so daß ihm diese nur in Persönlichkeiten zerfiele, welche als physisch-psychische Individuen existiren.

In Bezug auf das Eigenthum z.B. bildet zwar jeder Einzelne eine rechtliche Person. Der Einzelne aber ist immer nicht der absolute, sondern nur der relative Träger eines (selbst beweglichen) Besitzthums; er ist zunächst nicht der *alleinige* Rechtsinhaber seines Eigenthums, sondern zugleich mit ihm ist es die Familie, deren Glied er ist. Daher ist denn auch die Verfügung darüber einmal nicht *unbedingt,* sondern von gewissen persönlichen Eigenschaften, als Geschlecht, Alter, Gesundheit usw. abhängig; sodann ist sie nicht *unbeschränkt,* sondern auf ein gewisses, beziehungsweises Maß begrenzt. Deshalb findet auch bei dem sonst verfügungsfähigen Verschwender, sogar bloß wegen übermäßigen Wohlwollens, wegen Schenkungen über einen gewissen Bruchteil seiner Habe, Bevormundung statt, d.h. an die Stelle dessen, der das Vermögen vielleicht erworben, jedenfalls besessen hat, tritt die Familie als Eigenthümer; vollends wenn die eine Person stirbt, treten die anderen aus der Familie als Erben ein. Dies ist nun für uns wiederum selbstverständlich, weil geläufig; aber es liegt darin, was man selten betrachtet, daß dem Staate gegenüber in Bezug auf das Eigenthum die Fäden der rechtstragenden Persönlichkeit keinesweges mit dem geistig-leiblichen Individuum abreißen, sondern im Zusammenhang mit der | Familie durch Ascendenz, Descendenz und Conscendenz im Gewebe der Gesammtheit verlaufen.[1]

---

[1] Auf niedrigeren Stufen der Rechtscultur bildet auch in Bezug auf Criminalrecht die ganze Familie des Inculpaten die rechtsleidende Person, was in Bezug auf politische Vergehen – durch Confiscationen und Exilirungen – auch in wohl policirten Staaten noch heute stattfindet.

Es hat deshalb auch nicht gefehlt, daß man von sehr verschiedenen Seiten gegen *diese Erweiterung* der Person protestirt hat, um eine absolute zur Gesammtheit darauf zu gründen. Plato tritt ziemlich unbefangen mit dem Gedanken auf, daß alles Eigenthum im Kriegerstande seines Staates gemeinsam sein müsse; auch die Kinder und Weiber; Alles, was wir als Bedingung und Erfolg eines individuellen Lebens auffassen und uns unmittelbar und nothwendig mit dem Wesen der Einzelpersönlichkeit verbunden denken, wird hier der Gemeinsamkeit geopfert.

Neuerdings hat es, namentlich in Frankreich, auch nicht an Vorschlägen gefehlt, theils das Eigenthum aufzuheben, besonders aber, was uns hier am meisten interessirt, die besitztragende Person nicht in der erbtragenden Familie zu erweitern, sondern nur den Staat Erben werden zu lassen. Das mag wunderlich genug ausgedacht sein, aber es zeigt, daß der Begriff des Individuums in unserem Rechtsleben keinesweges ein so absoluter und isolirter ist, als wir uns gewöhnlich einbilden, daß diese weitverbreitete Einbildung aber nicht bloß eine theoretische Täuschung ist, sondern Grund zu praktischen Tendenzen werden kann, welche tief in das Mark unserer ganzen gesellschaftlichen Verfassung einschneiden müßten.

Und wie ist es mit einer Zunft,[1] welche doch aus einer Vielheit von Individuen besteht? ist da nicht die Gesammt-

---

[1] Die sogenannten Zünfte in Bern sind nicht mit unseren Gewerkzünften zu verwechseln, ob sie gleich auch dort theilweise daraus hervor|gegangen sind. Den Unterschied erkennt man sogleich daran, daß es z.B. auch eine Adelszunft gibt, daß ferner in jeder alle Stände und Gewerbe vertreten sind. Ursprünglich meist für sociale Zwecke gestiftet, haben sie sich zu wohltätigen, ökonomischen, beziehungsweise auch politischen Gemeinden innerhalb der Gesammtgemeinde ausgebildet. Gemeinsamer Besitz ist das metallene Band, welches eine Vielheit von Familien zum Genuß desselben in mannigfachen Formen unter statutarischen Bedingungen zusammenhält. [»Die sogenannten Zünfte in Bern ...« – wendet

heit – ob sie gleich zu *jeder* Zeit sich auf die gerade lebenden Angehörigen so zu sagen stützt – ist nicht die Einheit und das Ganze das Wesentliche, während die einzelnen Individuen gleichgültig sind? Bildet nicht die Zunft – und anderswo die Gemeinde – d. h. das Allgemeine an ihr, die mit Rechten und Pflichten begabte, Eigenthum besitzende und vertheilende, erwerbende und verzehrende, das Wesentliche, gleichgültig gegen den Wechsel der Generationen, ob jetzt diese und später andere Glieder zu ihr gehören? Ist eine Gemeinde nicht eine moralische wie rechtliche Person, und erfüllen sie nicht alle menschlichen, moralischen und politischen Interessen wie ein Individuum und alles in der Art, daß die gerade jetzt Zugehörigen gleichgültig sind?

DIE FAMILIE. Woher kommt es denn nun aber wirklich, um diesen Punkt beiläufig zu berühren, daß wir weder im menschlichen Individuum allein die gesellschaftliche Persönlichkeit erfassen, noch auch die Gesammtheit des Staats zu ihrer Ergänzung und Vertretung berechtigen, sondern sie in der Familie, wie rechtlich so auch in vieler Beziehung moralisch und social vereinigt erkennen? Ob dies recht ist, oder Platonische oder socialistisch-communistische Ansprüche geltend zu machen sind, darüber hat die Ethik und Politik zu entscheiden, d. h. eine andere Betrachtungsweise als wir hier unmittelbar zu führen | haben. Nur das psychologische Factum haben wir zu betrachten.

Die socialistischen Ansichten gehen aus jenem Standpunkt hervor, welcher das Historische aufheben und von Grund aus neu bauen will; man will *tabula rasa* machen

sich gegen Hegel: Die germanische Welt. Hg. v. G. Lasson. Berlin 1970 (= Vorlesungen über die Philosophie der Weltgeschichte, IV. Teil, S. 844)] und hat sie theilweise gemacht; zur Natur zurückzukehren und mit der *ratio* zu beginnen, ist die Aufgabe. Aber nicht bloß der schwärmerische St.Simon, der phantastische Fourier und der stürmische Babeuf, auch der geist- und kenntnißreiche Rousseau, sie Alle erfinden sich eine Natur und gründen auf diese poetische oder vielmehr eben so unpoetische wie unpraktische Fiction eine neue *ratio*. Nun soll zwar auch dann der Mensch in Gesellschaft *und als solche* leben; die Construction derselben aber geht von der abstracten Gegeneinandersetzung der Einzelnen und der Gesammtheit aus; indem so das Mittelglied der Familie aufgehoben wird, verkennt man einfach den natürlichen Sachverhalt. Gewiß ist der jetzige Stand der Gesellschaft kein Product einer frei und bewußt schaffenden Vernunft; aber eben so gewiß ist er nicht das Product willkürlicher Anordnung. Es ist wohl außer allem Zweifel, die Menschheit folgte in diesem Punkte und wir folgen noch jetzt dem historischen Verlauf ethischer Entwicklung. Der Erfolg derselben, das Zusammenleben in der Familie und demgemäß Gliederung des Staatslebens im Familienleben, ist ein so unmittelbarer, daß er selbst wie eine natürliche Ordnung erscheint; von ihr abzuweichen, wäre nur im Dienste der Idee eine berechtigte Forderung. Ich will deshalb auch nicht in das Mysterium des physischen und vielleicht auch des psychischen Zusammenhangs der Kinder mit den Eltern eintreten; ein Blick in die eigene Brust aber genügt, das unverletzliche Heiligthum der Elternliebe wenigstens als eine psychologische Thatsache außer allen | Zweifel zu setzen. Bemerkenswerth ist es, daß die Elternliebe zu den wesentlichsten charakteristischen Merkmalen der menschlichen Gattung gehört; für die Liebe zu den Kindern, für die Sorge um dieselben finden wir bei den Thieren zahlreiche Beispiele; die Liebe zu den Eltern aber und die Sorge für sie gehört dem Menschen allein. Es ist aber ein sonderbares Argument gegen diese

Thatsache, wenn man behauptet, sie werde sich ja verlieren, wenn erst die Kinder dem Staate rechtzeitig übergeben und aller Kenntniß der Eltern entzogen würden.

Psychologisch hängt der Mensch anders mit der Familie als mit dem Ganzen zusammen. Selbst in denjenigen Gebieten ist dies erweislich, in denen die allergrößte Einheit und Gleichheit Aller stattfindet, in der Sprache und den Sitten; mit der Ueberlieferung des Allgemeinen durch die Familie findet zugleich eine Individualisirung statt, welche der Keim aller lebendigen, concreten Auffassung wird. Vollends nun in all dem, was unsere Sprache als Sache des Gemüths zusammenfaßt; statt der bloßen, wenn auch weise geleiteten, Politik Plato's oder des bloßen Wohlbefindens in den *Phalansterien,* verlangt der innere Mensch und seine Cultur Mannigfaltigkeit und Stufenfolge der Beziehungen des Gemüths. Von Allem, was die Gesinnungen der Menschen adelt und ein ideales Band um ihre Gemeinschaften schlingt, wird man die letzte Ursache unzweideutig im Familienleben – im Großen und Ganzen genommen – entdecken; dächte man sich dies aus der menschlichen Gesellschaft – wenn sie dann noch so zu heißen verdient – hinaus: dann erscheint sie, zwar völlig rationalisirt, aber atomistisch und uniform, kalt und leer, und der Egoismus ist der einzige Hebel, von welchem eine Bewegung zu erwarten ist.

DAS WESEN DER INDIVIDUALITÄT UND DER GESAMMTHEIT VERSCHIEDEN NACH ZEITEN UND VÖLKERN. Man kann gewiß noch unzählig | viele andere Gründe zu Gunsten einer natürlichen Gliederung der Menschheit anführen, alle aber werden aus dem einen fließen oder in ihn einmünden. In praktischer Hinsicht läßt sich nicht bloß die Zweckmäßigkeit, sondern auch die Nothwendigkeit einer Abstufung seiner Gemüthsbeziehungen aus der psychischen Natur des Menschen selbst nachweisen.

Die Vorstellungen aller Objecte bilden Kreise von gleichsam längeren und kürzeren Radien um das Centrum der Seele; denn es herrscht im natürlichen Menschen das einfache Gesetz, daß die Stärke der Gemüthseindrücke im umgekehrten Verhältniß steht zu der räumlichen und zeitlichen Entfernung der Ereignisse, von denen sie erzeugt werden. Nicht bloß wenn Zeit *in unserem Bewußtsein* darüber hingegangen, wird der Eindruck allmählich schwächer, sondern auch die bloße Vorstellung von der objectiv verstrichenen Zeit ändert den Eindruck; erzählt man uns von demselben Menschen, den wir gekannt, er sei gestern oder er sei vor Jahren plötzlich gestorben, ist der Eindruck ein verschiedener; kommt nicht eine persönliche Kenntniß des Betroffenen dazwischen, so wird jedes Glück oder Unglück, das Menschen betrifft, je größer die Entfernung, desto geringer empfunden; die Größe des Ereignisses muß wachsen, um die Entfernung wieder auszugleichen, Zeit und Raum aber finden Analogien *in anderen Arten der Nähe und Ferne* von Ereignissen. Erst die höhere Stufe entwickelter Ideen faßt dann die Grenzen *weiter* und *freier,* und sittliche Motive geben neue Maßstäbe für die Länge der Radien. –

Es folgt daraus, daß also auch jede Art von Kameradschaft, jedes Phalansterium u. dgl. immer wieder seine Differenzen und Abstufungen erzeugen würde, nur daß dann allerlei Zufall sie bildete, statt der *Natur* und des natürlichen *Schicksals*. Wohl »bleibt ein weiser Mann nicht stehen, wo der | Zufall der Geburt ihn hingeworfen,« aber ein Ehrenmann verläßt auch die Fahne niemals, der zu folgen die Bande heiliger Pflichten ihn verbinden.

Wir dürfen aus dem Gesagten wohl das Eine als Resultat festhalten: daß der landläufige Satz: die Gesellschaft bestehe schließlich nur aus Individuen, unbestreitbar wie er ist, dennoch weit entfernt ist, eine klare und deutliche Erkenntniß einzuschließen. Schon der Begriff des Individuums an und für sich, d.h. in seiner Einzelheit betrachtet, vollends aber der in der Gesellschaft befindlichen und zu ihr gehörigen ist keinesweges ein unmittelbar klarer und feststehender; ja es wird sich leicht zeigen lassen, daß das Wesen und der Begriff der Individualität, die wir in unserer Gesellschaft als eine fließende erkannt haben, in verschiedenen Zeiten und je nach den verschiedenen Völkern und Gesellschaften eine völlig verschiedene Gestaltung annimmt; die Art, der Grad und der Inhalt der Individualität sind und werden ganz andere, je nachdem eben die Individuen sich verschieden zur Gesammtheit verhalten; und umgekehrt verhalten sie sich anders zur Gesammtheit, bilden eine andere Art von Gemeinschaft, je nachdem Begriff und Wesen der Individualität in den Einzelnen entwickelt ist.

¶ INDIVIDUALITÄT UND SUBJECTIVITÄT (STEINTHAL ÜBER GRIECHEN, BURCKHARDT ÜBER ITALIENER), ALSO VERSCHIEDENE ARTEN DER EINHEIT. Diesem Punkte – wohl einer der wichtigsten für die psychologische Analyse der Entwicklungsgeschichte des Geistes sowohl in der gesammten Menschheit, wie in jedem einzelnen Volke – muß an einer anderen Stelle einmal eine ausführlichere Untersuchung gewidmet werden. Hier will ich nur darauf hinweisen, daß Steinthal mit Bezug auf die Griechen eine geschichtspsychologische Darstellung einer hervorragenden Epoche[1] | bereits versucht hat, und aus der einleitenden Erörterung der Aufgabe hebe ich folgende Sätze hervor:

»Der Mensch ist allemal, weil unmittelbar, ein *Individuum;* aber er hat darum nicht auch sogleich schon

---

[1] »Der Durchbruch der subjectiven Persönlichkeit bei den Griechen.« Zeitschrift f[ür] Völkerpsychol[ogie] u[nd] Sprachwissensch[aft] »Bd. II. [1862] S. 279 ff.«

Individualität: d.h. er ist immer die Verwirklichung des allgemeinen begrifflichen Inhalts seiner Art in Form der Einzelheit und ist eine durch den Artbegriff bestimmte und durch die Gesetze des wirklichen Lebens bedingte untheilbare Totalität; aber erst wenn er das Allgemeine in einer Besonderheit verwirklicht, welche, an sich werthvoll, den Werth des Allgemeinen erhöht, erst dann hat er eine Individualität. Diese ist also erst das Erzeugniß geschichtlicher Entwicklung.

Wir nennen den Menschen ein Individuum, insofern er überhaupt Gegenstand unserer Betrachtung ist; und wir schreiben ihm Individualität zu, insofern wir an ihm, als einem Objecte, eine werthvolle Besonderheit entdecken: insofern wir ihn aber darauf hin ansehen, daß er sich selbst als Individuum fühlt und weiß (denn jeder Mensch hat Selbstgefühl und ein bis auf einen gewissen Punkt entwickeltes Bewußtsein von sich), ist er eine *Person;* und je nach der Besonderheit, in welcher er sich interessirt, in welcher er sein Selbst genießt und zur Geltung zu bringen sucht, ist er eine individuelle Persönlichkeit.

Jeder Mensch ist eine Person; aber seine Persönlichkeit braucht eben nicht auch Individualität zu haben. Umgekehrt aber wird mit der sich immer schärfer begrenzenden und sich immer mehr mit geistigem Inhalt bereichernden Individualität auch die Persönlichkeit immer mächtiger und bedeutsamer werden. Obwohl nun Persönlichkeit auf dem subjectiven Verhalten des Individuums beruht, d.h. auf der Weise, wie dieses in seinem Fühlen, Wissen und Handeln, kurz in seinem Verhältnisse | zum Gegenstande die Befriedigung seines Selbst sucht und erlangt, so ist sie doch nicht *Subjectivität.* Diese ist die (immer erst spät erworbene) Fähigkeit, sich als Subject, d.h. so zu verhalten, daß der Geist sich selbst als den Betrachtenden von dem betrachteten Gegenstande absondert und letzterem sich frei, mit Bewußtsein gegenüberstellt. Dies kann der

Geist nur, wenn er sein Bewußtsein vom Object wiederum sich als Object hinsetzt. Subjectivität ist also Freiheit des Geistes gegenüber dem Object und ist eigenthümlicheres Selbstbewußtsein.«

Mit eben so vorzüglichem wie charakteristischem historischen Tiefblick hat dies Jacob Burckhardt mit Bezug auf die Italiener erkannt und dargestellt.[1]

»Im Mittelalter,« heißt es S. 131, »lagen die beiden Seiten des Bewußtseins – nach der Welt hin und nach dem Innern des Menschen selbst – wie unter einem gemeinsamen Schleier träumend oder halbwach. Der Schleier war gewoben aus Glauben, Kindesbefangenheit und Wahn; durch ihn hindurchgesehen erschienen Welt und Geschichte wundersam gefärbt, der Mensch aber erkannte sich nur als Race, Volk, Partei, Corporation, Familie oder sonst in irgend einer Form des Allgemeinen. In Italien zuerst verweht dieser Schleier in die Lüfte; es erwacht eine *objective* Betrachtung und Behandlung des Staates und der sämmtlichen Dinge dieser Welt überhaupt; daneben aber erhebt sich mit voller Macht das *Subjective;* der Mensch wird geistiges *Individuum*[2] und erkennt sich als solches.

---

[1] »Cultur der Renaissance« 2. Abschnitt: Entwicklung des Individuums.

[2] Vgl. oben S. 6. [Dort heißt es S. 5f.: »Das Vorzüglichste zur Geschichte der modernen und der individuellen Bildung überhaupt findet sich bei Jacob Burckhardt ›Cultur der Renaissance in Italien‹ im 2. Abschnitt, S. 136 heißt es dort im besonderen: ›Ein sehr geschärfter culturgeschichtlicher Blick dürfte wohl im Stande sein, im | 15. Jahrhundert die Zunahme völlig ausgebildeter Menschen schrittweise zu verfolgen. Ob dieselben das harmonische Ausrunden ihres geistigen und äußeren Daseins als bewußtes, ausgesprochenes Ziel vor sich gehabt, ist schwer zu sagen; Mehrere aber besaßen die Sache, so weit dies bei der Unvolkommenheit alles Irdischen möglich ist.‹ Der Charakter des *Individuellen* in dem specifischen geistigen Zustand der Bildung wird dort deutlich (vgl. S. 131 a.a.O. und S. 137) bezeichnet durch die Ausdrücke ›*uomo singolare, uomo unico*‹; [...]«]

So hatte sich einst erhoben der Grieche gegenüber den Barbaren, der individuelle Araber gegenüber den andern Asiaten als Racenmenschen. Es wird nicht schwer, nachzuweisen, | daß die politischen Verhältnisse hieran den stärksten Antheil gehabt haben.

Schon in viel früheren Zeiten gibt sich stellenweise eine Entwicklung der auf sich selbst gestellten Persönlichkeit zu erkennen, wie sie gleichzeitig im Norden nicht so vorkommt oder sich nicht so enthüllt. Der Kreis kräftiger Frevler des 10. Jahrhunderts, welchen Luitprand schildert, einige Zeitgenossen Gregor's VII. (man lese Benzo von Alba), einige Gegner der ersten Hohenstaufen zeigen Physiognomieen dieser Art. Mit Ausgang des 13. Jahrhunderts aber beginnt Italien plötzlich von Persönlichkeiten zu wimmeln; der Bann, welcher auf dem Individualismus gelegen, ist hier völlig gebrochen; schrankenlos specialisiren sich tausend einzelne Gesichter. Dante's große Dichtung wäre in jedem anderen Lande schon deshalb unmöglich gewesen, weil das übrige Europa noch unter jenem Banne der Race lag; für Italien ist der hehre Dichter schon durch die Fülle des Individuellen der nationalste Herold seiner Zeit geworden. Doch die Darstellung des Menschenreichthums in Litteratur und Kunst, die vielartig schildernde Charakteristik wird in besonderen Abschnitten zu behandeln sein; hier handelt es sich nur um die psychologische Thatsache selbst. Mit voller Ganzheit und Entschiedenheit tritt sie in die Geschichte ein. ...« ¶

Wir werden also nicht mehr das Dasein der Individuen und das Bestehen der Gesellschaft aus ihnen als den festen Punkt ansehen dürfen, von welchem allein wir ausgehen können, um von diesem aus ihr Verhältniß zur Gesammtheit zu erkennen; vielmehr müssen wir zugleich das Wesen eben der Gesammtheit selbst ins Auge fassen und uns fragen: wie und in welcher Art die Individuen in ihr zur Einheit werden. | Der Begriff der Einheit, scheinbar so völlig einfach, schließt dennoch mannigfaltige Bedeutungen ein; scharf und rein mit logischer Strenge wird er nur in den engen Grenzen der Metaphysik gedacht. Draußen im Reiche des Concreten bedeutet die Einheit niemals Einfachheit; das Eine schließt immer ein Vieles ein, selbst vom Atom, insofern es Gegenstand der Naturforschung ist, wird nicht behauptet, daß es wirklich einfach ist; wenn man es in seiner Form und in seiner Wirkung als einfachen Körper betrachtet, so heißt es nichts Anderes, als daß es durch seine individuelle Gestaltung wie eine Einheit wirksam wird.

Die Arten der Einheit nun, welche die menschliche Gesellschaft ausmacht, sind ebenfalls mannigfaltige; versuchen wir also uns beispielsweise einige derselben zu vergegenwärtigen und zwar an der Hand der Vergleichung mit Naturdingen, deren Begriffe sowohl geläufig als fest sind.

Schon auf der untersten Stufe der Natur, im Reiche des Anorganischen, erkennen wir, wie sich Vieles als Eins darstellt in seiner Thätigkeit. Selbst der bloße Haufe von Sandkörnern, deren jedes in seiner physikalischen Beschaffenheit ohne Hinweis auf das andere für sich selbst existirt, wird zu einer Einheit durch die Gleichmäßigkeit eben dieser Beschaffenheit; wenn der Sand in dem Stundenglase rinnt und ein Maß der Zeit wird durch seine Bewegung nach den Fallgesetzen, so geschieht es nur, indem die Vielen als Einheit wirken und als solche beobachtet werden. Vollends wenn der Stein als Masse gleichmäßig erglänzt, wenn er als Druck und Schwere wirkt, so werden wir ihn mit Recht als eine Einheit bezeichnen, obgleich er in Atome zerlegbar ist, deren jedes die gleiche Natur für sich allein repräsentirt. Gerade durch die Gleichheit der Wirkung ergibt sich aus der Vielheit der Subjecte eine Einheit derselben, deren Wirkung als Ganzes verschieden ist von der Wirkung des Einzelnen.

EINHEIT NACHGEWIESEN IN DEM VERHALTEN DER EINZELNEN ZUR SPRACHE DES VOLKES. Auch in der Vielheit der Geister, welche die Einheit des Volksgeistes constituiren, gibt es solche Elemente durchgängiger Gleichheit. Ein solches ist z. B. die Sprache. Im Reiche der Natur und vollends in dem der anorganischen werden wir nicht leicht ein vollkommen deckendes Gleichniß für die Beziehungen des geistigen Lebens finden. Aber wenn wir hier auch von den specifischen Verhältnissen absehen, die zu dem Begriff einer noch viel innigeren Einheit hindrängen, wenn wir absichtlich außer Acht lassen, daß die Sprache nur im gegenseitigen Verständniß ihre wahrhafte Existenz hat, ferner daß sie von einer Generation auf die folgende sich vererbt, so finden wir dennoch schon eine aus der bloßen Gleichheit der Rede sich ergebende Einheit des Volksgeistes. Das Volk, die Sprachgenossenschaft, besitzt die Sprache; der Volksgeist ist das eigentliche Subject derselben, obgleich sie nur in den Einzelnen zur wirklichen Erscheinung kommt. Die eigenthümlichen psychischen Prozesse, die bestimmte Anwendung psychologischer Gesetze, wodurch eine Sprache sich von jeder anderen unterscheidet, eignen nicht dem Individuum, sondern der Gesammtheit, obwohl sie in den Individuen zur Vollziehung kommen. Jede Sprache drückt allem geistigen Inhalt, der in ihr ausgesprochen wird, den Stempel der Eigenthümlichkeit auf, sie ist charakteristisch für die Intelligenz nicht bloß, sondern sogar für die sittliche und ästhetische Fassung der Begriffe, aber all dieses Charakteristische, welches jedem sprechenden Individuum anhaftet, um es von allen in anderen Zungen Redenden zu unterscheiden, ist doch kein Kennzeichen für dies Individuum als solches, sondern nur für seine Gattung; | der Einzelne ist ein bloßes Exemplar aus der Masse, Atom von einem Ganzen.

Um also von der Sprache auf angemessene und wissenschaftliche Weise zu reden, würde man als das Subject derselben nicht die Individuen, sondern ihre Einheit, den Volksgeist, betrachten müssen, welchem der bestimmte Sprachgenius eignet.

Selbst wenn wir bei der Sprache stehen bleiben, aber eine höher entwickelte, zur Litteratur ausgestaltete ins Auge fassen, wird sogleich offenbar, daß die Einheit, von welcher eben die Rede war, die Einheit der Masse, des Conglomerats, der Cohäsion, bei weitem nicht hinreicht, die des Volksgeistes auszudrücken. Eine gebildete Sprache ist nicht mit ihrem ganzen Schatze, weder mit der Masse ihres Stoffs, noch mit der Kunst ihrer Formen in allen Individuen gleichmäßig vorhanden; nicht jedes Individuum kann die ganze Sprache repräsentiren, und doch hat sie ihre wirkliche Existenz nur in der Summe der Individuen, und Jeder hat Theil an ihr oder ist Theil des Volksgeistes, in wie fern er als Ganzes und Einheit das Subject der Sprache ausmacht. Diese Einheit muß anderer Art sein, wie und weil das Verhalten der Individuen zum Ganzen von anderer Art ist.

VOLKSSCHRIFTEN. Volksschriften, d.h. solche, die, wie die Bibel für uns und Homer für die Griechen, für Hoch und niedrig gemeinsam sind, haben deshalb eine so hohe Bedeutung, weil sie einen gemeinsamen Schatz von Gedanken enthalten, welcher das ganze Volk durchdringt, weil sie einen *gemeinschaftlichen Inhalt* des Volksgeistes ausmachen. Zwar die Sprache selbst ist auch Allen gemeinsam, und der Reichthum an Wörtern repräsentirt einen Schatz von Vorstellungen, welche für Jeden bereit liegen, wie | sein Eigenthum. Allein die Sprache muß angeeignet werden, und dies geschieht von Jedem in einem verschiedenen Maße; wir haben[1] gezeigt, wie für die

---

[1] {oben [LdS I (1883) = 1. Bd. 3., (revidierte) Aufl.,] S. 7 u. Bd. II, S. 116}

meisten Sprachgenossen ein beträchtlicher Theil brach liegt; wir haben aber ferner gezeigt, wie die Aneignung der Sprache gerade so viel als Schöpfung der Sprache bedeutet.[1] Kurz: für die Aufnahme der Volksschriften liegt in Jedem das geeignete Mittel, nämlich die Kenntniß der Sprache, und man darf die Verschiedenheit, welche dennoch in Bezug auf die Auffassung auch von echten und wahren Volksschriften stattfindet, wie irrelevante Bruchtheile behandeln, die der Techniker und Physiker wegläßt, wenn er materielle Kräfte für den Dienst berechnet. Für die Aufnahme der Sprache aber gibt es ein so einfaches und gleichmäßig durchgehendes Mittel nicht, sie setzt eine, wenn auch nur ganz oberflächliche Kenntniß aller der Gegenstände voraus, über welche sich die specifisch verschiedene Gestalt der Sprache verbreitet, und in gleichem Maße eine Vielseitigkeit des psychischen Prozesses. Es ist schön zu sehen, wie die Volksbücher selbst der fortschreitenden Aneignung der Sprache dienen, wie die hierin liegende *petitio principii* quellendes, zeugendes Leben im Geiste des Kindes und des Volkes gewinnt, indem es durch das Bekannte auch das Unbekannte zu Bekanntem macht.[2] Dies aber ist wiederum nur dadurch und nur in so weit möglich, als in der Volksschrift ein Allen gemeinsamer, an das Gemüthsleben eines Jeden leicht anknüpfbarer Gedankeninhalt niedergelegt ist. Davon bleiben also noch alle Gebiete der Sprache unberührt, die sich auf eine specifische Anschauung – wie die Gewerke oder Künste – oder auf eine | schärfere Analyse oder zusammenhängende Systematik – wie die Wissenschaften – beziehen.

[1] {a. a. O. S. 123 ff.}
[2] {Ich muß, um hier nicht zu weitläufig und doch verständlich zu werden, bitten, das dritte Kapitel der eben citirten Abhandlung [Bildung und Wissenschaft. 3. Bildung und Schönheit] vollends nachzulesen.}

Die Sprache ist für den Geist, was die Bodenfläche für den Leib des Volkes ist; gewiß ist der Boden die Quelle der Ernährung des Volkes, der sicherste Besitz, das eigentliche, unentreißbare Erb- und Eigenthum; so auch die Sprache für den Geist; aber so wie der Boden für das Volk werthlos ist, wenn es ihn nicht als nahrungsprossenden Acker verwerthet, so ist auch die Sprache erst dadurch Etwas, daß ein Inhalt durch sie gedacht, d. h. daß sie angeeignete, lebendige, gesprochene Sprache ist. Man kann den geistigen Reichthum eines Volkes nicht nach seiner Sprache allein, wie den materiellen nicht nach der bloßen Ausdehnung seines Grund und Bodens messen, sondern allein nach dem Maße als jene benutzt, und dieser urbar gemacht wird. Und wenn auch die Sprache vom Boden, wie alles Geistige vom Leiblichen, dadurch sich unterscheidet, daß jene Allen zugleich eignen, während dieser nur getheilt ihnen zugehören kann, so findet doch die Aehnlichkeit statt, daß auch von der Sprache der Eine ein größeres Gebiet beherrscht als der Andere, und daß es von Wichtigkeit ist, ob auch dieser Besitz im Volke ein mehr gleichmäßiger oder ein sehr verschiedener ist. Gute Volksschriften ebnen die geistigen Ungleichheiten aus, und die Bibel ist eine geistige Sonne, welche in die Hütte wie in den Palast ihre Strahlen wirft und hier wie dort erleuchtet und erwärmt. Es heißt aber die einfachsten Grundsätze der Nationalökonomie des Geistes verleugnen, wenn man offene oder geheime, unmittelbare oder mittelbare Vorkehrungen trifft, um einen beträchtlichen Theil des Volkes von der Kenntniß seiner classischen Schriften auszuschließen, während diese auf dem besten Wege sind, Volksschriften zu werden. Die Culturpolizei mag vor | giftigen Farben warnen, sie mag den Verkauf von entschieden giftigen Substanzen sogar verbieten; Luxusgesetze aber sollten auf geistigem Gebiete aus Rücksicht für den geistigen Nationalreichthum nicht zu einer Zeit auftreten, da sie auf materiellem Gebiet aus Rücksicht für den materiellen Nationalreichthum längst in Jedermanns Augen als veraltet gelten. Und wenn man nicht bloß volkswirtschaftliche, sondern zugleich ethische und politische Gründe anführen sollte, welche die Luxusgesetze – wohl für immer – verbannt haben, so gelten eben dieselben gewiß in gleichem Maße in Bezug auf den Haushalt des geistigen Lebens.

Will man nun den Passus der jetzt glücklicherweise antiquirten Preußischen Schulregulative, welcher sich auf die »sogenannten« Classiker bezog, lieber als ein modernes Luxusgesetz, oder will man ihn als einen Paragraphen einer Giftverordnung ansehen? – Dafür, daß sich immer wieder eine geistige Aristokratie bildet, braucht man wahrlich keine ausdrückliche Sorge zu tragen; alle Vorkehrungen haben sich nur dahin zu wenden, daß der Abstand zwischen ihr und den Massen nicht zu groß werde. Die beziehungsweise kenntnißreichere und gebildetere Volksmasse wird den geistig Bevorzugten immer eine größere Ehrfurcht und Folgsamkeit bezeigen, als die kenntnißlosere und ungebildetere. – Die Collisionen der geistigen Aristokratie mit allen anderen Arten derselben gewinnen durch eine größere Ausebnung des Volksgeistes allerdings eine andere Gestalt. –

EINHEIT IN DEM ÖKONOMISCHEN BESTAND UND BETRIEB EINES VOLKES. Also schon an der Sprache würden wir bei einer Vergleichung vieler Sprachen oder der verschiedenen Epochen in der Entwicklung einer Sprache eine verschiedene Gestaltung der Volkseinheit nachweisen können. Vollends wenn wir, um diese Verschiedenheit leichter anschaulich zu machen, zu anderen Be|ziehungen im Leben des Volksgeistes übergehen. Beruhte die aufgezeigte Einheit auf einer Gleichheit des Stoffes nicht bloß, sondern auch der Form und Wirkung in den Theilen, so sehen wir dagegen in einem zusammengesetzten Mechanismus, er mag nun aus einem oder mehreren Stoffen gebildet sein, eine Einheit, welche wesentlich auf der verschiedenen Form und Lage der Theile beruht, deren Wirkung von einander abhängt und in einander eingreift; eine Einheit, die in einer Verkettung von Einzelwirkungen der Theile besteht, dergestalt, daß entweder eine bestimmte Richtung oder eine Anhäufung von mechanischer Kraft erzielt wird; in diesem Ziel oder Zweck ist die Einheit, in der ursachlichen Wirksamkeit von Theil zu Theil die Bindeweise derselben gegeben. Einem solchen Mechanismus wäre z. B. der ökonomische Bestand und Betrieb eines Volkes zu vergleichen. Ein Nationalökonom würde uns leicht zeigen, wie bei einem Volke, welches etwa zugleich Ackerbau, Viehzucht, Handel und Industrie treibt, alle ökonomischen Leistungen und Erfolge in einander greifen und von einander abhängen, wie bei aller wesentlichen Gleichheit der treibenden Kräfte – Arbeit und Genuß, Erwerb und Verzehr – eine Mannigfaltigkeit der Strebungen und Strömungen vorhanden ist, und wiederum bei aller Besonderung der Thätigkeit eine Einheit und innere Gemeinsamkeit derselben stattfindet; er würde uns zeigen, daß die Theile in ihrer nothwendigen Abhängigkeit von einander mehr oder minder günstig, Kräfte sparend oder vergeudend, ihre Leistungen gegenseitig hemmend oder unterstützend gebildet und vereinigt sein können. Auch hier nun würde sich bei verschiedenen Völkern eine Mannigfaltigkeit und in der Geschichte eines Volkes, ein Wandel der Bedeutung der Einheit und des Verhaltens der Theile in ihr darstellen.

EINHEIT IN DEM POLITISCHEN LEBEN (ANALOGIE MIT DEM ORGANISMUS). Ein vorwiegendes Gebiet der Anwendung hat der Begriff | des Ganzen und der Einheit im Reiche des Organischen. Von den einfachsten Moosen bis hinauf zu den Fruchtbäumen (um bei der Pflanze stehen zu bleiben) sehen wir Einheiten, deren jede aus einem Vielen besteht, das aber zusammengefaßt und als Ganzes betrachtet werden muß, um sie in ihrer wahren und werthvollen Bedeutung zu begreifen. Hier beruht die Einheit ebenfalls nicht auf der Gleichheit der Eigenschaft oder Gleichmäßigkeit der Wirkung aller Theile, sondern im Gegentheil sie besteht *neben,* und was nicht minder gewiß ist, *durch* die Verschiedenheit der Theile. Die Zelle besteht aus Atomen, und schon in diesen ist durchschnittlich die dreifache Qualität als Hülle, Flüssigkeit und Kern zu sein und zu wirken vorhanden. Der Baum besteht aus unzählbaren Zellen, aber indem sie Wurzeln, Stamm, Zweige, Blatt, Blüthe und Frucht bilden, sind sie eben von vielfach verschiedener Art und Natur. Die Einheit aber besteht in der Zusammenwirkung dort der Atome, hier der Zellen oder der organischen Individuen. Man mag als Ursache dieser Zusammenwirkung noch ein besonderes »Prinzip,« eine Lebenskraft oder wie es sonst heiße, annehmen oder nicht: die Vielheit und Mannigfaltigkeit der Theile tritt als Einheit in die Erscheinung und wird von der Erkenntniß als solche aufgefaßt durch die Gesammtwirkung Aller. Das Subject also dieser Gesammtwirkung ist das *Ganze;* die Thätigkeit geschieht *in* allen Theilen und *durch* sie, dies aber nicht, indem sie als einzelne Individuen oder als Atome, sondern indem sie als Theile des Ganzen, als Glieder der Gesammtheit, indem sie zusammengefaßt und ineinandergreifend als – Einheit wirken. Die Analogie des politischen und alles höheren Culturlebens mit dem organischen liegt auf der Hand. Die vielfältige und verschiedenartige Thätigkeit der Einzelnen verbindet sich zu einer | Gesammtwirkung; aber *diese* Thätigkeit der Einzelnen wäre gar nicht vorhanden, ist schlechthin undenkbar, ohne diese Verbindung. Für den Einzelnen als solchen gibt es keine politische Wirksamkeit. Also ist auch hier die Einheit, das Ganze, der Gesammtgeist das eigentliche Subject alles dessen, was durch seine Theile, die Individuen, geschieht. Innerhalb des Staates übt Jeder, in Krieg und Frieden, eine an Inhalt verschiedene und nach Graden abgestufte Wirksamkeit aus; allein der Ort und die Art derselben ergibt sich lediglich aus der Gesammtwirksamkeit des Ganzen.[1] Der Einzelne kann nur nach seinen | individuellen Kräften, d. h. nach dem psychologischen Gesetz seiner Individualität wirken, und

[1] Wie eine Probe auf die Rechnung muthet es an, wenn Virchow neuerdings (in einem öffentlichen Vortrag »über das Fieber«) erklärt: »man muß den Leib auffassen als einen vielgliedrigen, durch und durch belebten Organismus, dessen einzelne Theile allerdings mechanisch arbeiten, aber von denen doch jeder einzelne zugleich den Grund seiner Thätigkeit, das Leben in sich selbst hat. Viele Leben sind hier zu einem Gesammtleben vereinigt, viele Sonderexistirungen [Virchow: Sonderexistenzen] mit unabhängiger Lebens- und Wirkungsfähigkeit sind in eine gemeinsame Abhängigkeit zu einander gesetzt, und in dieser Abhängigkeit werden die einen von den anderen beeinflußt, jeder nach seiner Art und der Art des anderen. Manche sind höher ausgestattet und darum edler und wichtiger in dem großen Gemeinwesen, andere sind schwächer, klein, arm und vereinzelt, von geringer Bedeutung scheinbar, und doch in Fällen der Noth schwer entbehrlich.

So ist der Leib des Menschen, und eben so der des Thieres und der Pflanze, überhaupt nur zu vergleichen mit organischen Einrichtungen, wo lebendige, mit eigener Selbstbestimmung begabte Einzelwesen mit einander in Beziehung treten, also nur mit der Familie, dem Staate, der Gesellschaft. Auch hier stehen die Kleinen und Unmächtigen neben den Großen und Gewaltigen, der gemeine Mann neben dem Magnaten und Potentaten, alle als lebendige Glieder eines größeren Ganzen, jedes mit einem eigenen Leben und Wesen, das seinen besonderen individuellen Ausdruck hat.« [Vgl. Rudolf Virchow: Das Fieber. Vortrag, gehalten im wissenschaftlichen Verein der Sing-Akademie zu Berlin, den 11. Januar 1862. In: Ders: Vier Reden über Leben und Kranksein. Berlin: Georg Reimer 1862, S. 127 f.]

Wenn Virchow die Bemerkung anschließt, »daß man auch in dem Leben der Staaten und der Gesellschaft von den Fiebern und

er bleibt insofern ganz von der Gesetzmäßigkeit des individuellen psychischen Prozesses abhängig, so wie jeder Soldat von den physiologischen Gesetzen in Bezug auf seine leibliche Kraftaufwendung abhängig bleibt. Allein nichtsdestoweniger wird Ziel und Richtung, und (was das Allerwesentlichste ist) der Inhalt der Thätigkeit eines jeden Einzelnen nicht sowohl aus seiner Einzelnatur, als aus der Natur und nach dem Gesetz der Gesammtheit, deren Glied er ist, bestimmt. Aus der Natur der Einzelnen als solcher fließt weder Aufgabe noch Richtschnur irgend

deren Krisen um so häufiger spricht, je mehr die natürlichen regulatorischen Kräfte gefesselt sind;« [Vgl. S. 128] so möchte auch der folgende Vergleichungspunkt noch Beachtung verdienen. Das Charakteristische des Organismus ist es, daß alle Theile von allen, also vom Ganzen, und das Ganze von den Theilen abhängig ist. |

Aber im gesunden Zustand wirkt jeder Theil so für sich, als ob die anderen gar nicht da wären, kein Theil merkt die Thätigkeit des anderen, weiß von ihm. Ist der Magen gesund, so weiß das Gehirn nicht, daß der Leib auch einen Magen hat, und noch weniger weiß der Magen vom Gehirn.

So weiß der Adelige, der Bauer in Ruh- und Friedenszeiten nicht, daß es Proletarier, daß es Fabrikarbeiter gibt; er kauft in der Stadt sein Seidenzeug, seine Wollen- und Baumwollentücher, seine Sensen und Messer, aber daß diese gemacht werden müssen, daß es Fabrikbezirke gibt, daß *weiß* er nicht, daran denkt er nicht. Umgekehrt kauft der Arbeiter sein Brot vom Bäcker; die Bauern, das Säen und Ernten, Dreschen und Mahlen sind Dinge, an die er nicht denkt. Aber es komme Theuerung auf der einen, Krieg auf der anderen Seite! nun berichten Schrift und Wort von der Erhebung der Arbeiter, von den Klagen der Bauern usw. Auch das Centralorgan, immer verwaltend und vorsorgend für das Ganze – dazu in dem vollkommensten telegraphischen Verkehr mit allen Stationen der Peripherie – weiß gleichwohl Nichts von den peripherischen Organen, will Nichts wissen, thut, als ob es nichts wüßte. Aufmerksamkeit, Führung und Conduitenliste über das Herz, oder den Darmcanal usw. ist schon Zeichen von Krankheit. Ja übermäßige Aufmerksamkeit des Centralorganes aus freien Stücken kann selbst zur Krankheit führen. Selbst im Gemeinwesen des Körpers führt Mißtrauen zur Verderbniß!

einer politischen Thätigkeit; diese entspringt einzig und allein aus dem Wesen der Gesammtheit, aus der Einheit des Nationalgeistes; gerade so, wie auch die Bewegung und Action jedes Soldaten, vom Feldherrn selbst bis herab zum Trainknecht, nicht aus seiner individuellen psychischen und physischen Natur, wie sehr er immer an dieselbe gebunden bleibt, sondern aus dem allgemeinen Wesen der Kriegführung und der Einheit des Kriegsheeres entspringt. Die individuelle Natur ist oft genug eine Schranke, aber niemals der positive Grund der Wirksamkeit für das Allgemeine. Eine der dankbarsten Aufgaben der Völkerpsychologie wird es sein, zu untersuchen, wie die mannigfache Gliederung der Gesammtheiten, welche Geschichte und Ethnographie darbieten, und ihr Einfluß auf die Ausbildung der Einzelnen und die Zusammenwirkung des Ganzen sich gestalten.

Was wir bei fast allen Völkern der Erde ausgebildet finden, ist nur die auf dem Grunde natürlicher Abhängigkeit errichtete Gliederung in Familien. Es sind dies nur Verhältnisse von Einzelnen zu Einzelnen, die als organische betrachtet, sich wie Schlingpflanzen in Raum und Zeit immer wiederholen und fortsetzen. Von hier bis zu jenem Ideal einer durchgängig gegliederten Gesammtheit, in welcher es möglich wird, daß von allen Punkten des Ganzen zu einem hin und von einem zu allen Wirksamkeit stattfindet, wird eine lange und mannigfach geartete Scala zu durchlaufen sein.

In dem Maße wie Stämme und Völker an Cultur gewinnen, in demselben Maße sehen wir ihre Gliederung reicher, die Ausbildung und Auszeichnung der Individuen größer, die Ueber- und Unterordnung gewichtiger sich gestalten.

Ziel und Zweck des Lebens und damit auch Mittel und Fähigkeit der Wirksamkeit muß einen Inhalt gewinnen, der über den bloßen Zusammenhalt der Familie und die

Befriedigung ihrer Bedürfnisse hinausgeht. Und aus der Verbindung zur Gemeinsamkeit, die vorübergehenden Zwecken dient, muß sich dauernder Gemeinsinn und Erwachen gemeinsamer Ziele ergeben. |

DIE BEDEUTUNG DER GEMEINSAMKEIT FÜR DAS VOLKSLEBEN ERLÄUTERT AN DEN LAPPEN. Weshalb ist der Stamm der Lappen unterjocht, immer mehr herabgewürdigt, von den besseren Wohnsitzen immer weiter in die Unwirthbarkeit vertrieben? Worin liegt das Uebergewicht jener normannischen Fischhändler über den Hirtenstamm? stehen jene Männer »von reinem Bluthe« nicht auch meist auf der gleich niederen Stufe menschlicher Bildung und Gesittung wie diese? Warum wehren sie sich nicht? Es fehlt ihnen keineswegs an Muth oder Tapferkeit; sie kämpfen unverzagt gegen die wildesten Thiere, gegen die wildeste Natur; sie scheuen keine Gefahr und sind in der Handhabung der Feuerwaffen so geschickt, daß ihre Schützenkunst berühmt ist. Allein ihre todesmuthige Tapferkeit kehrt sich nur gegen die Naturmächte, die sie wunderbar bewältigen, und nicht gegen den schwachen, ja minder als sie selbst tapfern Culturmenschen, dem sie unterliegen.

Was ihnen fehlt, ist die *Gemeinsamkeit;* sie haben vollauf *Gleichheit* und in diesem Sinne Einheit; aber sie entbehren des Gemeinsinns. Sie haben keine Unterordnung, keine Gliederung, keinen gemeinsamen Zweck.

Jeder Einzelne ist dem Normann und noch mehr dem Finnen ebenbürtig; der bessere dem besseren, der schlechtere dem schlechteren Mann; jeder ist, als Einzelner, ein tüchtiger Mensch, mit Freiheitssinn und Tapferkeit begabt. Aber sie schließen sich nicht zusammen. Sie verfolgen keinen Culturzweck. Der Normann ist Fischer und Walfischfänger, er führt Stockfisch und Thran nach Bergen für halb Europa. Der Lappe wohnte früher an der Küste; aber er baut kein Schiff, fängt keinen Fisch als für den Tag. Es fehlt weder Geschicklichkeit noch Tapferkeit zu Schiffbau und Wasserfahrt, aber Bau und Bemannung fordern Unterordnung, und diese fehlt. Den Gebrauch der Schußwaffe haben sie erlernt und sind darin | Meister geworden; den Bau der Schiffe haben sie nicht lernen wollen. Jäger kann Jeder allein sein.

Sie haben *gleiches,* sympathisches Bewußtsein; der Lappe liebt nur den Lappen, alle hassen den Finnen und den Normann; alle sind treu und ehrlich gegeneinander (während doch ein Normann den anderen haßt und betrügt, je nach Trieb und Verletzung seines Egoismus). Aber in der Bekämpfung der Lappen stehen die Normannen *zusammen,* die Lappen zerstieben. Jeder ist Hirt und Jäger für sich allein.

Weil sie keine Gemeinsamkeit haben, können sie keinen Culturzweck verfolgen; weil sie keinen Culturzweck verfolgen können, müssen sie von Jagd und Heerden leben; aber eben deshalb haben sie auch keine festen Wohnungen, denn sie müssen mit dem Rennthier wandern. Das Rennthier, der gepriesene Reichthum des Lappen, übt nämlich auf seinen Herrn einen tyrannischen, culturvernichtenden Einfluß; denn sobald der Frühling kommt, verlangt das Geschöpf, um vor Hitze und Stechfliegen geschützt zu sein, nach der kühlen Seeküste und läuft davon, wenn sein Wille nicht befolgt wird. Gleich starke Sehnsucht aber treibt es beim Nahen des Winters vom Meere in die eisigen Alpen zurück, wohin es entflieht, sollte sein Gebieter zu lange verweilen.[1] |

---

[1] Man vergleiche dagegen, um das Bedeutende aus einem Geringfügigen zu erkennen, etwa den Gemeinsinn der Schweizer und als Beispiel desselben die Senngemeinden. Alle Sennen eines Berges, wiewohl sie meist abhängige und jedenfalls arme Leute sind, bilden eine Senngemeinde; äußerst selten haben sie irgend ein materielles Interesse zu berathen, aber die Züge zu Berg und zu Thal, deren Ordnung und Schmuck u. dgl. m. sind ihnen Ursache

101 DIE GESAMMTHEIT FRÜHER ALS DAS EINZELNE. Aus denselben Gründen also, aus welchen wir den Begriff der Einheit auf die mannigfach zusammengesetzten Dinge der Natur anwenden, werden wir ihn auch auf die Einheit im Volksgeist anwenden müssen, und in wie weit aus denselben Gründen, in so weit auch in demselben Sinne. Für die Klarheit und Festigkeit dieser Anschauung haben wir uns aber immer besonders folgenden, bereits angedeuteten Gedanken zu vergegenwärtigen. Bei der Betrachtung des geistigen Lebens überhaupt gehen wir immer von den Einzelnen aus, in denen wir das Dasein des Gesammtgeistes uns vorstellen, aus denen wir uns dieses so zu sagen zusammensetzen wollen. Diese Einzelnen aber denken wir uns, so wie die Erfahrung sie zeigt, mit all den Eigenschaften und all dem Inhalt des geistigen Lebens ausgestattet; wir betrachten sie mit ihrer Bildung und Gesinnung, mit ihrem Wissen und Wollen, mit ihren Bestrebungen und Leistungen als individuelle Persönlichkeiten, als ausgebildete Einzelne, und nun erst, hinterher, suchen wir den Begriff und das Wesen der Gesammtheit, zu welcher sie sich zusammenfügen. Bei allem Schein, nur die Thatsache auszudrücken, schließt diese Betrachtungsweise dennoch einen gewaltigen Irrthum ein. Jene Eigenschaften und Beziehungen des geistigen Lebens, jener Inhalt ihres inneren Daseins kommt in Wahrheit den Einzelnen gar nicht zu, wenn sie eben als Einzelne betrachtet werden. Nur innerhalb der Gesellschaft, nur im Zusammenleben, in der Zusammengehörigkeit zu einem Gesammtgeist erwerben

---

genug, an bestimmten Tagen Versammlung, Gemeinde zu halten, einen Ammann zu wählen usw. Den Festzügen, wie den Gemeinden, schließen sich Wettspiele an: Springen – nach Höhe und Länge des Sprungs gemessen, – Steinstoßen und Schwingen (so viel wie Ringen, aber von bestimmter Art).

und besitzen die Einzelnen den geistigen Inhalt auch ihres Einzellebens. Sich die Menschen hinauszudenken aus der Gesellung, sie schlechthin als Einzelne vorzustellen und ihnen dennoch jene Ausbildung eines inneren geistigen Lebens beizulegen, wäre, wie gesagt, eine bloße, allen Thatsachen widersprechende Fiction; aber eben deshalb beruht es auf einer | solchen unberechtigten Fiction, wenn wir ihnen jene Ausbildung auch innerhalb der Gesellschaft insofern schon beilegen, als sie Einzelne sind. Gar nicht als Einzelne für sich betrachtet, sondern nur als Glieder der Gesellschaft, als Theile des Ganzen, als Theilhaber und Vertreter eines Gesammtgeistes besitzen sie jenes geistige Leben, vermöge dessen sie eben als individuelle Personen da sind und erscheinen. Die Gesellschaft ist die Bedingung und der nothwendige Durchgangspunkt, damit die Einzelnen das werden, was sie sind, geistig begabte, auf irgend welche Höhe des geistigen Daseins gestellte Persönlichkeiten. Also, wir können dies nicht nachdrücklich genug hervorheben, nicht aus den Einzelnen als solchen besteht die Gesellschaft, sondern in der Gesellschaft und aus ihr bestehen die Einzelnen. Abstract metaphysisch betrachtet, oder auf den realen Ursprung zurückgreifend, werden wir beide Glieder des Verhältnisses, das Ganze und seine Theile, schlechthin gleichzeitig und zugleich wirkend uns denken müssen; fassen wir aber irgend einen historischen Moment ins Auge, dann werden wir sogar behaupten müssen, daß logisch, zeitlich und psychologisch die Gesammtheit den Einzelnen vorangeht. In der Gesammtheit *entwickelt* und *findet* sich der Einzelne. Das Verhältniß ist hier gewissermaßen ein umgekehrtes gegen das eines freien Bundes, z. B. der Ehe. Bei dieser entspringt aus der Freiheit eine Nothwendigkeit, dort aus der Nothwendigkeit die Freiheit, die erst durch die Macht sittlicher Motive wieder zur inneren Nothwendigkeit wird.

Dies nun führt uns zu einem zweiten Hauptpunkt unserer Betrachtung. Haben wir bisher die Thatsachen des vorliegenden Verhältnisses nur von der objectiven Seite aufzufassen versucht, so müssen wir jetzt auch die subjective Seite desselben ins Auge fassen. Das Specifische in der geistigen Natur des | Menschen ist das Selbstbewußtsein, fragen wir also: wie gestaltet sich das Verhältniß der Einzelnen und der Gesammtheit, welche sie ausmachen, in dem Bewußtsein ihrer selbst.

SELBSTBEWUSSTSEIN: BEWUSSTSEIN DER EINZELNEN VON IHREM VERHÄLTNISS ZUR GESAMMTHEIT: DAS SELBSTBEWUSSTSEIN DER GESAMMTHEIT, ALS DAS WESENTLICHE ELEMENT FÜR DIE DEFINITION DES »VOLKES«, ES IST BEI VERSCHIEDENEN VÖLKERN DEM INHALTE NACH VERSCHIEDEN, BEI DEN EINZELNEN JE NACH DEM STANDE UND DER STELLUNG, VERDEUTLICHT AN DER GEISTIGEN EINHEIT EINES HEERES. FOLGERUNG. Zunächst kann man wieder sagen, das Selbstbewußtsein der Gesammtheit lebt in den Gemüthern aller Einzelnen. Gleichwohl ist der Inhalt desselben ein ganz anderer und von ganz anderem Werth und Erfolg, als wenn Alle nur als Einzelne betrachtet würden, oder sich selbst betrachteten. In Wahrheit kann man in dem Selbstbewußtsein jedes Einzelnen, wenn es nicht als bloße Erfassung der eigenen und Unterscheidung von anderen Personen aufgefaßt wird, sondern als die Erkenntniß, innere Wahrnehmung und weiterhin Schätzung alles dessen, was das eigene Dasein und seinen Werth ausmacht, zwei wesentlich verschiedene, obwohl oft in einander greifende Elemente unterscheiden. Denn das Selbstbewußtsein eines Jeden gründet sich theils auf seine individuelle Beschaffenheit, seine Fähigkeiten und Neigungen, seine Wünsche und Gesinnungen, auf seinen inneren und äußeren Besitz; theils aber auf seine Beziehungen zum Allgemeinen, nach dem Maße und in der Art, wie er an dem Allgemeinen, zu dem er gehört, äußeren und inneren Antheil nimmt. Für die Glieder civilisirter Völker würde eine genaue psychologische Analyse ihres Selbstbewußtseins ergeben, daß es überwiegend auf diese Beziehungen zur Gesammtheit sich gründet, auf das, was sie sind und wollen, was sie haben und können, nicht für sich als Einzelne, sondern in der Gesammtheit, als Theile derselben und für sie.

Man muß das individuelle Bewußtsein der Einzelnen von ihrem Antheil an dem Gesammtbewußtsein wohl unterscheiden, selbst wenn jenes eine allgemeine, national-charakteristische Eigenschaft eines Volkes ausmacht. So hat man z. B. beobachtet, daß Form und Haltung des Selbstbewußtseins über|haupt bei den verschiedenen Nationen verschieden sind; man sagt, das Bewußtsein des Spaniers sei stolz, das der meisten Slaven servil; Anderen hat man andere Schattirungen des Selbstgefühls zugeschrieben. Allein hierbei handelt es sich wesentlich nur um das, wenn auch bei vielen oder allen Individuen einer Nation vorkommende Einzelbewußtsein der Personen in ihrem Verhalten gegen andere Personen als Einzelne, wovon der Antheil Aller am Gesammtbewußtsein des Volkes gänzlich verschieden ist. Obwohl jenes mittelbar auf dieses wirken oder von diesem umgestaltet werden kann. Die Art und Form auch des individuellen Selbstbewußtseins ist charakteristisch für den Volksgeist, aber sie bildet keinen Theil oder Bestimmungsgrund für die Art des gesammten Selbstbewußtseins des Volkes als Ganzes, denn jenes beruht allein auf dem Gegensatz des Individuums gegen andere Individuen – des gleichen oder fremden Volkes –, auf dem Gegensatz des eigenen Volkes gegen andere Völker aber beruht das Gesammtselbstbewußtsein eines Volkes in allen seinen Gliedern.

Für dieses nun bildet zunächst und ganz allgemein schon die bloße Angehörigkeit zu dieser oder jener Gesammtheit den Hintergrund des Selbstbewußtseins; Jeder weiß sich als Engländer oder Franzose, als Schweizer oder Deutscher, von dem Soldaten, der für sein Volk gegen ein anderes kämpft, dem Diplomaten, der im Frieden Verbindungen mit ihm unterhält, bis zu dem einsamen Bewohner einer Bergeshöhe oder eines Thaleinschnitts, wo er nie einen fremden Laut vernimmt und gegen ein fremdes Interesse anprallt – lebt in allen Gliedern einer Nation das Bewußtsein, daß sie zu ihr gehören. Charakteristisch ist der Name eines tamulischen Stammes, der sich »Wir« nennt; das Pronomen also, womit man sonst nur ein | augenblicklich bestimmtes Zusammen von Personen ausdrückt, dient hier, die allgemeine Verbindung der Stammesangehörigen stehend zu bezeichnen. Auf dem Selbstbewußtsein aller Einzelnen also, aber nicht in wie fern sie als Einzelne sind und sich fühlen, sondern in wie fern die Angehörigkeit zu einer Nation von Jedem als zu dem Inhalt seines Daseins und zu dem wesentlichen Bestand seines Selbst gehörig im Bewußtsein (mehr oder minder deutlich) aufgefaßt wird, beruht das gesammte Selbstbewußtsein einer ganzen Nation. Die Wucht und der Werth desselben ist aber bedingt schon von dem Werthe, den alle Einzelnen auf diese Angehörigkeit legen. Einer der prägnantesten Fälle der neueren Geschichte ist in den Stimmungen und Ereignissen gegeben, die in Spanien auftauchten, als Napoleon seinen Bruder der Krone entheben und das Land zu einem französischen Departement machen wollte.

Es unterliegt wohl keinem Zweifel, daß in den materiellen Verhältnissen kaum eine Aenderung eingetreten wäre, ob der Bruder Napoleon's auf dem spanischen Thron saß, oder der Kaiser der Franzosen selbst über Spanien herrschte; ob dieser Hülfstruppen für seine Zwecke aus dem brüderlich-bundesgenössischen oder dem eigenen Lande ausheben ließ u. dgl. m.; ja man hätte, materiell betrachtet, dem Anschluß an das mächtige Reich wohl gar den Vorzug geben können; gewiß aber ist, daß man über den materiellen Erfolg, über den politischen Unterschied im spanischen Volke eben nicht politisirte. Graf Azanza, der spanische Minister, machte Talleyrand bemerklich: »Es ist nicht ein und dasselbe, die Dynastie in Spanien ändern und es unternehmen, dieses Volk mit dem französischen zu vermischen. Die Empörung hat nicht zum Zwecke gehabt, die Bourbonen wieder auf den Thron zu setzen, sondern die | eigene Erhaltung und die Selbständigkeit des Reichs. Die baskischen Landschaften sind ein einleuchtender Beweis für diese Wahrheit. Sie blieben friedlich, so lange sie einen Theil der spanischen Monarchie ausmachten, und in demselben Augenblick als der General Thouvenot von ihnen im Namen des Kaisers Besitz nahm, setzen sie sich in vollen Aufstand. Alsbald, wenn der Befehl der Vereinigung Spaniens mit Frankreich bekannt gemacht wird, werden sich die Geister von Neuem erbittern, sich die ruhigen Provinzen erheben, und der zahlreiche Anhang des Königs Joseph mit den Insurgenten gemeine Sache machen: Die Folgen werden furchtbar sein.« ... »Talleyrand lachte über alles dieses« ...

Fast noch einleuchtender, möchte ich hinzufügen, als der Aufstand der Basken, spricht zu uns die Stimmung des Grafen Azanza selbst für die Tiefe jenes Unterschiedes. Bei einem Diplomaten, einem treuen Minister des durch den Eroberer eingesetzten Königs ist es eben so belehrend als ergreifend, jene tief schmerzliche Bewegung zu sehen, die aus jedem Wort, wie eine gewaltsam zurückgedrängte Thräne unwillkürlich hervordringt, sobald er auf den Uebergang zu sprechen kommt von der Unterjochung des Reiches zu einer Einverleibung desselben.

Die Beziehungen des öffentlichen wie des privaten Selbstbewußtseins sind in der That von einer räthselhaften Tiefe und Stärke. Würde nicht auch ein Einzelner es als herbe Tyrannei empfinden, wenn man ihn, ohne irgend eine Veränderung seiner materiellen Verhältnisse, ohne irgend eine Beschränkung seiner Freiheit, *zwingen* wollte, seinen Namen abzulegen und einen neuen anzunehmen?

¶ Die hohe Bedeutung des Selbstbewußtseins für den Volksgeist leuchtet dann am meisten ein, wenn man Ursprung, Energie | und Erfolg desselben prüfend, erkennt, daß das *Wesen des Volkes* selbst, also in der Wissenschaft auch die Definition desselben darauf beruht.

An anderer Stelle[1] haben wir zu zeigen versucht, weshalb weder Abstammung noch Sprache, weder gemeinsamer Wohnsitz noch getheilte Geschichte für sich allein oder zusammen einen deckenden Begriff für das Wesen des Volkes ergeben, und ich hebe hier nur einiges Wesentliche hervor.

Man kann eine Classification des Menschengeschlechts nach der Abstammung geben. Allein in der Reihe der so entstehenden, vom ganzen Geschlechte abwärts immer geringer an Umfang werdenden Classen, auf dieser Stufenleiter der Aehnlichkeiten liegt der Punkt, die Classe Volk nirgends, weil er überhaupt nicht auf diesen natürlichen Verhältnissen allein beruht, weil auch thatsächlich bei jedem Volke andere genealogische Verhältnisse obwalten, weil also der Begriff Volk gar nicht bloß vom leiblichen zoologischen Gesichtspunkt aus gebildet ist, sondern von einem geistigen.

In die natürliche Vertheilung des Menschengeschlechts nämlich nach Racen, größeren und kleineren Stammgruppen, Stämmen, Familienvereinen, Familien, greift der Geist, die Freiheit, die Geschichte ein und trennt natürlich Zusammengehöriges, vermischt natürlich Verschiedenes

---

[1] {»Einleitende Gedanken über Völkerpsychologie«, Zeitschrift Bd. 1., S. 30 ff.} [Vgl. den positiven Teil der Begründung auch in BMV, in diesem Band S. 12 ff.]

oder ähnlicht dasselbe einander an. Die geistige Verwandtschaft und Verschiedenheit ist also unabhängig von der genealogischen. Auf diesem Eingriff nun der geistigen, geschichtlichen Verhältnisse in die natürlich gegebenen Unterschiede beruht der Begriff Volk; und das, was ein Volk zu eben diesem macht, liegt wesentlich nicht sowohl in gewissen objectiven Verhältnissen | wie Abstammung, Sprache usw. an sich als solchen, als vielmehr bloß in der subjectiven Ansicht der Glieder des Volks, welche sich alle zusammen als ein Volk *ansehen*. Der Begriff Volk beruht auf der subjectiven Ansicht der Glieder des Volks selbst von sich selbst, von ihrer Gleichheit und Zusammengehörigkeit. Handelt es sich um Pflanzen und Thiere, so ist es der Naturforscher, der sie nach objectiven Merkmalen in ihre Arten versetzt; Menschen aber fragen wir, zu welchem Volke sie sich zählen. Race und Stamm bestimmt auch dem Menschen der Forscher objectiv; das Volk bestimmt sich der Mensch selbst subjectiv, er rechnet sich zu ihm.

So scheint uns nun die einzig mögliche Definition etwa folgende: ein Volk ist eine Menge von Menschen, welche sich für *ein* Volk ansehen, zu *einem* Volke rechnen. Mit dieser Definition ist dann – schon um den logischen Fehler, den sie enthält, zu corrigiren – die Aufgabe gestellt, zu zeigen, was diese subjective Ansicht der Glieder eines Volkes enthält, welche Gleichheit unter einander sie meint, nach der sich die Einzelnen zusammenrechnen; worauf sie beruht und wie sie sich bildet. Nicht wir also haben aus uns, d. h. aus der Prüfung objectiver Verhältnisse eine Definition von Volk zu geben, als von einem festen, objectiven Begriffe, der einem festen Objecte entspräche; sondern wir haben die vorhandenen subjectiven, von den Völkern stillschweigend (implicite) gegebenen Definitionen von sich selbst zu erläutern. Denn es leuchtet auch ein, daß nicht jedes Volk dieselbe Definition oder denselben Begriff

Volk zu haben braucht, wie auch jedes auf besonderem Grunde ruht. Nach anderen Merkmalen rechnet der Franzose Jemanden zum französischen Volke, nach anderen sieht der Deutsche den Deutschen als solchen an, und nach wieder anderen nennt der freie Nordamerikaner Jemanden seinen Mitbürger: wiewohl | es diesen Definitionen nicht so sehr an gemeinsamen Elementen fehlt, daß sich nicht auch sollte allgemein sagen lassen, was die Völker unter Volk verstehen.

Man wundere sich nicht über die subjective Natur, die wir dem Begriffe Volk zuerkennen. Das Volk ist ein rein geistiges Wesen ohne irgend Etwas, was man anders als bloß nach Analogie, ganz eigentlich seinen Leib nennen könnte, wenn es auch nicht unabhängig ist von materiellen Verhältnissen. Volk ist ein geistiges Erzeugniß der Einzelnen, welche zu ihm gehören; sie sind nicht ein Volk, sie schaffen es nur unaufhörlich. Genauer ausgedrückt ist Volk das erste Erzeugniß des Volksgeistes; denn eben nicht als Einzelne schaffen die Einzelnen das Volk, sondern insofern sie ihre Vereinzelung aufheben. Das Bewußtsein von dieser Selbstaufhebung und von dem Aufgehen in einem allgemeinen Volksgeiste spricht sich aus in der Vorstellung Volk. Der Volksgeist schafft die Vorstellung und damit auch die Sache Volk, und hat in dieser Vorstellung sein Selbstbewußtsein, in dem Grade etwa wie der Mensch, der sich als besonderen Menschen weiß, also wie das Kind, welches sich mit seinem Namen bezeichnet, oder auch schon wie die große Masse der Menschen ein empirisches Ich hat. Wie jedes Individuum, also hat auch jedes Volk sein eigenthümliches Selbstbewußtsein, wodurch es erst zu einem besonderen Volke wird, wie jenes zu einer besonderen Person; und wie jedes Einzelnen, so beruht auch des Volkes Selbstbewußtsein auf einem bestimmten objectiven Inhalt; das Selbstbewußtsein geht aus dem Bewußtsein hervor, seine Kraft und seine Würde richtet sich nach letzterem; so wird auch das Selbstbewußtsein des Volkes sich immer auch auf solche objective Verhältnisse wie Abstammung, Sprache usw. stützen; der springende Punkt in ihm aber, oder das Licht, womit er | sich beleuchtet, ist jener subjective, freie Act der Selbsterfassung als ein Ganzes und als *ein* Volk. Diese Eigenthümlichkeit jedes Selbstbewußtseins hindert aber nicht, das Selbstbewußtsein auch an sich als allgemeines Erzeugniß des Bewußtseins im Einzelgeiste und im Volksgeiste nach Inhalt und Form in Betracht zu ziehen.

Die Ansicht, welche jedes Volk von sich hat, und nach welcher es die Einzelnen Alle zu sich zählt, gewinnt eben dadurch, obwohl sie an sich etwas Subjectives ist, eine objective, schöpferische Macht und kann also niemals irren. Ob z. B. der Ungar ein Indoeuropäer ist, ob er zur kaukasischen Race gehört, das weiß er als Ungar nicht, das muß er sich von der Ethnologie sagen lassen, und diese kann irren; aber, daß er Ungar ist, das weiß er unmittelbar als solcher und unfehlbar, weil er sich unaufhörlich dazu macht. Hier ist der Fall, wo eine Erkenntniß ihren Gegenstand schafft, also mit ihm zugleich ist. Es rechnet Jeder den Anderen in einem Volke mit sich zusammen; es findet also Wechselseitigkeit statt. Dies muß eine gewisse Gleichheit zur Ursache haben, wird aber auch selbst wieder Ursache dieser Gleichheit. Der Inhalt dieses Gleichen ist der *Volksgeist*.

Der mittelalterliche und der absolute Staat hat in Europa eine starke physiologische und psychologische Mischung der Völker herbeigeführt und zugleich das natürliche Selbstbewußtsein derselben wesentlich herabgedrückt. Wie viel und wodurch die Cultur des vorigen Jahrhunderts dazu beigetragen, die Energie des Begriffs der Nationalität herabzusetzen, dies zu erörtern ist hier der Ort nicht. Bemerkenswerth aber ist es, daß der im Anfang dieses Jahrhunderts gemachte Versuch, den absoluten Staat zu einem Universalstaat zu vollenden, den Erfolg gehabt hat, dem Begriff der Nationalität neue Lebenskraft zu verleihen und das Selbstbewußtsein der Völker wiederum auf die objectiven Elemente desselben zu begründen. ¶

Das Selbstbewußtsein also, oder das Bewußtsein der Zusammengehörigkeit bildet den Kern jedes Volksgeistes; aber nicht bloß dem Maße, sondern auch der Art nach ist es verschieden; hier ist es der Stolz auf die Großthaten, dort die Befriedigung an dem Geistesleben oder die Gemüthsfülle, die sich damit verbindet; bei den einen stützt sie sich auf die Macht, bei anderen auf die Freiheit der Institutionen usw. Das Lebenselement dieses *Selbstbewußtseins* ist also keineswegs eine *abstracte Vorstellung;* so wenig irgend ein Mensch in seinem individuellen Selbstbewußtsein bloß die starre und leere Selbstunterscheidung von Anderen zum Inhalt hat, eben so wenig denkt Jemand als theilnehmender Träger des Gesammtselbstbewußtseins bloß die abstracte Vorstellung, daß er diesem oder jenem Volke angehört; nicht bloß daß er ein Franzose, ein Deutscher ist, denkt er, sondern auch: was er ist, indem er es ist.[1] Die Aufgabe und die Leistung, die Stellung und

---

[1] {Vgl. oben S. 132.} [Dort heißt es in der Abhandlung ›Ehre und Ruhm‹ (S. 127–228), S. 131 f.: »Was wir in dem Selbstgefühl als das *Selbst* erfassen oder fühlen, ist nicht dieser abstracte und metaphysisch zwar tiefe, für die gewöhnliche Anschauung aber leere Begriff eines Selbst, oder des reinen Ich (als Fichte'sches Subject = Object), nicht die abgezogene allgemeine Vorstellung der Persönlichkeit; sondern unter dem »Selbst« (als dem eigenen Ich und der eigenen Persönlichkeit) begreift Jeder sein ganzes inneres Wesen, d. h. die ganze Summe aller seiner Vorstellungen, Meinungen, Absichten, Gesinnungen, Plane, Gefühle, Empfindungen usw. Wer da sagt: »Ich« – wenn nicht gerade in philosophischer, sondern in irgend welcher Lebensbeziehung, z. B. in Ehrensachen – der denkt unter diesem seinem Ich nicht das reine Subject, sondern *Alles, was er erlebt, was er gethan und gefühlt* hat, Alles, was den Kreis seines

Bedeutung, kurz, die Idee und die Kraft, die Gesinnung und das Ziel des Volkes schweben ihm vor. Unendlich mannigfaltig sind natürlich die Abstufungen in Bezug auf den Reichthum, die Klarheit und die Energie dessen, was darunter gedacht wird innerhalb einer jeden Nation; ist es doch mit dem individuellen Selbstbewußtsein nicht anders, jeder unterscheidet wohl sein Selbst von anderen, aber wie viel er bei diesem Selbst von seinem wirklichen äußeren und inneren Leben gerade denkt, das ist bei den Personen (und bei derselben Person in verschiedenen Zeiten) sehr verschieden. Und doch ist wiederum eine gewisse Einheit und Gleichmäßigkeit insofern wahrzunehmen, als in den verschiedenen Nationen ein verschiedenes | Maß dieser Abstufung erkennbar ist. Ein Hellene zu sein, war für jeden Griechen geistiger Inhalt genug, um sein Bewußtsein über das aller anderen Menschen zu erheben. Wie tief übrigens diese bloße, Allen gemeine Vorstellung von der Zugehörigkeit zum bestimmten Ganzen in dem Bewußtsein jedes Einzelnen wurzelt und wie trieb- und keimfähig sie sich durch das ganze innere Leben desselben verbreitet, mag man aus der einfachen Thatsache erkennen, daß bei einem Aufruf zu nationalen Thaten kein Anruf erweckender und schlagender wirkt, als das Volk bei seinem Namen zu nennen. Es wäre ein feines psychologisches Kapitel und gewiß nicht ohne historischen Ertrag, wenn man die Anreden bei verschiedenen Völkern unter verschiedenen bedeutenden Anlässen vergleichen wollte!

Vermöge der bloßen Angehörigkeit also ist die ganze Nation stolz auf jeden bedeutenden Bürger – er mag in

inneren Daseins wesentlich erfüllt, seine Fähigkeiten, seine Stellung usw.; »ich muß dies und das thun, unterlassen« und dergleichen, heißt in Wahrheit: ich, der ich diese Bildung besitze, diesem Stande, dieser Familie angehöre, diese Pflichten, Plane zu erfüllen habe, usw.«]

ausgesprochen nationaler oder in jeder anderen Beziehung bedeutend sein – und jeder Bürger auf seine Nation; auch trägt die Nation die Schmach der Verworfenheit hervorragender Individuen oder größerer Massen; der tiefste, tragische Schmerz für den Einzelnen aber ist es: die Schmach seiner Nation zu sehen.

Aber nicht die bloße Angehörigkeit überhaupt gestaltet das Selbstbewußtsein des Einzelnen zum Gliede des Ganzen, sondern die bestimmte Weise derselben, der Stand und die Stellung, welche Jeder in der Nation einnimmt; also das Selbstbewußtsein, welches sich eben auf die bestimmte Beziehung zum Ganzen gründet. So erscheint denn als Grund und Maß für die mannigfaltige Abstufung in dem zusammengesetzten nationalen Selbstbewußtsein die Fähigkeit und Gelegenheit, welche dem Einzelnen gegeben ist, für seine Nation und in derselben etwas zu bedeuten. Aber man muß sich vor der | Täuschung hüten, als ob in der Summe oder der musivischen Zusammensetzung jener abgestuften Maße des Bewußtseins der Einzelnen je nach ihrer wirklichen Leistung und Bedeutung ein deckendes Bild für das vorhandene Leben des Gesammtbewußtseins enthalten wäre; vielmehr hat sich uns hier noch eine Quelle innerer Lebendigkeit zu offenbaren, welche allein aus der Natur der Gesammtheit als solcher entspringt. Wir können dies vielleicht am besten an der Thatsache einer anderen geschlossenen geistigen Einheit uns vergegenwärtigen.

In einem Heer hat jeder Mann von dem Gemeinen bis zum Kriegsoberhaupt seine bestimmte Stellung, je nach dem Geschäft und der Befugniß, welche ihm ertheilt ist; jeder ist sich dieser seiner Stellung bewußt, ihr Werth und ihre Schranke tritt ihm in jedem Moment, in jedem Dienst und bis auf die Kleidung tritt sie ihm deutlich entgegen. Also aus dem Selbstbewußtsein aller Einzelnen setzt sich die wohlgegliederte und festgeschlossene Einheit des Selbstbewußtseins des ganzen Heeres zusammen. Gleichwohl gestaltet sich das wirkliche innere Bild dieses gesammten Selbstbewußtseins eines Heeres oder einer Truppe durchaus nicht bloß nach dem abstracten Schema der Rangliste und des Dienstreglements, nach der Anzahl der Litzen, Knöpfe, Epaulettes und Sterne, noch ist es eine Summe, welche sich danach vorausberechnen läßt. Abgesehen nämlich von der tiefgreifenden Verschiedenheit, welche trotz aller Festigkeit der Bestimmung stattfinden kann, einerseits durch die verschiedene Art der Leistung und andererseits durch die verschiedene Klarheit und Innigkeit des Bewußtseins jedes Einzelnen, zeigt sich noch ein anderer Grund, der dem Inhalt des Bewußtseins Aller eine ganz andere Fülle und Richtung verleiht. Es hat und trägt nämlich jeder Einzelne das Bewußtsein nicht bloß von seiner eigenen Pflicht und Leistung, sondern | zugleich von der der Anderen; die Gemeinen einer Compagnie tragen den Werth (oder Unwerth) ihres Führers im Bewußtsein, das Bewußtsein des Officiers stützt sich auf die Tüchtigkeit seiner Soldaten; die Compagnieführer zusammen tragen das Bewußtsein des Regiments auf dessen Führer über, und dieser sieht seinen eigenen Werth in dem specifischen Werth seiner Untergebenen, und dem Bewußtsein von ihm, das sie ihm entgegenbringen. Wie sich dies von Stufe zu Stufe verkettet, wie sich Wirkung und Gegenwirkung wiederholt und steigert, wie von jedem Punkte der breiten Basis bis zur Spitze des Thurmes eine gerade Linie führt, wie von dem Feldherrn bis zur Masse der Gemeinen – darin Eins, daß menschliches Bewußtsein die Triebkraft all ihrer Leistung ist – eine gegenseitige Hebung und Erfüllung des eigenen Bewußtseins durch die Würde und Werthung des anderen stattfindet, dies sich zu vergegenwärtigen sei jeder Phantasie überlassen. So viel ist ersichtlich: was man den bestimmten Geist einer bestimmten Truppe zu einer bestimmten Zeit nennt (wovon sie an ihrem Selbstbewußtsein das vollendete Spiegelbild hat), das ist ein aus unendlich vielen und unendlich feinen Fäden des Bewußtseins gesponnenes Netz, das aber dennoch in der Gesammtwirkung sich als eine bedeutende, vielleicht als die stärkste Macht erweist. Es sind das gleichsam lauter unsichtbare, unwägbare Kräfte, aber Gedeihen und Zerrüttung sind durch sie bedingt. In der Geschichte werden allerdings nur die glänzenden Beispiele eines solchen Gemeingeistes bemerkbar; allein die Beobachtung eines jeden Wachsthums mag man füglich an den vollkommensten Exemplaren machen, wirksam aber sind seine Gesetze in allen Exemplaren einer Gattung, auch in den verkrüppelten, nur unter hemmenden Bedingungen.

Das Wesentlichste also, was wir in Bezug auf das Ge|sammtbewußtsein einer Gesammtheit von sich zu betrachten haben, ist dies: daß das Selbstbewußtsein jedes Einzelnen als Glied in der Gesellschaft sich über den Inhalt und den Werth seiner Einzelheit weit erhebt, indem er das Bewußtsein der Anderen, und beziehungsweise das der Gesammtheit in sein Selbst aufnimmt. Jeder also, der an irgend einer Gesammtheit thätigen Antheil nimmt, hat eine energische und concrete Vorstellung von dem Inhalt und Zweck der Gemeinschaft, und sein eigenes Selbstbewußtsein, indem es seine Theilnahme an derselben enthält, schließt das Bewußtsein der Gesammtheit in sich ein. Das Selbstbewußtsein des Ganzen setzt sich also, um es mathematisch auszudrücken, nicht als Summe der Einzelnen zusammen, sondern als ihre Potenz. Dies nun, meine ich, ist jener Geist, der sich in der Masse entbindet, ohne am Einzelnen vorhanden oder erkennbar zu sein, jene Erhöhung und Erhebung, wo immer Viele zusammenwirken, man mag an die Gemeinde oder die Jury, an das Volksfest oder den Aufstand, an das Parlament oder das Bataillon denken.[1] In einem Staate oder einer Nation ist natürlich von einer so festen Rangordnung wie in einem Heer nicht die Rede; das aber ist unzweifelhaft, daß auch hier das Selbstbewußtsein sich ebenfalls aus dem aller Einzelnen zusammensetzt, und daß auch hier, wie wenig greifbar es sich der Beobachtung darstellen mag, eine innere Gliederung stattfindet, in einem Verhältniß, das aus mehreren Factoren, wie wir gesehen haben, sich gestaltet, deren wesentlichster immer die Theilnahme ist, welche die Einzelnen für das Ganze an den Tag zu legen berechtigt oder geneigt sind. Abgesehen also von jeder politischen Frage des Rechts ist rein als Erfolg der psychologischen Betrachtung festzustellen, daß das Selbstbewußtsein einer Nation und ihr Werth – (denn der Werth einer Nation ist niemals größer als ihr Bewußtsein) bedingt ist von der Theilnahme, welche sie ihren Bürgern zugesteht, von dem Maße, in welchem das Ganze jedem Einzelnen diese Theilnahme schenkt und von ihm fordert. Nur muß man auch hier bedenken, daß ein Heer aus lauter Generalen und Lieutenants ein schlechtes Heer sein würde. Auf einer mannigfachen Gliederung, auf dem Gegensatz von Anzahl und Würde beruht einerseits der beste Halt und andererseits der höchste Werth jener Erweiterung des Selbstbewußtseins in die Höhe und in die Breite.

Daher sind es auch vorwiegend Kriegsthaten, welche das erhöhte Selbstbewußtsein der Nationen erzeugen und selbst bei despotischer Regierungsform es erhalten und fördern; Kriegsthaten, welche, wie wir eben gesehen haben, nach der geistigen Seite ihres Ursprungs und ihres Erfolges durch eine Vielheit vollzogen werden, in der jeder Einzelne seine bestimmte, bewußte Stelle hat. Wo im-

---

[1] Daß aus diesem Grunde das mit Selbstbewußtsein so innig verbundene Ehrgefühl so gesteigert erscheint, wo Viele zu einer besonderen Gesellung zusammengeschlossen sind, darüber vgl. oben S. 144 ff. [VEG/A: L. d. Seele I. Über Ehre und Ruhm]

mer die Söhne des Landes kämpfen, ob ausgehoben oder freiwillig eingetreten oder geworben, als heimkehrende Sieger haben sie dem Selbstbewußtsein des Volkes neue Elemente wirklich nationalen Lebens und gemeinsamer That zugeführt; nur in jener Zeit der organisirten Kriegsbanden, wo diese als Kriegsnomaden umherzogen und jedem Herrn und jedem Lande dienten, da mußte auch der Sieg ohne unmittelbaren inneren Erfolg für das Nationalbewußtsein bleiben, und dies eben hatte dem modernen *absoluten* Staat den Boden bereitet.[1] |

DER GESAMMTGEIST IN GESCHICHTLICHER BEWEGUNG. BISHERIGE ERKLÄRUNGSWEISEN DER FORTSCHRITTE DER NATIONEN: 1. HYPOSTASIRUNG DER PRINZIPIEN, 2. DER ZEITGEIST, APOTHEOSE DES GENIUS. Wir haben bisher unsere Frage zu beantworten gesucht, indem wir uns den Gesammtgeist gleichsam in Ruhe und im Stillstand vorgestellt haben; fragen wir uns, wie sich das Verhältniß, dessen Erkenntniß wir suchen, gestaltet, wenn der Nationalgeist in Bewegung gedacht wird. Zwar Ruhe und Bewegung sind hier durchaus nur relative Begriffe; da es sich um ein unausgesetzt thätiges Wesen handelt, können wir auch seine einfache stetige Thätigkeit als Bewegung ansehen;

---

[1] Die Erhebung des Selbstbewußtseins im Volke Friedrich's des Großen – wenn man sie gegen die obige Behauptung anführen wollte, – hatte und gewann keinen anderen Inhalt als seine Siegs- und Heldenthaten; nur die bildende Aufklärung hatte sich als ein öffentliches Element | noch von zweien, von einander fast unabhängigen, Seiten über weitere Kreise verbreitet.

Wie wenig aber z. B. der Glanz Ludwig XIV. über sein Hoflager hinaus das Selbstbewußtsein des Volkes zu ergreifen vermochte, kann nicht stärker als aus der einen Thatsache erhärtet werden, daß man die Leiche des großen Halbgotts von der vorgeschriebenen Straße nach St. Denis, weil diese mit Possen- und Maskenspielen zur Verhöhnung des dahingestreckten Tyrannen angefüllt war, ablenken und auf geheimen Umwegen zur Gruft führen mußte.

wiederum kann die gleichmäßig wiederkehrende, in alten Geleisen fortgehende Bewegung als eine relative Ruhe betrachtet werden, im Unterschiede von dem Aufsuchen neuer Bahnen, von dem Streben nach neuen Zielen. Wir werden darum mit Recht und ganz in überliefertem Sinne von Fortschritt und Bewegung des Nationalgeistes da zu reden haben, wo zur Erhaltung Bereicherung des Inhaltes, zur Wiederholung Umgestaltung sich fügt, wo er schöpferisch den Kreis seines Lebens erweitert oder vertieft. Wir haben den Inhalt des Gesammtgeistes in den Einzelnen als Zusammengehörigen vertreten gefunden: wie geschieht es, wenn dieser Inhalt sich ändert?

Man pflegt die Fortschritte der Nationen auf verschiedene, mehr oder weniger einseitige Weise zu erklären.

Im Laufe unseres Jahrhunderts sah man in der philosophischen Geschichtsbetrachtung, und von hier aus auch in der | öffentlichen Bildung, drei verschiedene Formen der Auffassung auf einander folgen, welche allmählich ihre gegenseitig kritische Ergänzung fanden. Die erste dieser Formen war die *Hypostasirung der Prinzipien.* Aus Abstractionen, welche an und für sich berechtigt waren, allgemeinen Begriffen, welche geeignet waren, die eigenthümliche Lebensrichtung und schöpferische Thätigkeit eines Volkes treffend zu bezeichnen und von denen anderer Völker zu unterscheiden, oder die Erscheinung großer historischer Ereignisse im Zusammenstoß der Nationen zu kennzeichnen, aus diesen allgemeinen Begriffen machte man Prinzipien, welche jene Völker geleitet, diese Ereignisse hervorgebracht haben sollten. Fast wie in der früheren Naturbetrachtung für jede einzelne Erscheinung – anstatt den Prozeß und seine Bedingungen in ihr aufzusuchen – ein *principium expressivum* als Ursache derselben angenommen wurde: legte man auch dem Verlauf der Geschichte Prinzipien zu Grunde, welche »in die Welt treten.« Solche Betrachtungsweise, deren Begriffe, wie gesagt, als zusammenfassende und übersichtliche Abstractionen noch so zutreffend sein mögen, gewährt keinerlei Einsicht in den eigentlichen Vorgang der Geschichte; denn die Prinzipien schweben nicht in der Luft; im Volke und den hervorragenden Individuen desselben mindestens müssen sie wirksam sein.

Nicht sehr verschieden davon war die beliebte Form, den »Zeitgeist« zu personificiren. Die Frage nach dem eigentlichen Subject, nach dem Träger der Handlungen wird dabei noch mehr in den Schatten gestellt; der Zeitgeist ist seiner Natur nach ein durchaus unbestimmter Begriff, desto unbestimmter, wenn man, wie gewöhnlich geschieht, davon redet, daß es innerhalb derselben Zeit, also auch des Zeitgeistes, Leute gibt, welche gegen ihn ankämpfen; aber auch bei einer glücklicheren Fassung desselben, wenn man ihn in seinen Gegensätzen begreift, wird er immer mehr geeignet sein, die *Signatur* als das *Subject* des öffentlichen Geschehens zur Anschauung zu bringen.

Trotz aller Uebertreibung stellte man sich dann der Wahrheit bei weitem näher, als man den Verlauf der Geschichte in eine Apotheose des Genius verwandelte. Aber die Uebertreibung ist nicht zu verkennen; man vergaß, daß auch das Genie nicht nach Belieben schaffen und denken kann, man vergaß, daß auch das Genie Schranken hat nicht bloß in der schaffenden Kraft, sondern vor Allem in der ausbreitenden Gewalt, deren Bedingungen auch außer ihm liegen.

Nunmehr können wir den Grundsatz aufstellen, der in der neuesten Geschichtschreibung schon mit größerer oder geringerer Klarheit zur Anwendung gekommen ist: daß man, um das Völkerleben in seiner Entwicklung zu begreifen, jedesmal so genau und vollständig als immer möglich den *ganzen* Volksgeist ins Auge fassen muß; dies heißt, um es kurz anzudeuten, nichts Anderes, als: den

Complex von Personen und deren Gliederung, den Complex von *subjectiven* Arbeiten und Thätigkeiten und ihre Gliederung, den Complex endlich von *objectiven* Antrieben, die aus der *Natur* und der *Geschichte* der Personen, ihrer Handlungen und ihrer Verhältnisse, als Ziele und Ursachen weiteren Geschehens, sich ergeben. Nur durch eine solche Betrachtungsweise wird es möglich sein, eine psychologische Analyse, d. h. eine wirklich erklärende Einsicht in historische Ereignisse zu gewinnen.

GRUNDZÜGE DES FORTSCHRITTSPROZESSES. Ich will hier nur auf einen Punkt hinweisen, wie bei allen bisherigen Fortschritten der Pragmatik die eigentliche psychologische Analyse dennoch neue Gesichtspunkte ans Licht zu stellen geeignet sein wird.

Neben den objectiven Verhältnissen der Politik, der *force des choses* oder, wie man neuerdings sagt, der Logik der That|sachen, neben den Interessen und den Leidenschaften pflegt man auch den sittlichen Ideen, denen des Rechts, der Billigkeit und des Culturfortschritts einen Platz unter den treibenden, lebendigen Kräften der Geschichte einzuräumen. Von der Wirksamkeit ästhetischer Motive aber in der Geschichte ist meines Wissens noch nirgends die Rede gewesen. Zwar von dem Einfluß politischer, überhaupt historischer Ereignisse auf die Blüthe oder den Verfall der Künste hat man oft gesprochen; seltener schon umgekehrt von dem Einfluß, den der Stand der Künste etwa auf die anderen Formen des Cultur- und speciell des politischen Lebens ausübte. Man hat dies Causalverhältniß nicht mit der gleichen Unbefangenheit betrachtet, als das gegentheilige.

Wir aber wollen gar nicht auf die Beziehungen der *Kunst*, auf die Schöpfung und Anschauung ästhetischer *Gebilde* hinweisen; dagegen die Wirksamkeit rein ästhetischer *Motive* gedenken wir in Gebieten und Ereignissen nachzuweisen, welche dem Zwecke nach ganz und gar nicht auf das Schöne gerichtet, aber auch den Mitteln nach scheinbar von demselben ganz unberührt sind.

In der Gestaltung nicht bloß des häuslichen und im engeren Sinne geselligen, sondern auch des gesellschaftlichen Lebens, in den eigentlich politischen Ereignissen des Krieges wie des Friedens wird man neben den ethischen auch die ästhetischen Ideen als kraft- und maßgebende Prinzipien wirksam sehen.

Versuchen wir nun uns einige ganz allgemeine Grundzüge des Fortschrittsprozesses eines Volksgeistes zu vergegenwärtigen, innerhalb welcher mannigfaltige Modificationen möglich sind.

DIE MASSE UND DIE GENIALEN FÜHRER IN WECHSELWIRKUNG.
Da die Massen niemals im engeren Sinne des Wortes schöpferisch (productiv) sind, sondern nur aufnehmen, nach|achtend und nachahmend handeln, immer einer Fahne folgen, die ein Hervorragender voranträgt, so sind es die Wenigen, mit einem Worte die Genies, welche, nicht willkürlich, sondern aus der gegebenen Geschichte, objective Ideen schöpfen, sie in der Masse – abgestuft – verbreiten, und das Ganze so in handelnde Bewegung versetzen; was natürlich eben so sehr von rein innerlicher Thätigkeit, von geistigem Fortschritt gilt, wie von jeder äußeren Action. Es ist bemerkenswerth, daß selbst die Wünsche und Hoffnungen der Massen immer zuerst von Wenigen, wenn auch nicht erzeugt, so doch zur Klarheit und zum Ausdruck gebracht werden. Wir müssen aus diesen Gründen bei diesem Verhältniß der Wirksamkeit hervorragender Individuen auf die Gesammtheit noch etwas mehr verweilen. Nur angedeutet aber mag hier werden, daß nicht alle historischen Bewegungen in dieser gleichsam idealen Art, unter der Leitung nämlich von genialen Führern auf dem Grunde objectiver Ideen, vor

sich gehen. Die Massen gerathen zuweilen in eine ungezügelte Bewegung, überrennen ihre Führer, entwickeln eine gedankenlose Gewalt; das Allerleichteste im Reiche des Geistes ist es, irgend einen gegebenen Gedanken einfach zu verneinen; am Niederreißen und Zertrümmern kann Jeder mithelfen ohne sonderliche Anleitung; – auch am Aufbau könnte Jeder helfen, aber nur unter Leitung der Werkmeister; die Massen also, unfähig zur positiven Gedankenarbeit, ohne Klarheit über das Ziel, ohne Bewußtsein über den Weg, vollziehen eine schlechthin verneinende und vernichtende Bewegung.[1] Aber nicht bloß ohne, zuweilen auch durch Führer | geräth die Masse in vergebliche oder verderbliche Bewegung, durch Führer, die zwar der Ideen entbehren oder ihnen widerstehen, aber Schwärmerei oder Klugheit genug besitzen, die Masse mit sich fortzureißen. –

Die schöpferische Thätigkeit des Geistes entspringt meist immer im Kopfe eines oder einiger Einzelnen, und es gewinnt deshalb leicht den Anschein, als ob die Individualität der einzige Factor wäre, den wir als Ursache der fortschreitenden und erhebenden Production anzunehmen hätten. In der That geschieht eine jede bedeutsame Schöpfung zunächst *für* die Gesammtheit; der Jäger braucht eine Büchse oder eine Armbrust, nur der Staat braucht Kanonen; der Schiffer einen Kahn, aber keine Flotte; wie die Werke des Krieges zeigen die des Friedens dasselbe Verhältniß: die Religiosität eines Einzelnen baut keine Kirche und gießt keine Glocken, für den Einzelnen bedarf es keines Rathhauses. Die monumentale Kunst überhaupt schafft Denkmale nicht für das Individuum

---

[1] »Das Volk entwickelt immer entweder zu viel Thätigkeit oder zu wenig. Bald wirft es mit seinen hunderttausend Armen Alles über den Haufen, bald geht es mit seinen hunderttausend Füßen wie die Schnecken.« Montesquieu [Vom Geist der Gesetze. II. Buch, 2. Kap.].

und seine Familie, sondern für eine Stadt oder einen Staat, und wo etwa für einzelne Geschlechter monumentale Kunstwerke geschaffen sind, da haben diese Geschlechter in ihrem Leben nicht private, sondern öffentliche Bedeutung. Wenn aber die Werke des Geistes in Wahrheit *für* die Gesammtheit geschaffen sind, so geschieht es auch *durch* die Gesammtheit. Nicht bloß, daß die materiellen Bedingungen solcher Schöpfungen mannigfaltige Kräfte in Anspruch nehmen, welche unmittelbar mitwirken oder mittelbar beisteuern müssen, sondern (wie dies bei rein geistigen, poetischen oder wissenschaftlichen Erzeugnissen der Fall ist, welche solcher materiellen Beihülfe nicht bedürfen) die geistige That selbst entspringt zwar an einem einzelnen Punkt, aber doch gleichsam aus der Kraftquelle der Gesammtheit. Der Gedanke, den ein monumentales Kunst|werk darstellt, ist niemals der eines individuellen Beliebens, sondern ein im weitesten Sinne historischer, allgemein verbreiteter geistiger Inhalt;[1] und man mag füglich den wahren Werth eines solchen danach messen, wie viel oder wenig es geeignet ist, dem öffentlichen Bewußtsein von dem dargestellten Inhalt einen entsprechenden Ausdruck zu geben.

Und nicht bloß von den Dichtern werden wir behaupten dürfen, daß ihre Werke eine Veredlung und Begeisterung der Gesammtheit zu erwecken geeignet und darum dem Verständniß derselben entsprechend sein müssen, sondern selbst die wissenschaftlichen und selber die höchsten metaphysischen Untersuchungen – welche unmittelbar

---

[1] Daher denn auch die vorzugsweise monumentale, die Baukunst, in ihrer Blüthezeit meist von Gewerkschaften und nicht von einzelnen Baumeistern betrieben wird, deren Namen uns deshalb auch weit seltner als die anderer Künstler überliefert sind. Vgl. [VEG/A S. 432: Heft 3, S. 259 dieses Bandes.] »Zeitsch[rift] f[ür] Völkerpsychol[ogie]« Bd. II. [1862] Heft 3, S. 259 [d. i.: W. Lübke: Der gothische Styl und die Nationalitäten, ebd. S. 257–278].

nie ins Volksbewußtsein hinabdringen möchten – werden in ihrem Werthe geschätzt werden müssen nach dem Einfluß, den sie mittelbar durch den gelehrten und lehrenden Theil des Volkes auf dessen Gesammtheit auszuüben im Stande sind. Es bleibt ein ewig denkwürdiges und darum hier der Erwähnung werthes Beispiel, welches der große Weise von Königsberg gegeben hat, wenn er in Bezug auf den Werth und Erfolg seines unsterblichen Werkes, der Kritik der reinen Vernunft,[1] die Frage nach dem Einfluß ihrer Resultate auf die große Masse als eine wesentliche betrachtet, »auf die große, für uns achtungswürdigste Masse,« wie er selbst hinzufügt.

Was nun für die Gesammtheit geschaffen ist, das muß sie erfassen, begreifen können; man begreift aber nur das, wovon die Elemente schon in Einem liegen. Soll das Genie | den Volksgeist leiten, wie der Feldherr sein Heer, so beruht dies vor Allem auf Verständniß; die Losung, das Feldgeschrei vermittelt die Action. Die militärische Action freilich hat einfache conventionelle Zeichen, nicht so die Geschichte und die geistige Bewegung überhaupt. Allein schon die innere Thätigkeit des Heeres, die Begeisterung läßt sich nicht commandiren; dennoch geschieht sie unter gegebenen Bedingungen, in bestimmten Fällen gleichmäßig, sicher, durchgehend mit einem Schlage; auch hier wirkt die Losung im bildlichen Sinne.

Die Möglichkeit nun einer solchen Gesammtwirkung auf den Volksgeist und in ihm beruht auf der *gleichartigen Natur* der Einzelnen; sie entspringt aus dem gleichen Verständniß der Ideen und deren gleicher Wirksamkeit auf die Vorstellungsmassen in jedem Einzelnen; kurz: aus der gleichen Abfolge des psychischen Prozesses bei Allen unter einer gegebenen Bedingung. Eine weitere Ausführung

---

[1] Zweite Vorrede [Vgl. KrV B XXXIII: »die große (für uns achtungswürdigste) Menge«].

dieses Gedankens liefert die individuelle Psychologie in ihrer Theorie von den herrschenden Ideen und leitenden Vorstellungen, vom Einfluß gegebener Vorstellungen überhaupt auf andere Massen derselben. Herauszuheben ist von dort nur der Gesichtspunkt, daß diejenigen Ideen die kräftigsten sind, welche aus der *eigenen* Vorstellungsmasse sich als Resultat eines psychischen Prozesses ergeben; sie werden dann als eigene, nicht aufgedrungene, Ideen empfunden, sie führen eine innere Nöthigung mit, welche den Menschen durch ihn selbst emporhebt, sie schließen Klärung, Hebung, Festigung und Veredlung der Vorstellungsmasse ein. Solche Ideen zu finden, ist Sache der Führer, des Genies. Werden sie gefunden, so mag man eine zufällige Gunst oder vielmehr providentielle Leitung des Schicksals als letzte Ursache dafür anführen; inzwischen ist der Grund und die Bedingung dafür, daß das Ganze trotz seiner viel edler | gearteten Natur, seiner idealeren Denkweise dennoch auf die bewußtlose unschöpferische Masse einwirken und sie geistig erheben und weiter führen kann, schon näher erkennbar. – Die allgemeinen, menschheitlichen Bedürfnisse, sei es der Erkenntniß der Natur im weitesten Sinne, sei es der praktischen Gestaltung oder der geistigen Erfassung des Lebens, oder der inneren, idealen Erfüllung und Erhebung desselben in jeder Art, gestalten sich zunächst bei den Völkern verschieden. Diese Bedürfnisse nun entspringen – und wechseln – bei jedem Volke je nach der Lage der objectiven Verhältnisse, der thatsächlich erreichten Stufe der Entwicklung, d. h. je nach den vorhandenen Vorstellungen, Empfindungsweisen, Gesinnungen usw.

Dichter und Denker, indem sie selbst zunächst auf dieser Entwicklungsstufe ihres Volkes stehen, bringen dennoch vor Allem, daß sie eben diese allgemeinen Bedürfnisse selbst aufs Tiefste fühlen, dieselben zum Ausdruck, zur vollendeten, bestimmten, den Fortschritt bildenden Fassung und beziehungsweise dadurch zur Lösung.¹ (Lessing, Schiller und Goethe, Kant.) Sie, die Denker und Dichter, geleitet vom Durst des Wissens, tragen am stärksten, und man darf sagen leiden am schwersten die Pein der Probleme, welche sich aus dem jezeitigen Stand der nationalen Wissenschaft ergeben, sie empfinden aufs Tiefste die glühende Sehnsucht nach der Erkenntniß und Erfüllung derjenigen idealen Forderungen, die dem öffentlichen Geiste aus den Keimen seiner Entwicklung erwachsen. Darum rechnen wir ihr Leben und Wirken nicht ihnen allein zu, sondern dem | Gesammtgeist, aus welchem sie ihre Nahrung schöpften, für welchen sie dulden (wie Sokrates) oder siegen (wie Luther).

Nicht bloß die Verbreitung, sondern auch der Ursprung aller Ideen ist von Bedingungen abhängig, die durchaus nicht individuell, sondern weithin in der Gesammtheit vorhanden sind; und es ist nur eine Bestätigung für die Wahrheit dieser Thatsache: daß die gefundene Idee nur für den gefunden ist, der sie zu suchen schon vorher geneigt und geeignet war.

Was also in Wahrheit *für* den Gesammtgeist geschaffen ist, das geht auch aus der Gesammtheit hervor. Nur aus den vorhandenen Elementen bildet sich das Neue, aus dem gegebenen Allgemeinen entspringt das Einzelne, und man kann darum sagen, der Prozeß des Allgemeinen ist es, der sich im Einzelnen vollzieht.

Betrachten wir die Schöpfungen des Genies, auf wel-

---

¹ Wir verweisen hier mit Vergnügen auf einen Vortrag des Professor *Dr.* Ferd[inand] Deycks zu Münster »Ueber die Wechselwirkung des Dichters und seines Zeitalters mit besonderer Rücksicht auf Goethe und Schiller.« Münster 1860. In schöner Begeisterung und mit weitem und tiefem Blick wird dort, wenn auch vielfach nur in flüchtigen Andeutungen, wie die Natur eines Vortrages es wohl bedingt, an einem Beispiel das Verhältniß erwogen, welches uns hier beschäftigt.

chem Gebiete wir wollen: überall preisen wir als das Höchste, was in seiner Gestalt und Form so noch nicht vorhanden war, was neu und darum schöpferisch erscheint, uns aber dennoch so angemessen, so unserem besten Theil verwandt ist, daß wir sagen müssen, es ist uns »ganz aus der Seele« gedacht, gesprochen, gebildet. Das Wort des einen Genius löst die Zunge Aller; es spannt ihre Seelen und stillt ihre Sehnsucht zugleich.

DIE ALLGEMEINHEIT DER IDEE UND DIE INDIVIDUALITÄT IHRER GESTALTUNG IM EINZELNEN. WARUM IN DEN GLÜCKLICHEN EPOCHEN VIELE GROSSE MÄNNER NEBEN EINANDER ERSTEHEN?

Hier haben wir den Einblick zu gewinnen in den Aufbau aller Geschichte des geistigen Lebens; hier die Quelle zu erkennen und das Maß der Originalität im Weltlauf; wir sehen das ewige Gleichniß aller inneren Entwicklung, die beiden goldenen Schöpfungseimer an der Quelle aller geistigen That; es ist: die Allgemeinheit der Idee und die Individualität ihrer Gestaltung oder Auffassung im Einzelnen; aus dem Widerstreit und der Wechselwirkung dieser beiden Elemente entspringt jeder Fortschritt der Cultur. Man sagt gewöhnlich und mit Recht von der Religion, daß im Grunde genommen Jeder seine eigene habe; aber nicht bloß von den religiösen, auch von allen anderen Idealen des Lebens hat Jeder für seine Anschauung ein anderes Bild. Und doch sind alle diese Bilder nur das Bild von der Einen Idee und in ihr (ruht nicht, sondern) lebt die Einheit des Geistes aller Anschauenden. Wie das reine, weiße Licht in allem Sichtbaren erscheint und es sichtbar macht; wie es aber in unendlich mannigfach schattirte Farben sich scheidet und erst in den Farben Gestalt und Leben gewinnt: so die allgemeinen Ideen und die Individualität ihrer Auffassung.

Vor Allem ist die Individualität das Fundament und die Würde des Menschen und des Menschlichen. Auf der ganzen Stufenreihe der Wesen bis zum Menschen herrscht auf jeder Stufe, in jeder Art nur Gleichheit der Kraft und des Gesetzes. Selbst im Kreise des Organischen bei Pflanzen und Thieren, wo das einzelne Wesen schon ein in sich geschlossenes Ganze ausmacht, ist ein jedes nur Exemplar der Gattung; zwar von einander verschieden, liegt doch die Bedeutung eines jeden fast nur in der Gleichheit mit allen, und selbst das Maß der Besonderheit ist auf enge Grenzen beschränkt. Ein einzelnes Wesen kann auch hier die anderen übertreffen, aber keines kann sich über die anderen wahrhaft und wesentlich d. h. dadurch erheben, daß es die Erhebung der anderen bewirke. Anders der Mensch. Der Adel seiner Kraft ist seine eigenthümliche, individuelle Gestaltung, und die einflußreiche Gewalt, auch die anderen Wesen seiner Art mit werthvoller Besonderheit zu erfüllen.

Die letzte Ursache der Individualität ist bis jetzt und vielleicht für immer in ein undurchdringliches Dunkel gehüllt. Die Thatsachen aber, welche die Individualität einschließt, sind | offenbar. Sie besteht allerwege in einer Zusammenfassungskraft, deren Maß, bei Allen verschieden, fast ein unendliches ist; ihr Gegenstand aber sind die allgemeinen, in allen Menschen wirkenden Ideen, welche das Gleiche und den Gehalt des Menschenthums ausmachen. Nicht in der Einzelheit schlechthin, nicht in der Absonderung und Absonderlichkeit besteht das Wesen und die Würde der Individualität; nein! vielmehr besteht sie in der Strahlenbrechung der allgemeinen Menschheitsideen, in dem Maße und der Art, wie sie und ihre historischen Erfolge zusammengefaßt, wie sie dadurch neu gestaltet und zu neuen geistigen Erfolgen befruchtet werden. Was sich bei der Betrachtung der großen durchschnittlichen Masse dem Auge des Forschers entzieht, wird an den hervorleuchtenden Geistern klar und erkennbar. Man kann den Inhalt eines ganzen Buches, ja eines schriftstellerischen

Denkerlebens in wenige Begriffe zusammenfassen; mit wenigen Worten kann man die geistige Schöpfung eines Plato, eines Spinoza, vorausgesetzt, daß man ihrer vollkommen kundig ist, zusammenfassend wiederholen. Ja den historischen Kern, den geistigen Gewinn und Gehalt eines ganzen Jahrhunderts, einer ganzen Nation erfassen wir klar in den wenigen schöpferischen Ideen, welche darin herrschend gewesen. So gibt es einzelne Individuen, welche in ähnlicher Weise in ihrer Person den Inhalt ihres eigenen Volksgeistes zusammenfassen; sie sind gleichsam solche personificirte, herrschende Ideen, in ihnen findet das Allgemeine selber eine neue, bestimmte, individuelle Gestalt, weil sie nicht bloß Exemplare, sondern Producte des Allgemeinen sind; von der Vorsehung dazu bestimmt, laufen in ihrer Seele, als einem Brennpunkt, die Strahlen des gesammten geistigen Lebens zusammen.

Der Mensch ist ein geschichtliches Wesen; Alles in uns, | an uns, ist ein Erfolg der Geschichte; wir sprechen kein Wort, wir denken keine Idee, ja uns belebt kein Gefühl und keine Empfindung, ohne daß sie von unendlich mannigfaltig abgeleiteten historischen Bedingungen abhängig ist. Auch die Heroen des Geistes sind solche geschichtliche Wesen; aber sie sind es in zwiefacher Hinsicht: nicht bloß Wirkungen, sondern dann auch Ursachen der Gestaltung des nationalen Geisteslebens. Weil sie dem Boden des Nationalgeistes entspringen, können sie auch wiederum auf ihn wirken. Wie Blüthe und Frucht das Ziel und der Ertrag des ganzen Lebens einer Pflanze ist, wie dann aber in dem kleinen Kern der Frucht wiederum die ganze Lebensfülle eines mächtigen Baumes vorgebildet liegt und aus demselben sich entfaltet: so sammelt der Gesammtgeist einer Nation sich in ihren Heroen und findet dann in ihnen neue Trieb- und Bildungskraft.

Eben daher kommt es auch, daß die Heroen des Geistes in den glücklichen Epochen gesteigerten Fortschritts selten einzeln erscheinen, sondern ihrer viele, bald unabhängig von einander, bald sich gegenseitig hebend und stützend und aufklärend, zusammenwirken.

WIRKUNG DES GESAMMTGEISTES IN DEN ÖFFENTLICHEN VERSAMMLUNGEN. Aber klarer noch als aus der einsamen Schöpfung des Genies tritt uns die Wirkung des öffentlichen Geistes da entgegen, wo eine größere Anzahl von Männern, aus der Mitte des Volkes heraustretend, gemeinschaftlich dem inneren Fortschritt desselben Form und Ausdruck verleihen. In einer gesetzgebenden Versammlung z.B. treten zwar die Einzelnen mit *ihren* Ansichten hervor; aber es ist nicht das Belieben und das Meinen des Individuums, von welchem ausgegangen oder worauf gezielt wird, sondern das Rechtsbewußtsein der Gesammtheit ist es, welches aus der relativen – je durch die bisherige Entwicklung entstandenen – Unbestimmtheit zur Bestimmtheit, | aus dem Bedürfniß zur Erfüllung, aus der Aufgabe zur Lösung sich hindurchringt. Es sind nicht die Neigungen und Meinungen der Einzelnen als solcher, es sind die möglichen verschiedenen Gestaltungen des Allgemeinen, welche in einer solchen Versammlung, sich gegenseitig erhellend, zur Klarheit und Einheit gestaltet werden.

DIE THEILNAHMSLOSE MASSE: VERHOLZUNG UND WUCHER, VERDIENST UND SCHULD DER GESAMMTHEIT. Wir haben hiermit gleichsam die Lichtseite des Verhältnisses zwischen der Gesammtheit und den Einzelnen gezeigt; es ist aber wohl zu beachten, daß auch auf der Schattenseite das Verhältniß dasselbe bleibt.

Immer beurtheilt man ein Volk und einen Volksgeist nach seiner Geschichte; dies geschieht, und geschieht mit Recht, obgleich man sehr wohl weiß, daß nicht alle Theile unmittelbar bei der Thätigkeit des Ganzen betheiligt sind. Ein beträchtlicher Antheil des organischen Ganzen verholzt, steht fast passiv in der Mitte des lebendigen Baumes.

In den tropischen Ländern haben auch die stärksten Gewächse keine festen Jahresringe, wie unsere Bäume, nach denen man ihre Lebensdauer noch in den Kohlenlagern ersehen kann; und nur in der tropischen Hitze politischer Leidenschaft aufgeregter Zeiten bilden sich keine festen Massen; wild und üppig blühend wuchert das politische Bewußtsein gestaltenreich, um gestaltlos wieder hinzuwelken; im gemäßigten Klima politischer Vegetation dagegen findet die Verholzung von selber statt und man kann sie an den festen Jahresringen von allerlei ständischen Unterschieden und Institutionen auch spät noch erkennen. Aber auch dieses Maß der weiter oder enger verbreiteten Passivität ist ein Element in dem verschiedenen Charakter eines jeden Volkes oder verschiedener Epochen seiner Geschichte.

Wenn in despotisch regierten Staaten ein Einzelner oder Wenige die geschichtlichen Thaten des Volkes zu vollziehen | scheinen, dann täusche man sich nicht; man glaube nicht, daß Verdienst und Schuld jener Thaten dem Volke fremd und nur dem Herrscher anzurechnen seien. »Wenn Rink die Nicobaren fragte, wer unter ihnen zu befehlen habe, so antworteten sie lachend, wie er glauben könne, daß Einer gegen so Viele etwas vermöge.«[1] Was Gutes geschehen kann, ist der Vorzug, was Uebles geschehen darf, ist Nachtheil und Schuld der Gesammtheit.

Wir sind so geneigt, wenn es sich um die Ursache irgend einer Wirkung handelt, nur das eine Ende des

---

[1] Selbst ein Napoleon bedurfte oft genug des officiellen Betruges gegen das Volk. Man vergleiche u. a. (bei Pertz, [Über die politische] Bedeutung des Jahres 1810) die geradezu grobe Gleißnerei, welche er seinem Bruder, dem spanischen Senat und sich selbst auferlegen will; und wenn »Heuchelei der Tribut ist, den das Laster an die Tugend zahlt,« so bietet er einen hohen Tribut.

Geschehens ins Auge zu fassen und die ganze Reihe der Bedingungen, welche zur Erscheinung jener Wirkung gehören, zu übersehen; daher glauben wir immer an kleine Ursachen großer Wirkungen. Wir finden es wunderbar, daß ein kleiner Funke ein Pulverfaß in Brand steckt und eine Stadt in Asche legt. Nicht der Funke ist es, sondern die Natur des Pulvers; der Funke hat nicht mehr gethan und Nichts mehr vermocht, als wenn er auf ein Wollenzeug gefallen und ein kleiner Brandfleck sein Erfolg gewesen wäre; er hat eben ein Wenig Wärme verbreitet, das ist Alles, was ein Funke kann. An der Natur und Beschaffenheit eines Volkes liegt es, ob es durch den idealen Funken aus dem Kopfe eines Einzelnen explodiren kann, oder nicht; aber je mehr es der führenden Kraft und der schöpferisch bewegenden Leistung eines hervorragenden Mannes, er sei nun Meister des Gedankens oder der That, zu verdanken im Stande ist, desto größer wird auch seine Dankbarkeit gegen denselben sein.

PFLANZSTÄTTEN DES GEMEINSINNS. Auch unbewußt und unthätig für das Allgemeine gehören | alle Individuen eines Volkes, Staates, zur objectiven Einheit des Ganzen; sie haben dann für dies Ganze keine Bedeutung, aber eben dies ist für das Wesen des Volksgeistes bedeutungs- und zuweilen verhängnißvoll. Liegt der erhöhte Grad der Lebendigkeit des Volksgeistes darin, daß Jeder wenigstens ein deutliches Bewußtsein von ihm habe, so ist es die Aufgabe der Gesellschaft, eben hierfür Sorge zu tragen. Die überlieferte, abstracte, verdichtete Vorstellung von der Gemeinschaft, zu der er gehört, die ein Jeder besitzt, muß in dem Bewußtsein eines Jeden so viel als möglich zur Entfaltung gelangen. Wir haben oben bereits angedeutet, daß dies besonders dadurch geschehen kann, daß Jedem irgend ein Act der Mitwirkung für öffentliche Interessen zugestanden werde. Im Unterschied von der absoluten

Despotie und dem Alles verwaltenden und verwesenden Polizeistaat, werden Gemeindeverwaltung, allgemeine Wahlen usw. Jeden in die Mitte des Vorstellungskreises führen, von welchem er die Zwecke der Gemeinschaft und ihren Charakter einigermaßen überschauen kann. Bei den Griechen waren außer den politischen Institutionen auch noch die öffentlichen Feste und ganz besonders die olympischen Spiele solche Pflanzstätten des Gemeinsinns. In unseren Zeiten ist es die Presse, welche dadurch, wo nicht die Erzeugerin, doch die Erzieherin der öffentlichen Meinung wird.

Man darf sich nicht der Täuschung hingeben, welche man bei so vielen ideologischen und abstract rationalisirenden Politikern findet, daß die Gesellschaft nämlich von vorne herein aus lauter absoluten, freien, selbständigen Individuen besteht; es ist auch durchaus verfehlt, weil vergeblich, zu fordern, daß dies zum Prinzip der Gesellschaft, zum Fundament und zur Voraussetzung derselben gemacht werde, worauf ihre Institutionen zu gründen sind. Vielmehr ist dies nur eines der höchsten Ziele | der Gemeinschaft und sie hat alle erziehende Gewalt noch lange hin darauf zu wenden, daß die Gesellschaft in allen ihren Gliedern und Gliederungen den Standpunkt erreiche, von welchem Jene, als von einer leeren Voraussetzung, ausgehen. Gleichwohl kann man den Vorzug der modernen Sittlichkeit erkennen und preisen, daß sie die gesellschaftliche Berechtigung nicht, wie es in der sittlichen Anschauung der Alten fast durchgehends geschieht, von der *Kraft* des Individuums herleitet und abhängig macht. Auch der Schwache an Geist und Leib ist uns in einem ganz anderen Sinn und Maß Gegenstand der sittlichen Fürsorge.

In der Sclavenfrage würde man ebenfalls wohlthun, nicht so abstract von freien und selbständigen Menschen zu reden, und dafür desto eifriger und aufrichtiger auf eine wahrhaft befreiende und erziehende Fürsorge zu denken. Ein moderner Philosoph aber hätte besser gethan, sich nicht ohne Weiteres auf die Seite des Aristoteles zu stellen, und aus den geistigen Mängeln der Sclaven, anstatt auf die Pflicht einer sittlichen und erziehenden Fürsorge, auf das Recht der Sclavenhalterei zu schließen.

ACTIVE UND RUHENDE KRÄFTE. In der Gesammtthätigkeit also des öffentlichen Geistes findet fortwährend eine Vertheilung an die verschiedenen Massen und Schichten der Bevölkerung statt, in denen gleichzeitig die mannigfachen Seiten seines charakteristischen Inhaltes vertreten sind. Es schließt sich hieran aber noch ein anderes Verhältniß von der größten Wichtigkeit, das bis jetzt fast ganz der Zufälligkeit der von den Einzelnen ausgehenden Antriebe anheimgegeben ist, während es für eine wahrhaft weise, leitende und erziehende Politik der Gegenstand einer freilich überaus schwierigen, aber höchst fruchtbaren Fürsorge sein könnte und sollte. Wir meinen den Gegensatz der activen, in wirklicher Thätigkeit | begriffenen und der ruhenden Kräfte, und, was sich daran anschließt, der latenten und der freien Kräfte. Beide Gegensätze bezeichnen nicht ganz das Gleiche; ruhende Kräfte sind solche, die vorhanden, aber nicht in Wirksamkeit sind; latente solche, die noch nicht vorhanden, deren Bedingungen aber gegeben sind, so daß sie in jedem Moment ins Leben gerufen werden könnten. Ein erlerntes Handwerk, das nicht betrieben wird, ist eine ruhende, die Fähigkeit des Ungelernten, eines zu lernen, ist eine latente Kraft.

Dieser Gegensatz spielt im geistigen Leben überhaupt eine bedeutende Rolle. Auch im Individuum nämlich findet fortwährend der Unterschied statt, dessen, was er in jedem Moment wirklich als Thätigkeit vollzieht, was er denkt, anschaut und fühlt oder will, und dessen, was je nach der Stufe seiner Ausbildung den Inhalt seines geistigen Daseins ausmacht. Davon, daß ich jetzt irgend einen wissenschaftlichen Satz wirklich denke, unterscheidet sich, ob ich ihn nur früher einmal gedacht habe und ihn also als Wissen besitze; ein Unterschied, auf welchen schon Aristoteles sehr oft zurückkommt; kurz gefaßt, der Unterschied zwischen geistigem Besitz und geistiger Arbeit.

Man sieht wohl auf den ersten Blick, welche Bedeutung dieser Gegensatz für das Wesen und Leben des Volksgeistes hat, und welche Aufgaben daraus denen erwachsen könnten, die eine Leitung des öffentlichen Geistes übernehmen. Wie fragmentarisch erscheint dagegen Alles, was die menschliche Gesellschaft oder der Staat bis jetzt den höchsten Vorständen der Cultur als Aufgabe zuweist; mit Ausnahme des eigentlichen Erziehungswesens[1] so geringfügig, daß es oft von den | polizeilichen Vorkehrungen zur Hemmung des geistigen Lebens übertroffen wurde.

Im Individuum überwiegt immer die ruhende Kraft gegen die wirkliche Action; diese aber ist dann am vollkommensten, wenn sie sich auf jene wenigstens so viel wie möglich stützt. *Die* Wirkung ist die vollkommenste, in welcher der *ganze* Mensch wirkt, d.h. mit all seinem Wissen und Können.

Geschätzt wird der Mensch nach seinen ruhenden Kräften, nach seinem Wissen und seiner Ausbildung, aber

---

[1] Und sind nicht die meisten bedeutenden Fortschritte auch auf diesem Gebiete von Einzelnen, nur innerlich Berufenen, hervorgegangen? und hat sich dann der Staat nicht oft eher abwehrend als aufmunternd gegen sie | verhalten? Die Basedow und die Campe, die Pestalozzi und Herbart haben auf eigene Hand den Weg der Besserung betreten müssen; der zuletzt Genannte hat nur in W. v. Humboldt, so lange er preußischer Minister war, zwar eine schwache Unterstützung, aber wenigstens eine Aufmunterung für seine pädagogischen Bestrebungen gefunden.

Geltung, Einfluß und Bedeutung findet er nur nach und von den activen.

Ein Staat darf nicht zu viel ruhende Kräfte haben; denn für den Staat genügt nicht die Schätzung, sondern allein die Geltung, und bald verliert er mit dieser auch jene. Jeder Staat freilich bedarf der überschüssigen und darum ruhenden Kraft; jede Ursache eines eintretenden Mangels oder stärkeren Verbrauchs würde ihn sonst von seiner Höhe herabdrücken. So z. B. muß der Staat auch im Frieden die überschüssige Kraft besitzen, mit der er in einem Kriege sich vertheidigen könnte. Uncivilisirte Staaten und unpolitische Nationen aber sind daran zu erkennen, daß sie zu viel ruhende Kräfte haben. Als einen idealen Zustand, der schwer und selten zu erreichen sein mag, können wir es bezeichnen, wenn die Kräfte jederzeit verwendet, aber so mannigfach geartet sind, daß sie leicht anders verwerthet werden können.[1] Alles dies gilt von rein geistigen | Kräften eben so sehr wie von physischen; und dies in noch gar mancher Beziehung. Müßige Hände sind die Vorboten von Banquerutten; müßige Geister das Vorzeichen von Verdumpfung oder – Gährung. Wann wird die Zeit kommen, da man diese Verhältnisse in Bezug auf das geistige Leben eben so genau erkennen wird, wie die Nationalökonomie sie in Bezug auf materielle Kräfte uns klar vor Augen stellt? Welchem glücklichen Genius wird es vergönnt sein, Grundsätze zu entdecken, nach denen der Strom des öffentlichen Geisteslebens so regulirt werden kann, daß er nicht bloß in seiner reißenden, verwüstenden Gewalt gezügelt, sondern auch vor Versandungen und Verschlämmungen und unnöthigen Krümmungen geschützt wird!

---

[1] Man vergleiche stehende Heere und Miliz, Rußland und die Schweiz. Auch die Miliz ist ein Beweis von überschüssiger Kraft über den Friedensbedarf, aber keine brachliegende.

WECHSEL DER GENERATIONEN. LEBEN UND GESCHICHTE. DIE CONTINUITÄT DES GEISTIGEN LEBENS. Wir haben von der möglichen Veränderung im Inhalt des Volksgeistes gesprochen, und von der Vertheilung der Kräfte, die sich daran knüpft; daneben aber findet eine andere stetige Veränderung statt, nämlich die der Personen, der Subjecte und Träger des Volksgeistes. Die Generationen sterben dahin und andere treten an ihre Stelle. Hier droht unserer Betrachtung des Volksgeistes ein gewaltiger Bruch; der Tod, so scheint es, vernichtet die Einheit und damit das Wesen und das Leben des Volksgeistes. Aber der Strom des öffentlichen Geistes fluthet unaufhaltsam – so lange er innerlich wahrhafte Existenz behält – fort; tausend Herzen stehen an einem Tage still, aber tausend andere beginnen zu schlagen, und lebendig schreitet der Gesammtgeist über die Gräber vergangener Geschlechter hinweg, die sein Leben gelebt, denen er sein Leben gegeben hatte. Die Fülle des inneren Daseins, des geistigen Gehalts wird nicht vermindert; vielmehr verjüngt sich, vollends wenn wir an die Blüthe eines Volkslebens | denken, Alles was das Leben des öffentlichen Geistes jemals erfüllt hat, fortwährend von Neuem.

Wenn der Volksgeist nur in den gegenwärtig Lebenden seine Existenz hat, so kann man fragen: wie verhält er sich zu seiner eigenen Vergangenheit?

Ist diese etwa für ihn eine bloße Ueberlieferung, Erzählung eines Gewesenen, ist sie bloße Geschichte? Ich will nicht auf den ungeheuren Unterschied der eigenen und fremden Geschichte hinweisen, auch davon wollen wir schweigen, daß, da die Geschlechter nicht gleichaltrig dahinsinken und gleichaltrig neu erstehen, fortwährend Leben und Geschichte sich mischen; von alle dem abgesehen, hat schon das unmittelbare, praktische Lebensbewußtsein der Völker eine ganz andere Auffassung von dem Wesen seiner Dauer über den Wechsel der Zeiten. Sie sagen z. B., wir Schweizer haben gekämpft, gesiegt oder das Leben der Freiheit geopfert, bei Sempach, bei Laupen und am Tage von St. Jacob.

Wir Schweizer?! Ruhen die Gebeine derer nicht längst, die ihre Kraft der feindlichen Kraft entgegenstellten, der fremden Macht obgesiegt, oder einem muthvollen, freiwilligen Opfertode sich geweiht? Und dennoch sagen Sie: *wir* haben gekämpft; die Gebeine ruhen, aber der Geist lebt fort; die damals gekämpft haben, sind für Sie nicht andere Leute und zugleich etwa die Vorfahren, sondern sie sind die Träger desselben Geistes, der Sie beseelt, von dessen Beseelung Sie für Zeiten der Gefahr die gleiche Kraft und den gleichen Muth mit der gleichen Freiheitsgesinnung erwarten. Und nicht würdig ist ein Volk, sich bei dem Namen seiner Väter zu nennen, wenn es nicht den Geist derselben erhalten hat. In diesem »*Wir*« aber, worin man das eigene Dasein mit dem der Vergangenheit zusammenschließt, liegt der Gedanke einer Continuität des geistigen | Daseins. Wir müssen uns zu der Anschauung erheben – und auch eine metaphysische Fassung und Rechtfertigung des Begriffs finden – daß das Leben des Volksgeistes, trotz dem Wechsel nicht bloß der subjectiven Thaten, sondern auch der individuellen Subjecte dieser Thaten, eine continuirliche Einheit bildet. Ist ja auch dies außer allem Zweifel, daß wir den Charakter irgend eines Gesammtgeistes nicht bloß nach der Erscheinung desselben in irgend einer Zeit, sondern eben so sehr nach der ganzen Länge der Zeiten wie durch die Breite seiner Massen beurtheilen.

Blicken Sie auf diese Wappen![1] Sind sie etwa bloße, täglich neu zu ersetzende Zeichen der Verständigung? Würde

---

[1] Der einzige Schmuck, welcher die glatten Wände im Saale des Großen Rathes von Bern zieret, ist ein Relieffries, welcher die Wappen sämmtlicher Cantone darstellt.

ein Anführer im Kriege, statt sie in den Fahnen zu führen, vielleicht die eben so bequemen Ordnungszahlen wählen? Es sind auch nicht bloß Bilder, mit denen die Einzelnen, welche ihnen folgen, nach zufälligem Maß mehr oder weniger alte Erinnerungen verknüpfen, sondern sie sind die Symbole der Continuität des ererbten, öffentlichen Geistes; in diesem Zeichen haben die Väter gesiegt, in ihm wollen auch die Söhne, wenn es gilt, wieder siegen. Diese Continuität und das Bewußtsein derselben ist überall der Vorzug des Adels. Die Continuität im Volksgeist und das verbreitete Bewußtsein derselben ist auch sein Adel. Auf das specifisch Menschliche in der sittlichen Verbindung einer Generation mit der *früheren* in der Elternliebe habe ich oben[1] bereits hingewiesen; im Zusammenhang damit steht das Gewicht, welches ein »ehrliches Begräbniß« bei allen gebildeten und die Leichenceremonien | auch bei allen ungebildeten Völkern haben; diese beruhen keineswegs bloß auf dem Widerschein, welchen die Ehre, die man dem Leichnam erweist, auf die lebenden Angehörigen werfen soll; vielmehr drückt sich darin so unmittelbar der Geist der Continuität und die Continuität des Geistes aus, daß Vico, einer der ersten, die mit Tiefblick die geistige Lebensbewegung der Gesammtheiten erfaßt haben, die Leichenbestattung als ersten Eckstein in dem Bau menschlicher Cultur betrachten konnte.

Der etwaige Einwand, daß alle Leichenfeier auf religiöse Anschauungen zurückgeht und mit diesen mehr als mit nationalem Bewußtsein zusammenhängt, ist vielmehr geeignet, unsere Ansicht zu unterstützen als zu widerlegen. Denn diesem Gedanken weiter nachgehend würde man finden, wie viele von den mannigfachen Gebilden verschiedener religiösen Anschauungen nicht bloß auf verschiedene Naturbetrachtung sich gründen,

---

[1] {S. 345} [In diesem Band S. 61]

sondern namentlich auch auf die Züge des innerlich-menschlichen Gesammtlebens. Es erfordert alle Behutsamkeit nicht bloß der historischen, sondern auch der psychologischen Forschung, bevor man im Völkerleben entscheidend aussprechen kann, was als Grund und was als Folge in Erscheinung getreten ist.

KASTENWESEN. In praktischer Beziehung schließt sich an den Begriff der Continuität die Frage nach der etwaigen Ausdehnung, in welcher er angewendet werden soll, von deren Beantwortung tiefgreifende, charakteristische Unterschiede der Nationalgeister sich herleiten. Die Generationen sterben dahin und der Gemeingeist regenerirt sich durch das nachwachsende Geschlecht; nun ist aber die Frage, ob die Continuität sich nicht auch auf die Familien ausdehnen, ob nicht auch die Vertheilung der Arbeit sich nach Classen oder Geschlechtern continuirlich wiederholen soll. Noch ist das Kastenwesen in allen seinen feineren oder | gröberen, strengeren oder milderen Formen, für größere oder kleinere Kreise eines Volkes bei dem allergrößesten Theile der Menschheit in Gebrauch; Maß und Grund seiner Berechtigung aber ist überall eine offene Frage. Psychologisch betrachtet, handelt es sich hier um den Gegensatz, ob die nachwachsenden Träger des Volksgeistes immer wieder aus denselben Verhältnissen und Bedingungen hervorgehen, oder sich demselben aus individuellem Trieb und Drang zuwenden sollen.

Offenbar schließt die praktische Seite dieser Frage sie mit einer anderen zusammen, welche sich ebenfalls auf das Maß der Continuität im Volksgeiste bezieht.

Neben der Erhaltung des Gegebenen steht das Streben nach Fortschritt, neben der Tradition des Alten die Gestaltung des Neuen. Aber selbst wessen Gesinnung ausschließlich für die Erhaltung des Ueberlieferten eingenommen, wenn er nicht durch egoistische Parteiinteressen geblendet ist, wird zugestehen müssen, daß die Entfaltung eines kräftigen und gedeihlichen Lebens da unmöglich ist, wo in breiten Schichten der überlieferte Beruf an Geschlechter, die That an die Geburt gekettet ist. Die Natur scheint feste Regeln gesetzt zu haben, nach denen im Großen und Ganzen die innere, geistige Fortpflanzung frei bleiben muß von den Banden der leiblichen; Regeln, deren psychologische Gründe einzusehen, keine schwierige Sache ist. Wie wenig übrigens eine ehrlich gemeinte Tendenz zur Erhaltung des Ueberlieferten mit einer kastenartigen Vererbung des Berufs nach Geschlechtern solidarisch verbunden ist, dies kann man an den Instituten erkennen, welche, innerlich betrachtet, den Kasten so ähnlich, aber gerade darin von ihnen völlig verschieden sind, daß ohne Schranke alle Geschlechter und Stände ihnen zuströmen dürfen. Es sind dies die geistlichen Orden, in denen das Cölibat vorgeschrieben ist. | Gewiß wird man diesen Orden den Ruhm nicht streitig machen können, daß sie auf eine zureichend starre Weise den überlieferten Geist zu erhalten wissen, ohne daß das Band leiblicher Erbschaft ihnen zu Hülfe kommt. Größer als die Freiheit von weltlichen Lüsten und Sorgen – welche ohnehin wie ein Proteus in hundert anderen Formen erscheinen und das menschliche Herz bestricken – möchte ich daher *den* Vorzug der Ehelosigkeit bei der Priesterschaft achten, daß diese genöthigt wird, durch immer erneute Aufnahme aus der weiten Laienwelt sich zu ergänzen.

DER ALLGEMEINE NATIONALGEIST UND SEINE BESONDERE GESTALTUNG IN EINER BESTIMMTEN ZEIT. Fassen wir nun die continuirliche Einheit des Volksgeistes als das Allgemeine, jede individuell bestimmte Zeit aber als das Besondere, so kehrt uns in einer neuen Form derselbe Gegensatz wieder, welchen wir vorhin besprochen haben. An diese Form des Gegensatzes aber knüpfen sich alle Kämpfe eines Volkes um den Fortschritt seiner Entwicklung. Wir wissen bereits, daß der Gegensatz kein absoluter ist, daß seine Glieder einander nicht ausschließen. Das Allgemeine ist seiner Natur nach bleibend, auch in den verschiedenen Formen, die es annimmt, in den verschiedenen Personen, in denen es sich manifestirt, das Gleiche; die Individualität ist ihrer Natur nach frei; sie ist eben, was sie ist, nur durch die Freiheit, aber diese hat ihr Maß und ihre Schranken an dem Allgemeinen, welches individuell dargestellt werden soll. Dieses Verhältniß zwischen den beiden Begriffen des Allgemeinen und des Besonderen ist keinesweges ein bloßer Erfolg ihrer dialektischen Natur in dem üblichen Sinne. Wir werden nämlich in anderen Gebieten nicht dasselbe behaupten dürfen: wenn die Körper nach den Fallgesetzen sich bewegen, sobald sie des Stützpunktes entbehren, so erscheinen diese Gesetze außerhalb des luftleeren Raumes | immer modificirt. In der That aber sind mitwirkende Ursachen, welche außerhalb dieser Gesetze liegen, oder eine Coincidenz anderer Gesetze vorhanden, nicht aber eine wirkliche Individualisirung des Allgemeinen selbst. Nur von den psychischen Erscheinungen kann man mit Bestimmtheit behaupten, daß das Allgemeine sich in ihnen individualisirt, womit auch die Entwicklungsfähigkeit des geistigen Allgemeinen selbst zusammenhängt. – Ob es auch im Reiche des Organischen eigentliche Individualisirung in diesem Sinne gibt, kann man wohl jetzt noch nicht entscheiden.

Es ist übrigens wohl zu beachten, daß selbst im Reiche des Psychischen zwar die Erscheinungen, aber keinesweges die Gesetze individualisirbar sind. –

Für unsere Frage ergibt sich daraus der natürliche Grundsatz: daß die Continuität des Volksgeistes sich auf das Allgemeine desselben, auf seine Ideen und Tendenzen zu beziehen hat, nicht aber auf die Individuen, auf die

Subjecte, welche seine Träger sind. Wenn diese frei sind, wenn sie schrankenlos aus allen Ständen hervorgehen, werden sie für den Fortschritt sorgen, gemäß ihrer individuellen Natur, die sich auf andere Jugendverhältnisse gründet. Der höhere Organismus ergänzt sich mit *allerlei* Nahrung, von einem Punkte aus für *alle* verschiedenen Glieder des Leibes; nur das Anorganische erweitert sich, indem es das Angemessene an den einzelnen Theilen anzieht; das Organische assimilirt es sich.

Ein Staat so gut, wie ein einzelner Mann, kann seinem Charakter und seinen Grundsätzen treu bleiben und dennoch, frei und schöpferisch denkend, sich weiter und reicher gestalten.

UNTERGANG EINES VOLKES. Wir haben so eben von den Schranken gesprochen, welche die freie Individualität am Allgemeinen habe; fügen wir noch | hinzu, daß auch das Allgemeine selbst, weil es ein menschliches und darum nicht unendliches ist, seine Schranke hat, die sich durch das Maß der Möglichkeit, verschiedene individuelle Formen anzunehmen, ausdrücken läßt, so können wir wenigstens andeutend auf die Gründe hinweisen, aus denen auch der Untergang eines Volkes und Volksgeistes zu erklären ist.

Wenn einerseits die Massen und besonders ihre durch ererbten Vorrang oder erworbenen Vorzug an die Spitze gelangten Führer einem schrankenlosen Individualismus sich ergeben, dann verwest das geistige Band, das sie einigt, und sie zerfallen in eine atomistische Vielheit.

Die politischen Tugenden sind von den moralischen verschieden, aber nicht unabhängig. Auch die Moralität der Einzelnen ist nichts Anderes, als ihr Sinn für die allgemeinen Grundsätze, für die sittlichen Ideale der Gesammtheit, die Fähigkeit und die innere Nothwendigkeit, sich selbst und sein schlechthin individuelles Belieben und Genießen dem Anspruch der allgemeinen Gesetze unterzuordnen. Wenn nun die Moralität der Massen in Egoismus erstickt wird, wenn sie den schlechthin individuellen Interessen sich widmen, wenn sie den trennenden Leidenschaften fröhnen, von der Sinnenlust und Habsucht bis zum rein persönlichen Ehrgeiz; wenn gesetzlose Willkür für Freiheit geachtet und das Gemeinwohl dem Eigensinn geopfert wird, wenn die Thätigkeit und Theilnahme für diejenigen geistigen Schöpfungen schwindet, die den Gehalt des Volksgeistes ausdrücken und ihm Glanz verliehen, und so die Palladien des Gesammtgeistes mehr und mehr entweiht werden; wenn die leitenden Gewalten entweder unfähig sind, innere moralische Antriebe zu erwecken, oder gar sie zu vermeiden und vollends zu ertödten nothwendig finden; – wenn so das Allgemeine als das Ideale sein Leben im Volke verliert, dann stirbt der Volksgeist dahin, wie reich er an innerem Gehalte gewesen sein mag.

Oder wenn andererseits das Allgemeine selbst das Ziel seines Daseins erreicht, wenn es seine möglichen Formen erschöpft, diese durch einander kritisch zersetzt, und so das Ganze sich aufgezehrt hat; oder wenn fremde Elemente des geistigen Lebens in starkem Zudrang und mit kritischer Gewalt eindringen und das Einheimische überwuchern und überwinden; wenn vielfältige Berührungen mit fremden Völkern (sei es im erobernden Siege über sie oder in der Niederlage vor ihnen, sei es in einem ausdauernden, vielseitigen, friedlichen Handelsverkehr) die gleiche oder gar höhere Berechtigung fremder Ideale vor Augen legen; wenn dadurch der Sinn für das Ideale und seine Nothwendigkeit überhaupt mit dem für die eigene, ererbte, individuelle Form desselben zu Grunde geht oder zu höheren Zielen emporgehoben wird, dann offenbart sich die endliche und beschränkte Natur auch des beziehungsweise Allgemeinen und es erweist sich als eine bloß individuelle Form des der gesammten Menschheit einwohnenden und als höchstes Ziel vorschwebenden Allgemeinen. So sind die Phönizier, die Griechen, die Römer vom Erdball verschwunden. Freilich die geistigen Daseinsformen so wenig als die körperlichen verschwinden in das Nichts. Aber nicht in der organischen Form zusammengehaltenen (concreten) einheitlichen Lebens, sondern zurückgekehrt in die elementare Gestalt vereinzelter Gedanken sind sie als Elemente in das Leben späterer Volksgeister eingegangen; und nur die Gelehrsamkeit weiß alle diese Elemente zu einem musivischen Gemälde zusammenzusetzen, welches zwar ein todtes, aber doch ein getreues Abbild dessen ist, was einst lebendig gewesen. |

ERGÄNZUNGEN. DIE FRAUEN. DIE JUGEND. Wir haben versucht, einen Rahmen zu geben, innerhalb dessen man die Thatsachen fassen kann, welche das Verhältniß des Einzelnen zur Gesammtheit betreffen. Wollten wir uns anheischig machen, zu zeigen, wie die Beziehungen, die wir im Allgemeinen angedeutet haben, sich sämmtlich in den Erscheinungen des wirklichen Völkerlebens specialisiren, ja wollten wir nur die Zahl dieser Beziehungen ergänzen und von denen, die thatsächlich noch vorhanden sind, auch nur eine ähnliche Andeutung geben, müßten wir uns noch weit verbreiten. So z.B. haben wir bisher nur von den Männern geredet, weil ihnen der Beruf der schöpferischen Thätigkeit und alles praktischen Gemeinlebens zugewiesen ist. Aber auch die Frauen, deren Wirksamkeit den engeren Kreisen menschlicher Gemeinschaft gewidmet und von der unmittelbaren Arbeit für die Gesammtheit ausgeschlossen ist, fehlen wenigstens in den Zeiten allgemeiner Noth und Freude nicht in dem Chor der allgemeinen Erhebung, in welchem die Geister der Männer zusammentönen; sie harmonisiren gleichsam die Grundtöne männlichen Strebens. Die sittliche, begleitende, oft auch lenkende und spornende Theilnahme des Frauengemüths ist in großen Zeiten gewissermaßen das Spiegelbild derjenigen Begeisterung, aus welcher des Mannes Thatkraft entspringt. Und auch das Spiegelbild besteht aus Lichtstrahlen. Daher kann man in vielen Epochen der Geschichte aus dem Verhalten der Frauen auf den Charakter der Männer schließen.

Von der mittelbaren Wirkung der Frauen auf Ueberlieferung, Erhaltung und Hebung des Gesammtgeistes, und von dem verschiedenen Maß, das verschiedene Völker und Zeiten ihnen zugemessen, wollen wir nicht reden; so wenig wie auf die Geschichte derjenigen unter ihnen eingehen, welche auf abnorme Weise genial und mächtig in die Geschichte der Nationen ein|gegriffen haben. Daß wenigstens bei den heutigen Völkern Europas und einigen Asiens das zarte Geschlecht Schönheit und Anmuth und alle sanften Beziehungen des Gemüthslebens zu pflegen hat, ist bekannt. Und wenn allerdings die weiblichen Glieder des Menschengeschlechts durchschnittlich mehr zu einer Isolirung als Verbindung ihrer Männer beizutragen geneigt sind, so machen sie es als Mütter reichlich wieder gut, durch die Pflege alles Guten und Großen, das dem Nationalgeist eignet, in dem Herzen ihrer aufblühenden Söhne. Die Geschichte erzählt uns nicht oft von den Helden an Geist oder Thatkraft, welche zugleich großsinnige Weiber gehabt hätten, aber fast alle bedeutenden Männer hatten bedeutende Mütter.

Auch das Verhältniß der jüngeren, an der eingreifenden Arbeit noch unbetheiligten Lebensalter zu den reiferen ist nicht außer Acht zu lassen. Man wird die Jugend billig mit der Blüthe, auch am Lebensbaume des Volksgeistes, vergleichen; der Gehalt und die Gestalt eines Volksgeistes wird wohl nicht vollständig erkannt, wenn man nicht zugleich auf das Bild und das Ideal achtet, welches die vorzugsweise ideal gesinnte Jugend sich von demselben macht. Die Blüthe ist schöner als die Frucht; und von ihr erwartet die kommende Zeit ihre Früchte. Aber viel, viel mehr Blüthen muß es geben, als Früchte erscheinen; durch den Nachtfrost des Egoismus, der Sonderinteressen, durch den Mehlthau der Sinnlichkeit und Kleingeisterei in allen Arten fallen viele Blüthen der Idealität, ohne zu einer Frucht zu reifen, dahin.

Unter den Gleichnissen, die wir gebrauchten, um uns das Bild der Gemeinsamkeit des geistigen Lebens zu vergegenwärtigen, war das vollkommenste der Organismus, in welchem eine Vielheit von organischen Individuen zu einer Einheit zusammengeschlossen ist. |

SCHLUSS. SCHÄRFSTE ZUSPITZUNG DER INDIVIDUALITÄT UND GRÖSSTE STÄRKE DER EINHEIT DER GESAMMTHEIT. Im Zweck der Gesellschaft aber liegt es, daß nicht bloß eine Wechselwirkung der Erhaltung des Ganzen durch alle Theile und jedes Theiles durch das Ganze stattfinde, sondern, daß jeder Einzelne zur höchst möglichen *Freiheit und Individualität* gelange und dennoch zugleich die höchste Innigkeit und *Stärke* der *Einheit* stattfinde.

Die größte Einheit besteht in der größten Wirkung des Individuums auf die Gesammtheit; und dies ist wiederum nur durch die größte Empfänglichkeit aller Anderen, beides aber durch die schärfste Zuspitzung der Individualität möglich; also die *größte Wechselwirkung* soll stattfinden, deren Resultat die höchste Freiheit und Individualität sein soll.

Blickt man nun auf die freie Entfaltung des Individuums in einer cultivirten Gesellschaft, wozu die Gelegenheit immer die nächste ist, dann scheint es freilich, als ob das Einzelleben ganz im Vordergrund stände, so daß man das andere Element, nämlich die Einheit, kaum zu erkennen vermag. Um diese zu sehen, muß man aus eigener, innerer Erfahrung Etwas von der Zusammenschließung mit Anderen und mit dem Ganzen wahrgenommen haben. Bloßes Demonstriren wird demjenigen gegenüber fruchtlos sein, welcher niemals gefühlt hat, was es heißt: mit seinem Volke, seinem Staate Eins, sich hinzugeben und zu vergessen und erst im Ganzen sich wiederzufinden.

Man soll wissenschaftliche Untersuchungen Niemandem ins Gewissen schieben; aber hier wie bei aller Erkenntniß in idealen Dingen ist es unleugbar, daß Tiefe der Einsicht von der Größe der Gesinnung abhängig ist.

Wer aber jemals von dem Gedanken und dem Interesse etwa des Vaterlandes durchglüht gewesen ist, der weiß, daß in allen Gebilden der Natur eine solche untrennbare Einheit des Vielen nicht gefunden wird, wie die Gemeinschaft der Geister sein kann | und sein soll; man kann das Blatt vom Zweige, man kann ein Glied vom Leibe reißen und es, vom Ganzen getrennt, einem eigenen Schicksal preisgeben; wer aber jemals in seinem Inneren gefühlt hat, was es heißt: Einer für Alle, und Alle für Einen, der weiß auch wenigstens von sich selbst, daß er von dem Leben und Geschick des sittlichen, politischen Ganzen, dem er angehört, für alle Zeit und für alle Fälle innerlich untrennbar ist. Auch in einer Schule, in einem Clubb, kann man sagen, bildet sich ein gemeinsamer Geist, und er wird auf die Angehörigen nicht ohne Einfluß geblieben sein; gleichwohl verhalten sich Verbindungen solcher Art zu denen des Staates und der Nationalität wie das Gespinnst der Sommer- (oder Marien-) Fäden zu dem Gewebe eines alten Gobelin.

Das höchste Bild, in welchem wir des Volksgeistes geeinigtes Gesammtleben anschauen werden, ist deshalb der Geist selbst. Der Geist eines einzelnen Menschen ist erfüllt von einer unzählbaren Vielheit von Vorstellungen aller Art; in der reizbarsten Wechselwirkung unter einander begriffen, bilden sie zusammen die Bestimmtheit, den

Charakter, den Lebensgehalt dieser Persönlichkeit. Seine Gedanken gehören alle zum Individuum; aber eine Idee, welche in diesem Individuum entspringt, kann Macht gewinnen hinauszuwirken auf das ganze Volk, auf Jahrhunderte, auf viele Nationen.

Einige synthetische Gedanken zur Völkerpsychologie
[1865]

Wie im Allgemeinen die synthetische Lehre zur analytischen Forschung sich verhalte, wie sie überall einander bedingen und voraussetzen, wie sich daraus für jede Wissenschaft eine *petitio principii* ergibt, welche darin und nur darin ihre Lösung findet, daß in jedem gegebenen Zeitpunkt wie in jedem Individuum das Denken über irgend welche Objecte in einem gewissen *historischen* Zustand sich befindet, in welchem beide, synthetische und analytische, Elemente bereits enthalten, wenn auch (schlimmstenfalls) nur in einander verflochten sind, – dies alles muß als bekannt vorausgesetzt werden. Mit eigenthümlicher Deutlichkeit aber tritt es auf dem Gebiete, dessen Bearbeitung uns hier obliegt, besonders auch deshalb hervor, weil dieser Zweig der Wissenschaft sich noch in seinen Anfängen bewegt, und ihr Wachsthum gleichsam durchsichtig und in beobachtbarer Nähe sich entfaltet. |

Schon das Ziel, welches unserer Wissenschaft, ob auch in weiter Ferne, vorschwebt, ist ein zwiefaches: erstens die Geschichte der Menschheit und der einzelnen Völker zu verstehen, sie aus ihren wirklichen Ursachen zu begreifen; sodann von den psychischen Gesetzen, welche in der Geschichte ihre Wirksamkeit offenbaren, eine besondere Erkenntniß zu gewinnen. Jenes ergibt eine Analysis der Geschichte, dieses eine Synthesis der Völkerpsychologie. Beide Erkenntnisse aber bedingen einander, jede ist nur mit Hülfe der anderen erreichbar.

Der Fortgang der geschichtlichen Erkenntniß ist offenbar dieser: wir lernen zunächst unmittelbar oder mittelbar, je nach der Art der Zeugnisse, die geschichtlichen

Thatsachen, die Zustände und Ereignisse kennen; sodann suchen wir den *Gang* der Geschichte, d.h. die causale Folge derselben, die Thatsachen aus ihren Ursachen zu begreifen. So weit geht die Aufgabe der Geschichtschreibung. Wie es aber geschieht, daß die Thatsachen aus ihren Ursachen sich entwickeln, wie die Folgen in ihren Gründen enthalten, die Erscheinungen an ihre Bedingungen gebunden sind, das sind Fragen, welche außer dem Bereich der Geschichte als solcher liegen. Sie fallen nach der üblichen Trennung und einer vorläufig gewiß noch nothwendigen Theilung der Arbeit einer andern Wissenschaft zu. Um sie zu beantworten, muß vor allem eingesehen werden, daß die Thatsachen, um die es sich handelt, *psychische* sind. Damit allein aber, mit dem bloßen allgemeinen Gedanken ist es nicht gethan; psychische Thatsachen sind noch keine *psychologischen,* so wie Natur*geschichte* noch keine Natur*lehre* ist. Um von der Kenntniß der *thatsächlichen Abfolge* der historischen Ereignisse zur Erkenntniß ihres *nothwendigen Zusammenhanges* fortzuschreiten, kommt es vielmehr darauf an, in die Ereignisse selbst, wie man zu sagen pflegt, mit *psychologischem Blick* einzudringen. Dieser »psychologische Blick« bedeutet aber offenbar nichts Anderes, als die Einsicht, wie ein gegebenes historisches Ereigniß in bestimmten psychologischen Ereignissen besteht, und welche allgemeine psychologische Gesetze in diesen psychischen Thatsachen zur Anwendung gekommen sind.

Also setzt die analytische Erkenntniß der besonderen historischen Ereignisse schon die (synthetische) Kenntniß allgemeiner psychologischer Gesetze voraus![1]

---

[1] Wären die psychologischen Gesetze, welche in der Geschichte zur Anwendung kommen, enthalten in denen der individuellen Psychologie und mit ihnen identisch, so würden wir damit einfach an diese Wissenschaft gewiesen; im letzten Heft des vorigen Bandes

Die Kenntniß psychologischer Gesetze aber – der individuellen wie der historischen Psychologie – geht aus keiner reinen Synthesis *a priori* hervor; sie müssen aus der denkenden Betrachtung des Gegebenen gewonnen werden. Sie können zwar aus der Erfahrung – rein *a posteriori* – so wenig entnommen werden, daß sie in der That in ihrer Einfachheit in der Erfahrung meist nicht einmal gegeben sind; sie müssen durch einen schöpferischen Act, in welchem der Gegensatz von *a priori* und *a posteriori* nichtig und aufgehoben erscheint, entdeckt werden. Daß indessen die Aufstellung von allgemeinen Gesetzen, oder die Annahme von letzten einfachen Thatsachen, in deren gesetzmäßiger Verflechtung die Bedingungen liegen für den Ablauf zusammengesetzter Erscheinungen, zumeist und zunächst nur hypothetischer Art sein wird, daß sie ihre Geltung erst durch Vergleichung mit gegebenen historischen Thatsachen bewähren müssen, dies bedarf hier keiner weiteren Auseinandersetzung.

Sieht man nun ab von den seltenen Fällen eines glücklichen, genialen Fundes synthetischer Gesetze, oder eines besonders tief eindringenden Scharfblickes in die Zergliederung der wirklichen Ereignisse, und rechnet man vielmehr nur auf den Erfolg einer ernsten Arbeit in der Wissenschaft, so wird man behaupten müssen, daß beide Methoden fortwährend und wechselweise zur Anwendung kommen müssen, wenn ein wirklicher Fortschritt sich vollziehen, auf die analytischen Betrachtungen nicht unfruchtbarer Fleiß verwendet, und von den synthetischen Hypothesen nicht zu viel zurück genommen werden soll. Das populäre Bewußtsein aber wird immer schneller zur

ist aber gezeigt worden, daß und wodurch sie sich von einander unterscheiden, wie vielfach sie sich auch auf einander beziehen. [Vgl. in diesem Band: ›Ueber das Verhältniß des Einzelnen zur Gesammtheit‹, den Abschnitt: ›Einheit in dem politischen Leben (Analogie mit dem Organismus)‹, S. 74 ff.]

analytischen Betrachtung hindrängen, die gründliche Wissenschaft vorzugsweise bei | den synthetischen Versuchen verharren; denn die Analysis offenbart sofort ihre praktische Zweckmäßigkeit, die Synthesis aber ist eine theoretische Nothwendigkeit; jene erscheint reicher, weil sie an die Fülle lebendiger Thatsachen sich anschließt, die sie zu erzeugen scheint, diese ist scheinbar dürftig, aber in Wahrheit fruchtbar, weil sie Organe hervorbringt, mit deren Hülfe man erst die psychologischen Thatsachen als solche erfassen kann; auch erregt die Analysis sogleich den Schein der Wahrheit, weil sie an gegebene Thatsachen sich anlehnt und sie entwickelt, während die Synthesis oft im Gewande der Hypothese auftreten muß, und erst nach einem langen und rauhen Weg der Forschung am Ziel der Erkenntniß lebendiger Thatsachen anlangt.

Aus all dem geht hervor, wie viel uns daran liegen muß, vor allem bei dem Versuch, synthetische Grundlagen für unsere Wissenschaft zu gewinnen, emsig auszuharren[1];

[1] Charakteristisch für den Fortschritt der historischen Anschauung in unserer Zeit ist das vielfache Drängen nach Culturgeschichte; sie ist aber noch nicht sehr glücklich gewesen in der Entdeckung eigenthümlicher Aufgaben, welche sie von dem deutlich unterschieden, was man sonst schlechtweg Geschichte genannt hat. Hier sind jedoch zwei Schriftsteller mit ansehnlicher Auszeichnung zu nennen. Burckhardt »Cultur der Renaissance« und Freytag »Bilder usw.«, Schriften, denen wir in der Folge besondere Besprechung widmen werden [nicht geschehen]. Wie sehr Burckhardt z.B. das Bedürfniß dessen fühlt, was auch wir erstreben, mag man aus einer Stelle wie die folgende ersehen. »Wessen Auge dringt in die Tiefe[n], wo sich Charaktere und Schicksale der Völker bilden? Wo Angebornes und Erlebtes zu einem neuen Ganzen gerinnt und zu einem zweiten, dritten Naturell wird? wo selbst geistige Begabungen, die man auf den ersten Blick für ursprünglich halten würde, sich erst relativ spät und neu bilden? Hatte z.B. der Italiener vor dem 13ten Jahrhundert schon jene leichte Lebendigkeit und Sicherheit des ganzen Menschen, jene mit allen Gegenständen spielende Gestaltungskraft in Wort und Form, die ihm seitdem eigen ist? – Und

wir dürfen auf den Schein, durch unser Bemühen lichtverbreitende Entdeckungen zu machen, verzichten, sobald wir uns bewußt sind auf dem | nothwendigen und einzigen Weg uns zu befinden, welcher endlich zur Entdeckung der Wahrheit führen kann. Der Weg der Wahrheit ist Anfangs nicht minder steil und dornig als der der Tugend, und die Geschichte der menschlichen Irrthümer lehrt uns für die Erforschung der Wahrheit – Geduld und Fleiß.

Wir hoffen auf apologetische Auseinandersetzungen zu Gunsten unserer Arbeit an einer Völkerpsychologie nicht mehr zurückkommen zu müssen; der Aufsatz, für welchen dieser eine Fortsetzung ist, hat hoffentlich manchen Bedenklichen über seine Zweifel beruhigt. Wir wollen daher an dieser Stelle nur noch bemerken, daß ein zwiefacher und in sich widersprechender Irrthum in der Würdigung unseres Bemühens bis jetzt pflegt begangen zu werden. Einestheils nämlich meint man, der Gedanke einer Völkerpsychologie, wie wir sie vielfach definiert haben, enthalte der Schwierigkeiten so viele und so große, daß sie niemals würden zu überwinden sein; und aus demselben Munde ist anderntheils zu hören, daß die bisherigen Leistungen für dieselbe noch nirgends Vollkommenheit, Vollständigkeit und Sicherheit enthielten. Als ob nicht jeder Anfang schon ein Beweis gegen die völlige Unmöglichkeit wäre! und als ob nicht die mit Recht behauptete Schwierigkeit der Sache die Erwartung schneller und vollkommener Leistungen mäßigen müßte! [...]

wenn wir solche Dinge nicht wissen, wie sollen wir das unendlich reiche und feine Geäder beurtheilen, durch welches Geist und Sittlichkeit unaufhörlich in einander überströmen?« [S. 428]

Auch Riehl ist hier zu nennen; denn er hat für die socialen Verhältnisse einen feinen Blick. Nur sieht er öfter mit dem Auge des tendenziösen Socialpolitikers, als mit dem des unbefangenen Historikers, und die meisten Leser werden oft eben so nothwendig mit ihm streiten, als ihn bewundern.

§ 1
*Die Analogie des gesammten und des
einzelnen Geistes*

Der Volksgeist besteht in den einzelnen Geistern, welche zum Volke gehören. Gerade unter diesem Gesichtspunkte aber, daß der Volksgeist seine Subsistenz in den einzelnen Geistern hat, ist eine wissenschaftliche Untersuchung über seine Wirksamkeit einerseits allein möglich, andrerseits aber auch als eine besondre, von der Erforschung des individuellen Seelenlebens noch verschiedene Aufgabe nothwendig. Allein möglich; denn die Philosophie der Geschichte redet immer von neuen Prinzipien, die in die Welt kommen und wirken. Wie aber wirken denn Prinzipien, wenn nicht auf die einzelnen Geister? Von einer Volksseele nach der Analogie des Gedankens einer Weltseele haben wir keine irgendwie in der Erfahrung gegebene Erkenntniß. Wir würden uns deshalb völlig vergeblich bemühen, von irgend welchen Gesetzen ihrer Erscheinung und ihrer Entwicklung zu reden. Durch die Beobachtung der Einzelnen also muß untersucht werden, was es heißt, daß neue Prinzipien entstehen. Man muß zu diesem Behuf wissen, wie sie im Einzelnen sich bilden oder zur Geltung kommen und wie sie wirken. Dann aber wird es auch weiter nothwendig, über den Einzelnen hinauszugehen. Denn wenn nun die reelle Wirksamkeit in demselben vor sich geht, wie und wodurch ist die Wirkung im Allgemeinen, in der Gesammtheit? Hier muß man die Circulation der Ideen, die chemische Umwandlung derselben bei dem Lauf durch den psychi|schen Organismus des Volksgeistes begreifen: die Umwandlung, welche dieser selbst erfährt, die Endosmose der Ideen muß erkannt werden.

All das erfordert Analysen des historischen Geschehens, welche, als Anforderungen hingestellt, unmöglich erscheinen, in der That große Schwierigkeiten haben. So aber erscheint es bei zusammengesetzten Erscheinungen überall. Der Mensch hat Blut; was ist da zu analysiren? so fragte man sich wohl auch. Der Mensch sieht die Dinge, Sprechen und Verstehen findet statt; auch hier fragte man, was zu analysiren sei. Und doch bestehen die Erkenntnisse, welche wir über diese Prozesse gewonnen haben, nur in der Analyse derselben.

Indem wir nun nach synthetischen Grundsätzen und Kategorien suchen, mit deren Hülfe wir die Analyse des Geschehens im Volksgeiste vollziehen können, werden wir diesen allerdings unter der Analogie mit dem individuellen Geiste betrachten, weil der Geist nur am Geiste gemessen werden kann. Es handelt sich aber dabei nicht etwa darum, dem Gedanken über Gesammtgeist durch Vergleichung mit dem Individuum ein besonderes Gewicht oder unmittelbar eigene Haltbarkeit hinzuzufügen, als ob nämlich, was in der individuellen Psychologie als Wahrheit erkannt und zugestanden wäre, allein durch Annahme der Analogie auf Völkerpsychologie übertragen werden sollte. Die Geschichte der Philosophie überhaupt und derjenigen Denker insbesondere, welche gleichsam von außerhalb derselben lediglich analogisirend in sie hineingeredet haben, warnt laut und eindringlich genug vor dem Unheil, das solches Denkverfahren angerichtet hat. Vielmehr handelt es sich zunächst meist nur um den leitenden Faden der Vergleichung, um einzelne Gedanken anschaulicher zu machen, zuweilen aber und mit größerem Nachdruck noch um ein Zwiefaches. Da die Wörter überhaupt und vorzüglich, wenn man irgend nach Anschaulichkeit der Rede trachtet, gemäß der innern Sprachform sich vorwiegend auf Analogien mit sinnlichen Erscheinungen stützen (wie wenn etwa von Anziehung und Abstoßung, von Druck und Gegendruck, von Spannung und Lösung die Rede ist):

so ist es, wenn vom öffentlichen Geiste geredet wird, oft eine nützliche Vorsorge, un|mittelbar an die Vergleichung mit dem individuellen Geist anzuknüpfen, damit die Wörter selbst in derjenigen secundären Bedeutung verstanden werden, welche ihnen dadurch näher gelegt ist. Es wird also der ganzen Rede damit die bestimmte Sphäre angewiesen, in welcher sie eine eigene Bedeutung gewinnt. Wo die Analogie die wirkliche Geburtsstätte des Gedankens ist, wird die Hinweisung auf dieselbe immer das Verständniß erleichtern. Sodann aber kann auch der wirkliche Grund eines Gedankens in ihr enthalten sein, wenn er sich nämlich auf die Natur des Geistes schlechthin stützt; denn in diesem besondern Falle tritt wirklich die Thatsache ein, die wir der Analogie im Allgemeinen abgesprochen haben, daß nämlich der Satz deshalb Geltung anspricht in seiner Anwendung auf den Volksgeist, weil er in Bezug auf den individuellen Geist anerkannt ist.« »Wenn im öffentlichen Leben«, sagt Herbart, »ein Wechsel von Factionen die bürgerliche Ruhe stört, so lag das Vorbild nicht bloß, sondern selbst der Ursprung hiervon, offenbar in dem Tumult der Leidenschaften, die in den Gemüthern gähren.« Im Gesammtgeist also, kann man sagen, verhalten sich die Einzelgeister so, wie sich im Individuum die einzelnen Vorstellungen oder überhaupt geistigen Elemente verhalten. Bevor wir die positiven Beziehungen, in denen diese Gleichheit ihren Ausdruck findet, entwickeln, müssen wir einige andere hervorheben, welche sie zu stören oder völlig aufzuheben scheinen.

Der Werth dieser Vergleichung beruht natürlich gar nicht darauf, daß sie eine durchgängige ist, und es handelt sich auch nicht darum, sie als eine solche zu erweisen, vielmehr nur darum, auch durch die ablenkenden Betrachtungen das Maß und die Art der Gleichheit festzustellen.

Die Grundverschiedenheit zwischen beiden besteht offenbar zunächst darin, daß im Individuum die großen und oft sehr disparaten Massen der Vorstellungen durch die Einheit des Subjects zusammengehören; im Volksgeist aber entspringt umgekehrt die Einheit des Subjects nur aus der Gleichheit oder Vereinbarkeit des Inhalts in den Individuen. Wir lassen es hier dahingestellt, daß auch innerhalb des Volksgeistes oft genug von Gegensätzen die Rede ist und sein darf, die er in sich birgt, | ohne daß wir darum die wirkliche Einheit desselben aufgehoben sehen, daß umgekehrt auch innerhalb der Einheit des Individuums als Subject, in ihm, als thätiger Geist betrachtet, eine Gegensätzlichkeit und Zerrissenheit sich ausbilden kann, gegen welche die Subjectseinheit keinen Schutz bietet. Wir verweisen vielmehr nur darauf, daß beim Individuum, falls es in einer idealen Weise entwickelt wäre, die Massen der Vorstellungen in ihm eine solche Einheit bilden, daß die Einheit des Subjects ganz gleichgültig würde, daß sie als Factum und nicht als Grund für jene innere Einheit bestände, daß sie die That, aber nicht den Werth der Einzelheit bezeichnete. Wie sich also über dem ursprünglichen Bande der Seeleneinheit das höhere Band der geistigen Thätigkeit webt, das im Inhalt und in der Form derselben seinen Ausdruck findet: so auch entwickelt sich umgekehrt im Volksgeist außer der Gleichheit und Einheit des geistigen Geschehens eine Einheit der Existenz.

Ferner aber scheint die Vergleichung unmöglich gemacht durch eine Eigenschaft der individuellen Vorstellungen im individuellen Geist. Eine jede Vorstellung ist, so scheint es, ein einfaches, jedes Individuum aber ein mannigfach zusammengesetztes Ganze. Allein genauer erwogen steht die Sache so, daß auch sehr wenige individuelle Vorstellungen einfache sind. Die Erinnerung z. B. an die Schlacht bei Leipzig ist eine Vorstellung, welche auf das Gemüth jedes Deutschen eine bestimmte Wirkung ausübt; sie wirkt wie eine einfache, ist aber in der That eine verdichtete, aus einer großen und sehr mannigfaltigen Masse von Ereignissen, Beziehungen, Folgen usw. In gleicher Weise nun bedeutet jedes Individuum im Volksgeist mit seiner ganzen Mannigfaltigkeit so viel, wie eine Vorstellung im Individuum. Die einzelnen Menschen unterscheiden sich eben wie einzelne Vorstellungen nach dem Reichthum des in ihnen verdichteten Inhalts. Ein Schneider und ein Schuster, ein Bauer und ein Krämer im gleichmäßigen Tritt seines national-geistigen Daseins ist so viel, wie eine relativ einfache Vorstellung. Wir tragen individuell solche Vorstellungen z. B. von den gewöhnlichen sinnlichen Dingen um uns her in Masse mit uns herum, ohne daß sie für unsern Geist bedeutungslos und | entbehrlich wären, und doch auch ohne daß sie irgend welchen wesentlichen Einfluß auf unser geistiges Leben übten. Große, hervorragende Männer haben wir bereits früher mit den leitenden Ideen, mit herrschenden Vorstellungen verglichen; sie wirken innerhalb des Gesammtgeistes wie diese innerhalb des Individuums. Oft werden große, weite Massen von Vorstellungen durch eine einzige neue, durch eine neue Kategorie, Methode, Idee (man vergleiche die Naturwissenschaften, Ethik und Religion) in ihrem Inhalt umgewandelt; ebenso der Zustand, das Verhältniß, der Lebensinhalt ganzer Volksklassen durch einen Gesetzgeber, Volkslehrer, Eroberer usw. (Luther, Lessing, Friedrich der Große, Napoleon).

§ 2
Das Zusammenleben

Geistiges Leben besteht darin, daß nicht Vorstellungen überhaupt aufgefaßt werden, sondern dieselben sich auch in einer gegenseitigen Beziehung, Durchdringung und Bewegung befinden. In dieser Bewegung und gegenseitigen Durchdringung der einzelnen psychischen Elemente zur Einheit und Energie eines geistigen Lebens ist das Abbild enthalten für die Einheit im Leben eines Gesammtgeistes, welches sich in den einzelnen Individuen vollzieht.

Aber nicht bloß das Abbild, sondern auch die Bedingung für das Leben eines Gesammtgeistes ist darin enthalten. Denn das geistige Gesammtleben besteht eben darin, daß der Gedanke gleichzeitig und beziehungsweise gleichmäßig in einer Vielheit von Individuen mit all seinen Erfolgen auf Wille und Gefühl gedacht wird, daß der Gedanke, zunächst in einem Kopfe entsprungen, sich auf andere überträgt und in ihnen dieselbe Energie und Abfolge der Vorstellungen hervorruft. Geistiges Zusammenleben also heißt wirkliche Gemeinschaft des Lebens haben, d. h. daß, was geistig in dem Einen vorgeht, auch wirklich mindestens zur Kenntniß des Andern gelangt. Bloßes Zusammensein in einem Lande, in einer Stadt, selbst in einem Hause heißt noch nicht Zusammenleben. Nur die passive Gleichheit der Eindrücke | und Einflüsse des Klimas und sonstiger gemeinsamer Naturbedingungen kann auch ohne wirkliches Zusammenleben sich äußern. Darin liegt die Lösung des Räthsels, daß auch ohne wirkliches Zusammenleben Gleichheit und insofern Einheit des Volkslebens stattfinden kann. Ist doch auch diese Gleichheit überall die Bedingung und Voraussetzung, um darauf eine Einheit und gegenseitige Durchdringung zu bauen, weil diese ohne ein gegenseitiges Verständniß nicht denkbar ist. Vortrefflich hat Heinrich von Sybel diesen Zustand einer vorhandenen Gleichheit ohne Einheit in Bezug auf das früheste Auftreten der deutschen Völker in der Geschichte charakterisirt. »Neben der Abwesenheit des Nationalgeistes«, sagt er, »tritt nicht minder deutlich die größte Gleichartigkeit der nationalen Substanz hervor.

Von diesen Menschen, die so geringen Trieb zur politischen Einheit haben, ist einer wie der andere beschaffen. Die Stämme des Nordens und des Südens, die Häuptlinge des ersten und des vierten Jahrhunderts sind sich zum Verwechseln ähnlich. Diese unterschiedlose Gleichartigkeit setzt sich weit in die Folgezeit fort. Bei der Berührung mit den Römern zeigen sich einige etwas roher, heftiger, gewaltsamer, andere etwas rascher, empfänglich für Staatswesen und Kultur; im Kern und Wesen aber sind es überall dieselben Leidenschaften, dieselben Neigungen, dieselben Charakterzüge, welche, höchstens graduell abgestuft, bei den verschiedenen Stämmen zum Vorschein kommen. Niemals in späterer Zeit ist Deutschland so arm an individueller Mannichfaltigkeit gewesen. Natürlich genug, denn erst auf dem Boden einer mannigfaltigen Kultur werden die individuellen Anlagen und Neigungen in ihrer feinern Nüancirung entwickelt und verdichtet. So ist überall in Germanien in der Urzeit im Wesentlichen der gleiche Götterglaube, die gleiche Rechtsentwicklung, das gleiche Verfassungsleben, die gleiche Kriegs- und Wanderlust, die gleiche Erregbarkeit und Bildungsfähigkeit. In hundert Fällen sieht man, daß Theile verschiedener Stämme auf das leichteste sich vermischen und neue Gruppen bilden, welche dann freilich wieder ebenso leicht einem weitern Scheidungs- und Mischungsprozeß verfallen.«

Die Lebensgewohnheiten, Berufs- und Lebensarten, die | socialen Zustände und endlich die politischen Verfassungen begründen in jedem Volke eine verschiedene Art und einen verschiedenen Grad des Zusammenlebens. Man kann sagen, daß hier in der verschiedenen Art des Zusammenlebens die wesentlichste Seite der Verschiedenheit der politischen Verfassungen enthalten ist. Die geringste Art des Zusammenlebens ist das Zusammentreffen in einem Centrum statt der Bewegung und Beziehung innerhalb der peripherischen Punkte. Alle Zuhörer z. B. einer

Predigt, oder alle, an die ein Gesetz vom Staat ergeht, sind nur im Centrum geeinigt; und auch hier würde es noch einen Unterschied machen, wie weit das Bewußtsein von dieser centralen Einigung verbreitet und mitwirkend ist. In der Despotie und absoluten Monarchie haben wir eine solche Beziehung der Massen nur zu einem Centrum. Der Despot herrscht über alle im Volk etwa wie eine Leidenschaft über die Vorstellungen im Einzelgeist, wenn nicht gar wie eine fixe Idee. Hier werden alle die einzelnen Vorstellungen in ihrer Bedeutung, in ihren Verbindungen und Trennungen regiert nicht sowohl nach den in ihrem eigenen Inhalt gelegenen Gesetzen und Antrieben, sondern allein von jenem Centrum, das in seiner anziehenden und abstoßenden Kraft dem gesammten Inhalt gewaltsam eine Gestaltung aufdrängt. In den aristokratischen Verfassungen haben wir das Bild herrschender Vorstellungen, welche auf die ganze Masse der geistigen Elemente leitend und regelnd einwirken. Die freie Bewegung aller psychischen Elemente aber, in welcher sich eine Sonderung und Verbindung je nach den Antrieben, welche in ihnen selbst gegeben sind, vollzieht, dergestalt, daß von unten auf, rein aus den objectiv gegebenen Beziehungen eine geordnete Einheit des geistigen Gesammtlebens sich entfaltet, bietet das Abbild der geordneten Republik. Wir verfolgen diesen Gedanken hier nicht weiter, weil eine Prüfung der verschiedenen Verfassungen nach ihren psychologischen Erfolgen und nach ihrer Angemessenheit für die verschiedenen Stufen der psychischen Bildung in der Folge einmal Gegenstand abgesonderter Betrachtung für uns sein soll.

Jedes wirkliche Zusammenleben der Geister ist von Erfolg; selbst die gegenseitige Offenbarung des völlig Bekannten und | völlig Gleichen zweier Geister, wobei man an Inhalt auf keiner Seite gewinnt, ist von Erfolg. Es entsteht nämlich auf beiden Seiten das Bewußtsein von dieser Gleichheit, ein Erfolg, der da von der allergrößesten

Wichtigkeit sein kann, wo man an der Gleichheit zu zweifeln Ursache gehabt hat, ein Erfolg, der sich messen läßt an der Kraft, welche aus dem Bewußtsein der Gleichheit entspringt; und diese Kraft pflegt sich für gemeinsames Handeln so vielfach zu steigern, als die Zahl der Individuen, Personen, Städte, Provinzen, ist, in denen die Gleichheit sich kundgibt. Es versteht sich aber von selbst, daß es selten bei diesem Erfolge allein bleibt. Wo die Menschen verschieden sind, wo der Lebensberuf sie individualisirt hat, da bringen sie neben dem gleichen einen differenten Inhalt zueinander, und das Zusammenleben hat Bereicherung, mindestens auf einer Seite, zur Folge.

Bereicherung ist nicht immer Verbesserung. Auch das Schlechtere kommt als ein neuer Inhalt und theilt sich mit. So kann Verderbniß entspringen. Ausgeschlossen ist durch wirkliches Zusammenleben nur der Stillstand.

Was durch das Zusammenleben jedenfalls und nothwendig geändert wird, ist jedoch nur die Masse des Bewußtseins, der Inhalt des Vorstellungskreises; die Masse allein aber bestimmt das Wesen der Personen noch nicht. Es gehört dazu, wie wir eben gesehen haben, auch die Art der Bewegung und Durchdringung derselben. Also kommt es auch wesentlich auf die Art des Zusammenlebens an. Wäre es möglich, einen vollständigen Einblick in die Geschichte des Zusammenlebens eines jeden Volkes zu gewinnen; könnte man die Arten und Grade desselben so bestimmt auffassen, daß sie sich als bestimmte Größenwerthe ausdrücken ließen; würde man so die Werthung eines jeden Volksgeistes rein aus der subjectiven und zeitlichen Form der innern Beziehungen seines Gesammtlebens darstellen: so würde sich dieselbe höchst wahrscheinlich als eine Gleichung darstellen zu derjenigen Schätzung eines Volksgeistes, welche man aus seiner schöpferischen und objectiv bleibenden Thätigkeit zu entnehmen pflegt, gerade wie man auch den individuellen

Geist eben so wohl durch die Art der Prozesse, d. h. der Bewegungen | seiner geistigen Elemente charakterisiren kann – eben so wohl, und vielleicht noch besser, als man ihn durch den Inhalt, welcher in diesen Prozessen bewegt wird, charakterisirt.

Wenn in dem von der Mitte des sechzehnten bis zur Mitte des siebzehnten reichenden Jahrhundert in Spanien das religiöse und das politische Leben von jeder Aeußerung einer freien Meinung abgeschlossen, wenn vollends etwa von Seiten der Philosophie mehr als scholastischer Redekampf und eine von der überlieferten Autorität der Kirchenmeinung abweichende Ansicht unerhört ist, andererseits aber in Bezug auf Poesie überhaupt und dramatische insbesondere die individuelle und freie Meinung im Volke bis zum demokratischen Extrem (einer ochlokratischen Despotie in Madrid unter Anführung des berühmten Schusters) sich geltend macht: so entspricht es diesen Zuständen des öffentlichen Lebens vollkommen, daß die Poesie sich bis zur glänzenden Höhe klassischer Vollendung ausbreitet, welche nur durch manche tiefe Schlagschatten aus jenem kirchlichen Gedankenzwang verdunkelt wird, das kirchliche und politische Leben aber einer immer größern Erstarrung entgegengeht.

Anmerkung. Die neuere Zeit zeigt einen besondern Trieb und Drang zu einem in allen Gebieten activen und bewußten Zusammenleben. Die Vereine verschiedenster Art, Juristentage, Kirchentage, Lehrerversammlungen, Naturforscher- und Philologengesellschaften usw. Noch fehlt vielfach das Bewußtsein, inwiefern diese Versammlungen Mittel zu einem Zweck sein sollen. Es sind meist noch ganz dunkle Vorstellungen, was eigentlich dabei herauskommen soll; aber sie enthalten ein vollkommen richtiges Streben. Man hört da oft, die Zusammenkunft habe zwar kein objectives Resultat; aber mindestens sei es gut, sich persönlich kennen zu lernen. In der That steht dieser subjective Zweck höher als der objective; und all das Drängen nach Zusammensein hat das Gute, zum Zusammenleben zu führen. Man wird allmählich schon inne werden, daß mit diesem Zusammenessen und Redenhalten wenig gethan ist; aber man wird dann auch die Formen finden, den wirklichen Inhalt des Zusammenlebens zu gewinnen. An der Sprache, den Sitten, den Institutionen, den Kunstwerken und Industrieerzeugnissen, an den Büchern und | Schriften aller Art besitzt man zunächst nur Centralpunkte zur Bildung der Gleichheit der Geister. Unterstützt von einer activen und persönlichen Bewegung bilden sie sich dann zu Elementen der Einheit aus.[1]

§ 3
Die Abhängigkeit

Alles geistige Leben beruht auf Beziehung, gegenseitiger Ergänzung. Die Nothwendigkeit und die Bedeutung dieser gegenseitigen Beziehungen wird im einzelnen Geist zunächst darin offenbar, daß der Inhalt der einzelnen Vorstellungen selbst sich ändert je nach seiner Zusammenschließung mit andern. Jede Vorstellung erleidet unter allen Umständen von denen, die mit ihr im Bewußtsein sind, einen Einfluß; einen Einfluß auf die Bestimmtheit ihres Inhaltes. Unter besondern Umständen tritt dieser Einfluß sowohl für neugebildete Vorstellungen, als für ältere, die wieder ins Bewußtsein zurückkehren, in derjenigen psychologischen Form auf, welche wir als Apperception bezeichnen. Als rein individuelle, einzelne Vorstellung bilden Newton und Goethe die von der Farbe nicht anders, durch kein anderes Mittel und auf keinem

---

[1] S[iehe] diese Zeitschr[ift] Bd. II, S. 409 ff. [In diesem Band S. 69 ff.]

andern Wege, als der gewöhnlichste Bauernjunge, nämlich kurzweg durch Sehen; aber dieselbe Vorstellung empfängt einen ganz andern Inhalt, wenn sie mit andern Vorstellungsmassen in Verbindung kommt, wenn Vorstellungen von Naturgesetzen, vom Licht, vom Prisma, von Schwingung ihr zur Seite gehen und sie in ihren Complex aufnehmen. So tief greift dies ein, daß wir gar nicht weit genug zurückgehen können, um auf das einfache, ganz individuelle, das ist ganz natürliche, von vorhandenen Vorstellungen unabhängige Sehen zu kommen. Soweit unsere historische Kenntniß des Allgemeinen, und unsere genetische des Individuums hinabreicht, geschieht es schon abhängig von appercipirenden Vorstellungen. In gleicher Weise nun erscheint jedes Individuum in Bezug auf den bestimmten Inhalt seines geistigen Lebens bedingt durch | die Gesammtheit, innerhalb deren es sich befindet, und durch die Stellung, welche es in ihr einnimmt. Betrachten wir den Bauern als Beispiel, weil sein geistiges Leben relativ das einfachste ist. Sein industrielles Leben, die Ackerwirthschaft zu betreiben, ist überall gleich; es ist mehr von der Natur und von der Beschaffenheit seiner Arbeit bedingt, als von seiner Persönlichkeit. Betrachten wir ihn aber als Glied der Gesammtheit, wie eine Vorstellung in Berührung mit andern Vorstellungen, obwohl ihr Gegenstand scheinbar derselbe bleibt (Farbe bleibt Farbe, und Bauer bleibt Bauer). Nun denke man sich ihn in einer Ackerbaurepublik, oder in einer Handelsaristokratie, in einer constitutionellen Monarchie, wo er als Soldat mitdient und als Bürger mitwählt, oder unter der gutsherrlichen Polizei und Gerichtsbarkeit, oder als feudalen Frohnbauern. Gerade wie dieselbe Vorstellung in verschiedenen Köpfen, so ist hier das geistige Leben des Bauern, sein Bewußtsein, seine Gesinnung, seine Stellung, sein Einfluß, sein Streben, alles, alles anders.

Wenn aus dem wahren Gedanken, daß der Gesammtgeist nur in den Einzelnen besteht, keine Irrungen erfolgen sollen, so kommt es wesentlich darauf an, den Gesichtspunkt festzuhalten, der uns hier entgegentritt, daß also der Einzelne auch das, was er als Einzelner ist, nur erst als Glied des Ganzen ist, daß er die Eigenschaften, die ihm zukommen, nur dadurch besitzt, daß er dem Ganzen angehört.

Dies Verhältniß der Abhängigkeit des Einzelnen von der Gesammtheit erstreckt sich aber in der That noch weiter. Nicht bloß die individualisirende Bestimmtheit, nicht bloß die Schattirung seines Lebensinhaltes empfängt der Einzelne von der Gesammtheit, sondern allermeist auch die Möglichkeit, diesen seinen Lebensinhalt überhaupt zu gewinnen. Es ist auch nicht bloß die Gelegenheit zur Anwendung und Bethätigung seiner individuellen Eigenschaften, durch welche der Einzelne von der Gesammtheit bedingt ist (denn der Redner setzt Zuhörer voraus, die ihn verstehen, der Feldherr Soldaten, die ihm folgen, auch der Gemeine eine Compagnie, in welcher er dient), sondern auch die Möglichkeit, sie zu erwerben und auszubilden, ist in gleicher | Weise bedingt. Der Einzelne wird ein Redner nicht als Einzelner, sondern nur in der Sprachgenossenschaft; er spricht diese Sprache als Glied dieser redenden Gesammtheit, er besitzt bestimmte Bürgertugenden nur als Glied dieser bürgerlichen Gesellschaft.

In theoretischer Beziehung geht dies so weit, daß wir uns den Menschen als vereinzelten gar nicht in einer Weise entwickelt denken können, welche mit der des geselligen Menschen kommensurabel wäre. Nicht bloß alles das, was Erfolg einer technischen, künstlerischen oder gar wissenschaftlichen Ausbildung, wird dem Einzelnen nothwendig von der Gesammtheit als Gegenstand der Erkenntniß entgegengebracht, sondern auch die Natur, wie sie Gegenstand seiner ganz unreflectirten, ungebildeten Erkenntniß ist und in den Kreis seines Lebens fällt. Der Mensch steht der Natur gegenüber, aber es gibt keinen Weg von ihm zu ihr, noch von ihr zu ihm, der so kurz wäre, daß ein Einzelner oder selbst eine Generation zu dem Ziele einer leidlichen Erkenntniß gelangen könnte. Die Gesellschaft, der Gesammtgeist, die Geschichte muß dazwischen treten, um die Brücke zwischen beiden zu bilden. Nur durch Tradition und Continuität der Entwicklung ist eine Erkenntniß möglich, vollends wenn diese irgend wissenschaftlicher Art sein soll. Jahrtausende nicht bloß eines Kulturlebens überhaupt, sondern sogar einer speciell wissenschaftlichen, forschenden Kultur hat es bedurft, um diejenigen Begriffe von den Dingen und Ereignissen der Natur zu gewinnen, welche wir heute unsern Kindern als sehr einfache Anschauungen durch Sprache und sonstige Anleitung beibringen. Der einzelne Mensch, und dächten wir uns das höchste Genie, würde nach den Erfahrungen der Geschichte zu diesen Begriffen niemals gelangen.

Anmerkung. Geben wir uns einen Moment der Hypothese hin, daß ein Mensch sogar Hunderte von Jahren mit der gewöhnlichen Sinnesschärfe alt würde, so erscheint es aus psychologischen Gründen auch dann noch zweifelhaft, ob er nur annähernd soweit kommen könnte, als eine Reihe von aufeinanderfolgenden Generationen gewöhnlichen Alters in der Hälfte derselben Zeit. Die Ueberlieferung des Vergangenen, beziehungsweise Fertigen, sammt der individuellen Combination desselben gehören gleichmäßig zum gedeihlichen Fortschritt.

Es gibt keine angebornen Ideen. Die Theorie, welche dieselben annahm, ist ebenso ungeschichtlich als unpsychologisch. Um die thatsächlichen Erscheinungen mangelhafter Entwicklung früherer Zeiten und niedriger Völker zu erklären, muß man zu der Annahme schreiten, daß diese angebornen Ideen so unentwickelt, so schlafend u. dgl. da sind, daß sie für die Entwicklung eben so viel bedeuten, als ob sie nicht da wären; und wo sie entwickelt erscheinen, muß die psychologische Analyse sich wiederum nach einer Fähigkeit umsehen, die angebornen Ideen auch anzuwenden, die Erscheinungen auf die Ideen zu vertheilen, eine Fähigkeit, welche bei näherer Beleuchtung gerade groß genug und geeignet ist, die Ideen eben so gut zu erzeugen. Auch Kant mußte, um von seiner allgemeinen Raumanschauung zur Erfassung einzelner räumlicher Dinge zu gelangen, die Einbildungskraft erst als ein vermittelndes Glied setzen. Der leibliche Genuß, das Bedürfniß ist das einzige ursprüngliche Band zwischen dem Menschen und der Natur; seine Grenzen aber sind sehr eng. Auge und Ohr und Gemeingefühl aber und allmählich auch die andern Sinne schreiten über diese Grenze hinaus. Es gibt keine angebornen Ideen; aber auch die Vorstellungen einzelner Dinge kommen nicht von außen, von den Dingen in die Seele; ihre Auffassung ist ein subjectiver, allmählicher Prozeß; die Formen sind subjectiv aber nicht *a priori;* und ein Wechselverhältniß von Inhalt und Form findet statt, dessen verschiedene Stadien sich historisch und genetisch auf verschiedene Generationen vertheilen.

Das Gleiche tritt uns in Bezug auf die praktische Beziehung des Menschen zum Leben entgegen. Die Philosophen reden von der Bestimmung des Menschen; sie forschen nach dem Zwecke seines Daseins und fordern, daß sein Sinn auf die Erfüllung desselben gerichtet sei. Die Einzelnen aber, mit Ausnahme etwa eben der Philosophen (und auch nicht aller) wissen wenig von dieser Bestimmung im Allgemeinen, von diesem Zweck als einem letzten. Die Einzelnen suchen ihr Fortkommen in der Welt, ihre Stellung in der Gesellschaft; sie trachten nach dem | Genuß und wählen einen Beruf des Lebens. Der Beruf, der erwählt, der Genuß, der erstrebt, die Stellung, die gesucht wird, sie sind alle dem Inhalt nach durch die Gesellschaft gegeben und abhängig von dem Bildungszustand, von den öffentlichen Zwecken und Einrichtungen der Gesammtheit. Bis auf die schöpferischen Genien, von denen besonders zu reden ist, kann der Einzelne zur Bethätigung seines Daseins eben nur irgend ein Fach ergreifen, dessen wesentliche Substanz und Beziehung zum Ganzen bereits gegeben, vor den Einzelnen da ist. Abgesehen also von jenen Glücklichen, die auf eine Wahl des Berufs verzichten, weil das Schicksal ihnen mit der Geburt zugleich Stand und Stellung angewiesen hat, die sie befriedigen; abgesehen auch von den Unglücklichen, denen keine Wahl bleibt, weil das Schicksal sie mit der Geburt auf ihrer Hände Arbeit angewiesen hat, wird auch von den übrigen Menschen der Zweck ihres Lebens nicht frei gesetzt, geschaffen, sondern nur erwählt, ergriffen. Die Gesammtheit ist es, welche die Ziele stellt und die Schranken öffnet. Gilt dies nun von jeder historischen Zeit, um wie viel mehr von jeder vorhistorischen. Da sind die Einzelnen noch viel weniger im Stande, sich etwa eine Aufgabe für ihr Leben zu schaffen; da rennen die Einzelnen noch viel mehr und unterschiedsloser in den bezeichneten Bahnen nach vorgesteckten Zielen, und entweder die Natur selbst oder die Gesellschaft, die Gesammtheit ist es, welche die Ziele stellt. Der zwecksetzende Geist des Menschen also, er lebt und besteht nur in der Gesammtheit. Ergreifen und erfüllen, auch fördern, klären, fortsetzen kann der Einzelne die Zwecke des Menschenthums, nicht schaffen; geschaffen werden sie allein durch das Ganze.

Nicht bloß die Bestimmtheit des Inhalts, sondern auch der psychologische Charakter der Vorstellungen ändert sich, je nachdem sie einzeln oder in Reihen, beziehungsweise in Massen verbunden sind. Nicht nur die *einzelnen*

Vorstellungen selbst erleiden andere Prozesse, je nachdem sie isolirt oder verbunden auftreten, sondern auch für die Reihen und Massen der Vorstellungen werden verschiedene Gesetze wirksam, je nachdem sie einander gegenüberstehen. Es braucht nur darauf hingedeutet zu werden, wie der ganze Bildungszustand eines Geistes psy|chologisch ein anderer ist je nach dem Grad der Innigkeit und Gegenseitigkeit dieser Verbindung, je nach der Beweglichkeit und Durchdringung der verschiedenen Reihen von Vorstellungen. Für den Gesammtgeist entspringt daraus auf analoge Weise ein eigenthümliches und merkwürdiges Verhältniß. Da er aus Individuen besteht, welche, als geistiger Inhalt betrachtet, nicht einfache Wesen, sondern erfüllt von mancherlei Gedankensystemen, dann von Gefühlen und Willen, von Gesinnungen und Wünschen sind, welche obendrein keineswegs immer eine solidarische Harmonie ausdrücken, so kann es geschehen, daß bestimmte Kreise von Individuen (A) mit bestimmten anderen Kreisen (B) in Bezug auf die eine Richtung, welche ein Gedankensystem in sich schließt, vereinigt, von einem andern Kreise (C) getrennt sind. Gleichzeitig aber kann A mit C in einer andern Richtung verbunden und von B getrennt sein. Demnach scheidet sich also der Volksgeist nicht bloß subjectiv in Gruppen von Individuen, die einer Längen-Theilung vergleichbar wären, sondern zugleich objectiv in Gruppen von Gedankensystemen, dann einer Quertheilung vergleichbar, und er ist dann so in allen Individuen, die dies trifft, nicht bloß verbunden, sondern auch durchflochten. Man denke nur an die Einheiten und Trennungen von Staat und Kirche, Staaten und Nationen, und an die Fusionen aller Art, welche auf dem Boden der Politik und aller Gemeinschaft entspringen. Das geistige Leben der Gesammtheit, wie das der Einzelnen stellt sich so als ein mannigfaltig verschlungenes Gewebe dar, dessen durchsichtige Erkenntniß zu den wichtigsten und schwierigsten Aufgaben der Psychologie, wie der Geschichte gehört.[1]

§ 4
Formen des Zusammenwirkens im Gesammtgeist

Es ist schon mehrfach darauf hingedeutet worden, daß sich die Einzelnen in ihrem Zusammenwirken zu einem Ganzen und in letzterem auf eine verschiedene Weise verhalten werden; wir haben einstweilen vier solcher, bestimmt von einander unterscheidbarer Formen und Arten der Wirksamkeit, vermöge deren | die Thätigkeit der Individuen eine geeinigte Gesammtheit ausmacht, zu kennzeichnen.

A. Die Thätigkeit der Einzelnen ist in Bezug auf die Absicht, die sie leitet, auf den Zweck, zu dem sie hinführt, eine schlechthin individuelle; das eigene (subjective) Bewußtsein von dieser Thätigkeit enthält keine Beziehung auf die Gesammtheit; jeder thut, was er thut, unmittelbar nur für sich.

Gleichwohl bilden alle Einzelnen – auch ohne Wissen und Wollen – durch ihre Arbeit eine Einheit. Erkannt also wird diese Einheit nur von einem höheren Standpunkt, als derjenige ist, auf welchem eben die Einzelnen stehen; aber dennoch ist diese Einheit nicht ein bloß subjectiver Gedanke des Betrachtenden, sondern sie besteht durch wirkliche, concrete, oft einflußreiche (causale) Beziehungen, welche objectiv in dem Thun der Einzelnen sich kundgeben, nur daß sie dem Bewußtsein derselben eben so, wie ihrer Absicht und ihrem Zweck sich entziehen. Dieses Verhältniß nun zwischen den Einzelnen und der

---

[1] Vgl. Herbart, Band IX, Seite 214f. [d.i. Herbart: Über einige Beziehungen zwischen Psychologie und Staatswissenschaft. In: SW IX S. 199–219.]

Gesammtheit ist, quantitativ betrachtet, das bedeutendste, ausgedehnteste. So verhalten sich alle Sprachgenossen zu einander; sie bilden eine Spracheinheit; aber der Einzelne will und weiß nichts davon, daß und in welchem Umkreis er mit den Andern eine Sprachgesammtheit ausmacht; jeder spricht das, was er zu sprechen hat, in seiner Sprache, aber daß er damit ein lebendiges Glied in der Sprachgenossenschaft ist, dies zu denken ist seine Sache nicht, gehört auch nicht zu seiner Eigenschaft als Sprechender. Und doch liegt – auch ohne entsprechendes Bewußtsein – in der Theilnahme Aller an dem Gebrauch der gleichen Sprache nicht bloß eine so bedeutende Beziehung der Nationaleinheit, sondern auch eine sehr wesentliche Bedingung für das eigenthümliche Leben einer Sprache. Denn wie sehr die in der Sprache gegebene Gesammteinheit nur in der durchgängigen *Gleichheit* aller Sprechenden zu beruhen scheint, (welche allerdings für sich allein schon wichtig genug ist, da sie den bestimmten Gleichwerth des allgemeinen, gegenseitigen, geistigen Verständnisses ausmacht), so tritt doch dazu noch der höhere Werth einer die Verschiedenheit in sich fassenden und verbindenden *Einheit;* die verschiedenen Berufsklassen nämlich | sind die Hüter und Pfleger verschiedener Theile des allgemeinen Sprachschatzes; und nur indem so Alle das Ganze erhalten und mehren, ist es auch für Jeden und für das Ganze da.

Man glaube ja nicht, daß es gleichgültig ist, ob die Kunstausdrücke der verschiedenen Gewerbe am Leben erhalten bleiben und ob die neuen Erfindungen durch neue Entdeckungen in der *eigenen* Sprache begleitet werden; eine zutreffende Bezeichnung für irgend ein Werkstück oder eine Hantirung eines Schiffers oder Schusters, eines Webers oder Maurers kann der springende Punkt werden in der Zeugung poetischer Anschauungen oder angleichender Gedanken. Die Fülle des Goetheschen Styls quillt gerade aus dieser Kenntniß und Beherrschung aller Theile des Sprachschatzes. Den Einfluß, den die Wissenschaft rein von der sprachlichen Seite auf den nationalen Geist ausübt, wenn sie sich seiner Sprache bedient, kann man sich nicht groß genug denken. Sie mag dabei immerhin Begriffe von weitverzweigtem Inhalt durch Kunstwörter aus fremden Sprachen ausdrücken; auch dies sogar ist nicht bloß ihr allein, sondern selbst der eigenen Sprache dienlich, indem sie lehrt, an ein Wort zu gleicher Zeit Fülle und Bestimmtheit des Inhalts zu knüpfen, die sich ursprünglich bei dem Worte der Muttersprache auszuschließen streben. Daneben schafft sie völlig ungesucht und meist unbewußt auch in der eigenen Sprache zahllose Kunstausdrücke, d. h. sie gibt vielen Worten neu und fest geprägten Inhalt, und den syntaktischen Formen verleiht sie, mehr als jede außerwissenschaftliche Redeweise, Geschmeidigkeit und Bestimmtheit. – Es gibt keine nationale Wissenschaft, so lange diese in fremden Zungen reden zu müssen vermeint.

Auch der Gebrauch der Dialekte neben der allgemein anerkannten Schriftsprache birgt eine Mannigfaltigkeit unter der um so mehr belebten Einheit. Die Art und Ausdehnung dieses Gebrauchs ist freilich eine unbestimmt fluthende. Sobald aber der Dialekt ausschließlich verwendet wird, und er die Kenntniß der allgemeinen Sprache verdrängt: so macht er sich in trennen|der Weise zu einer eigenen Sprache; die Einheit ist nicht mehr für das Nationalleben, sondern nur für den Sprachgelehrten da. Meist aber und glücklich gestaltet sich das Verhältniß so, daß eine Art von Vertheilung der Lebensgebiete auf Sprache und Mundart stattfindet, wobei der Gegensatz von Stadt und Land nahezu umgekehrte Ansätze der Größen aufweist.

In den norddeutschen Städten verhalten sich Schriftsprache und Mundart gewissermaßen zu einander wie

Berufsarbeit und erholende Beschäftigung der Muße. Alle innigen und zarten Beziehungen des Gemüthslebens, alle traulichen Bezüge des engeren Kreises, aller Scherz und Spaß im Allgemeinen und jede Neigung zur Derbheit im Besonderen flüchten sich in die vier Pfähle der Mundart; die Arbeit aber und der Verkehr, vollends alle öffentliche und wissenschaftliche Wirksamkeit tritt heraus auf den Markt der allgemeinen Schriftsprache. Wenn man auch in Hamburg oder Rostock in den Comtoirs und Werkstätten oft genug Plattdeutsch hört, so hat doch bei allen scharf ausgeprägten Erkenntnissen, bei allen formulirten und stipulirten Gedanken die Schriftsprache den Vortritt. Auf dem Lande aber sind es nur die ganz allgemeinen und rein idealen Gebiete des Lebens wie die Belehrung der Religion, wissenschaftlicher Unterricht, politische und gerichtliche Verhandlung, welche durch das Mittel der Schriftsprache erworben und erhalten werden. Aehnlich ist es in der Schweiz; nur daß sich die Städte der östlichen Schweiz zur Schriftsprache so hinneigen, wie die städtische Bevölkerung im Norden an der Weser und Elbe, die westliche Schweiz dagegen ist in der Mundart zugleich zäher und reicher, so wie die Landleute des Nordens.

In gleicher Weise bildet der ökonomische Betrieb aller Einzelnen eine Einheit, obgleich Jene sich derselben nur in den seltensten Fällen bewußt werden. Während Jeder nur seine eigenen ökonomischen Zwecke verfolgt und nur diese verfolgen will, bildet er, also ungewollt und ungewußt, zugleich ein Glied in dem Organismus eines Ganzen, dessen Dasein und Wirkungs|weise allerdings die Wissenschaft erst entdeckt, dessen thatsächliche Existenz aber mit der Gesetzmäßigkeit der inneren und gegenseitigen Beziehungen aller Theile objectiv gegeben ist.

Diese nationale Einheit des ökonomischen Lebens ist nicht bloß ein deutliches Abbild, sondern auch ein beträchtlicher Theil von dem einheitlichen Leben des Nationalgeistes überhaupt. Denn wie sehr es sich auch in allen ökonomischen Beziehungen nur um sogenannte materielle Dinge und Interessen zu handeln scheint, so sind doch in Wahrheit überall geistige Elemente Ursachen und Erfolge derselben; einerseits spielen in allem ökonomischen Betrieb, von der kunstmäßigen Industrie bis zum Lenken der Rosse und des Pfluges, von dem wissenschaftlichen Beruf des Arztes bis zum Küchenjungen und Ruderknecht, die geistigen Elemente der Vorstellung und des bewegenden Willens die überwiegende Rolle; und andererseits liegt in den Geschäftsweisen der Menschen, den daraus hervorgehenden Wünschen und Gesinnungen und danach gewählten Zwecken sowohl das Grundmaß für die Bestimmung aller *Werthe*, als auch für die Auswahl und Energie der ökonomischen Thätigkeit. Allerdings auf der Grundlage rein materieller Bedingungen und Bedürfnisse, welche, jedoch nur in sehr engen Grenzen, durchaus von einer unweigerlichen Nothwendigkeit beherrscht werden, erhebt sich, schon mitten in dem Kreise dessen, was man sinnlichen Genuß und sinnliche Arbeit nennt, ein Reich des Geistes und der Freiheit, eine Welt von Vorstellungen, welche in dem Ganzen der Nation durch Gleichartigkeit und gegenseitige Beziehung und Ergänzung eine Einheit bildet. Zu dieser Einheit also verhält sich jedes arbeitende und jedes verzehrende, also jedes ökonomische Individuum als ein Theil, ohne daß es sich dessen weiter bewußt wird.

Blickt man von dem, dem gewöhnlichen Auge allerdings leicht verschwindenden, Einzelindividuum irgend wie auf größere Massen, dann ist die geistige Einheit im national-ökonomischen Leben, und die Art, wie die Gesammtheit und die Einzelnen einander fortwährend bedingen, leicht erkennbar. Es verschwinde z.B. in einem civilisirten Volke in den höheren Ständen der | Sinn für Luxus, oder in niederen der Fleiß und die Bescheidenheit des Lebensgenusses oder in den mittleren die schaffende geistige Regsamkeit, und das national-ökonomische Bild desselben wird sogleich ganz andere Züge annehmen.

Auch abgesehen von den ökonomischen Bedingungen und Erfolgen bildet die erzeugende und ordnende Thätigkeit des menschlichen Geistes eine Einheit innerhalb einer jeden nationalen Gesammtheit, voll von Gleichartigkeit, Bedingtheit und Ergänzung aller Einzelnen durch einander. Aber auch hier erstreckt sich das Bewußtsein der Individuen von ihrer Abhängigkeit und Mitwirksamkeit meist nur auf die nächsten Maschen des weithin geflochtenen und überall zusammenhängenden Netzes der Gesammtheit; daß sie vollends mittelbar oder unmittelbar am Ganzen mitarbeiten, entgeht ihrem Blick. Und doch beruht auf dieser Vertheilung der gesammten geistigen Thätigkeit an die Einzelnen und Einzelmassen zum allergrößesten Theil die politische Ordnung oder ständische Gliederung Aller.

Da es sich hier um geistige Kräfte und Elemente handelt, liegen Quantität und Qualität, Anzahl und Bedeutung meist im Gegensatz zu einander. Die Größe dieses Gegensatzes, die verschiedenen Verhältnißzahlen, durch welche er ausgedrückt wird, stellen sich bei den verschiedenen Nationen und Zeiten sehr deutlich heraus[,] nicht bloß in der politischen Verfassung, in der Vertheilung der politischen Rechte, also überhaupt in der politischen, sondern auch in jeder anderen geistigen Schätzung. Und hierin liegt wiederum eines der bedeutenden Unterscheidungszeichen der verschiedenen Nationen von einander; nur daß die Betrachtung bei civilisirten Völkern eine feine Rechnung erfordert.

Anmerkung. Je fruchtbarer dieser Gedanke zu werden verspricht, desto eher mag es gestattet sein, noch einige

Sätze flüchtig und lose daran zu fügen. Die Anzahl ist, obwohl es sich nur um Geistiges handelt, nicht gleichgültig. Sie ist es auch im individuellen Leben des Geistes nicht; denn die meisten unserer Erfahrungssätze sind für uns so einflußreiche und zu|verlässige Wahrheiten nur deshalb, weil sie gleich oder gleichartig so oft wiederkehren, obwohl man bei genauer Erwägung sagen müßte, daß sie an logischer Schärfe oder Sicherheit durch die Wiederholung nichts gewonnen haben.

Es spielen aber hier in der individuellen Seele, wenn auch nicht gleiche, so doch ähnliche Beziehungen zu Gunsten der größeren, gleichartigen Vorstellungsmassen, wie zu Gunsten der zahlreichen, ob auch niederen Stände in der Gesellschaft.

Die Gleichartigkeit aber und das Bewußtsein von derselben ist die Bedingung für die größere Macht der größeren Anzahl. Die Masse eines Standes mag factisch noch so groß sein, sie ist von Einfluß nur nach dem Maße, als sie sich ihrer als Masse bewußt ist. Die Erzeugung dieses Bewußtseins wird durch einfache psychologische Gesetze in der Gesellschaft, wie in der Seele, unterstützt. Meist ziehen nun die Einzelnen sich zu Massen an, und das Bewußtsein der Gleichartigkeit hat noch nicht die Erkenntniß der Stelle, welche zum Ganzen eingenommen wird, zur Folge, sondern lediglich eine abstracte Zusammenschließung und oft Abschließung nach außen.

Gründung, Erhaltung und Aufbesserung ihrer socialen Stellung ist durch beides – und beides ist gegenseitig zu einander – durch wachsenden Inhalt und Anzahl und durch steigendes Bewußtsein bedingt.

Eben hieraus aber ergibt sich als Folge, daß es von der allergrößten Bedeutung ist: wie und worin eine Masse das Wesen der Gleichartigkeit setzt; welche Massen also, in welchen Grenzen und aus welchen Gründen sich als geeinigt auffassen.

Die Entwicklungsgeschichte des dritten Standes bietet auf jedem Blatt einen historischen Commentar zu diesen Sätzen, und sie wiederum können, weiter durchgebildet, einen Schlüssel des Verständnisses für jene abgeben.

Zu dem oben genannten Gegensatz von Anzahl und Bedeutung der Personen muß man einen zweiten, nur theilweise damit zusammenfallenden hinzunehmen, nämlich den von geistigen und materiellen Kräften. Es sind aber durchaus nicht etwa die *rein geistigen* Kräfte, die Intelligenz und Energie, welche im umgekehrten Verhältniß von Anzahl und Bedeutung über | die materiellen Massen herrschen; sondern nur diejenigen geistigen Potenzen, welche unmittelbar an materielle sich anlehnen, diese in Dienst nehmen; diejenigen also, deren Zweck und Richtung überhaupt nicht das Geistige selbst, sondern eben diese unmittelbare Beherrschung des Sinnlichen ist. Daher die kriegerisch und politisch und social herrschenden Stände keineswegs immer die nationalen Vertreter der Intelligenz als solcher sind.

Aber nicht bloß diese specifische Art von geistigen Elementen ist besonders ins Auge zu fassen, wenn von der Gliederung des Nationallebens die Rede ist; sondern es muß überhaupt als geistige Mächte erkannt werden, was an sich und geistig oft sehr ohnmächtig ist; die geistige Bedeutung beruht eben meist nur zum allergeringsten Theile auf Seiten dessen, der bedeutet, viel mehr aber auf Seiten dessen, für welchen er bedeutet. Mit einem Worte, jene Unterschiede und Gliederungen, welche wir wesentlich als sociale Ordnung bezeichnen, bestehen weitaus überwiegend durch geistige Verhältnisse und in denselben; aber diese Verhältnisse, welche etwa den Einen ein Uebergewicht geben, beruhen nicht sowohl auf dem factischen Uebergewicht, das diese durch ihre Thätigkeit erzeugen, sondern mehr noch darauf, daß die Andern es ihnen beilegen. Ursprünglich wohl durch thatsächliche

Verschiedenheit der geistigen Bedeutung, namentlich wegen ihrer Verflechtung mit materieller Kraft, erzeugt, erben sich gleiche Beziehungen in der Gesellschaft fort, welche wesentlich durch das Bewußtsein sowohl der Klassen von sich selbst, als namentlich von den andern erhalten werden. –

Auch in Bezug auf das moralische und religiöse Leben findet thatsächlich eine Zusammengehörigkeit aller Individuen in der nationalen oder kirchlichen Gemeinschaft statt, während das Bewußtsein davon in den meisten Menschen durchschnittlich sehr wenig entwickelt ist. Die Einzelnen pflegen ihre moralische Verpflichtung zu fühlen, sie zu erfüllen oder zu verletzen, ohne zu wissen, daß sie in ihrem Thun etwas für die Gesellschaft thun; und mit der religiösen Gesinnung stellt ein Jeder sich seinem Gotte gegenüber, ohne in ihr eine gesellschaftliche Leistung zu erkennen. Moral und Religion erscheinen als eigentliche Privatsache. |

Daß in Wahrheit die, scheinbar ganz individuelle, moralische Führung und religiöse Auffassung des Lebens durch alle Abwandlungen der statistischen Zahlenverhältnisse und die Schattirungen der sittlichen Qualität die wesentlichsten Züge im Bilde eines Nationalcharakters ergibt, dies braucht nicht erst bewiesen zu werden.

Fast eben so groß und darum überall der historisch-psychologischen Prüfung werth ist eben der verschiedene Grad des Bewußtseins von der Zusammenschließung der Individuen zur Einheit der Gemeinschaft in ihrem religiösen und sittlichen Leben. Wenn es z. B. auf den ersten Blick scheint, als ob Maß und Grund für die Grade dieses Einheitsbewußtseins in der Dogmatik selbst gegeben seien; daß eben deshalb der Protestantismus in der größeren persönlichen Verantwortung und Wirksamkeit des Einzelnen den Individualismus begünstigt, wie auch wahr; der Katholizismus dagegen durch Concentration aller religiösen Elemente im Kirchenbegriff mehr das Einheitsbewußtsein erhält, wie nicht minder wahr: so sind diese Thatsachen in ihrer Bedeutung doch einer weit genaueren Prüfung zu unterwerfen, und solche Erscheinungen zu beachten, wie die, daß gerade im katholischen Italien sich zu allererst und in der größten Entfesselung der moralische und religiöse Individualismus entwickelt hat, während innerhalb des Protestantismus einzelne Sekten, insbesondere die Herrenhuter, den höchsten Grad von Gemeinschaftlichkeit sowohl in den Gemüthern als in den Institutionen erzeugt haben.

In allen diesen Beziehungen also sehen wir die Lebenselemente der Individuen, aus denen die Gleichartigkeit, Zusammengehörigkeit und mit einem Worte die Einheit Aller hervorgeht, während diese und das Verhalten der Einzelnen zu ihr sich dem Bewußtsein derselben mehr oder weniger entzieht.

Gewissermaßen als das Extrem dieses Verhaltens und dieses Mangels an Einheitsbewußtsein haben wir hier schließlich eine Erscheinung zu betrachten, welche, wie man bald sehen wird, eigentlich in die folgende Klasse (B) des Zusammenwirkens gehört. Nämlich auch da, wo es sich um eine eigentliche politische Leistung handelt, mitten im politischen Leben also, finden | wir zuweilen dennoch den Mangel an Gemeinsinn das Bewußtsein und die Interessen beherrschen. Von solcher Art ist vielfach noch bis auf den heutigen Tag und war in einem ungleich größeren Maße etwa im vorigen Jahrhundert das Verhalten der Steuerzahler. Obwohl sie doch nun offenbar eine Leistung für den Staat vollziehen, orientirt sich ihr Bewußtsein nicht in der thatsächlichen Beziehung zum Staat. Sie zahlen ihre Steuern an den eigenen Staat mit keiner anderen Gesinnung als mit welcher der Schiffer im fremden Gewässer, der Kaufmann an fremden Grenzen die Zölle erlegt: widerwillig und gezwungen.

Der Staat und seine Forderung erscheint ihnen lediglich als die harte Nothwendigkeit, wie eine Naturbestimmung; sie denken von den Steuern wie von der Kälte des Winters, man muß eben einheizen und zahlen. Das Bewußtsein dieser Bürger ist nicht hinreichend und nicht dazu hingeleitet, das Ganze in sich aufzunehmen und sich selbst nur als einen Theil zu betrachten, der eben in dem Ganzen erst sein wahrhaftes Eigenes ist und besitzt. Der Staat ist eine moralische Persönlichkeit; wessen Bewußtsein aber unfähig ist, sich zu dem Gedanken einer solchen zu erheben und sich selbst als Glied derselben zu fassen, der sieht im Staat nichts Moralisches und nichts Persönliches.[1]

B. Die zweite Art der Zusammenwirkung der Individuen für das Allgemeine ist nun da, wo die Einzelnen ihre Thätig|keit – ganz oder theilweise – im Dienste des öffentlichen Geistes und Lebens vollziehen. Sie hören dabei nicht auf für sich als Einzelne persönlich zu arbeiten, auch der Grund, weshalb sie diese öffentliche Arbeit übernehmen, ist meist ein persönlicher; um dafür eine Gegenleistung (Besoldung) von der Gesellschaft, oder

---

[1] Die leidige Thatsache, daß ein ganz beträchtlicher Bruchtheil unserer Staatsbürger, alles Uebrige gleich gesetzt, viel eher den Staat als einen Privatmann übervortheilen wird, ist ein eben so deutliches als schlimmes Kriterium von dem Stand des politischen Gemeinsinnes. Von allen Gründen, die man für das Factum anzuführen pflegt, ist nur der eine wahr und bedeutsam, daß man derjenigen energisch gedachten Vorstellung entbehrt, welche den Alten so geläufig war, daß der Staat eine der Verehrung wie der Verletzung im höchsten Maße fähige, über die Würde des Einzelnen weit hinausragende, geeinigte Persönlichkeit sei.

Die Gründe für diesen Mangel sind in der Geschichte der letzten Jahrhunderte unschwer zu entdecken. Für die Pädagogik aber liegt hier die Aufgabe, die Gefühle und Vorstellungen des Patriotismus nicht immer bloß in der traditionellen Weise an Kriegsruhm und Vaterlandsvertheidigung anzuknüpfen.

Ehre und Würde u. dgl. zu erlangen; aber das Wesentliche in ihrer Thätigkeit bleibt immer dies, daß Inhalt und Zweck derselben dem Allgemeinen gewidmet ist. Die Persönlichkeit des Einzelnen (und seine Absicht) tritt gleichsam hinter seine Leistung zurück, sie wird gleichgültig dem gegenüber, was sie, beauftragt oder aus freier Wahl, für das Allgemeine vollbringt. Von solcher Art ist offenbar die Thätigkeit aller eigentlichen Beamten, der Richter, der Geistlichen, der öffentlichen Lehrer.

Von allen Formen des öffentlichen Dienstes, welche das heutige Leben der Gesellschaft aufweist, sind vielleicht die Akademien der Wissenschaft darin die reinsten, daß es sich nicht wie beim Richter um die Partheien, beim Lehrer um die Schüler, sondern allein um Schöpfung und Darstellung des Wissens als eines allgemeinen Gutes des Nationalgeistes handelt.

Von gleicher Art ist aber ferner alle wissenschaftliche Thätigkeit, so weit sie irgendwie schöpferisch ist (denn die aufnehmende Beschäftigung gehört zu A), alle monumental künstlerische Arbeit, die Journalistik und das Schriftthum im weitesten Sinne. Hierher gehört aber auch alle gemeinnützige Thätigkeit für moralische und religiöse Zwecke, wie sie in den mannigfaltigen Vereinen gepflegt wird, desgleichen die öffentliche Sorge für Pflege der Kunst, für Förderung der Wissenschaft. Für jede Gesellschaft wird es nun vor allem charakteristisch sein, in welchem Maße überhaupt diese Thätigkeit für den öffentlichen Geist ausgeübt, wie mannigfaltig sie gestaltet, ob und in welcher Art sie gegliedert ist, d.h. ob überhaupt die Fäden dieses mannigfachen Wirkens irgend wo zusammenlaufen, und ob sie mit Bewußtsein zu einem Ganzen verwebt sind. In dieser Beziehung erscheint, wenn nicht das Perikleische Zeitalter, so doch jedenfalls Perikles selbst als ein Ideal, das nicht wieder erreicht ist. |

Die Frage nach dem Maße, in welchem die einzelnen Mitarbeiter von ihrer Stellung in dem engeren, und, je höher hinauf, auch von dem weiteren Ganzen, an dem sie arbeiten, ein Bewußtsein haben, wird mit der allgemeinen Frage nach der Tüchtigkeit ihrer Leistungen überhaupt wohl zusammen fallen; von besonders charakteristischem Gehalt aber ist die Frage nach der Gesinnung, mit welcher die Einzelnen für die Gesammtheit arbeiten.

Von den Römern der republikanischen Zeit wird man behaupten dürfen, daß jeder Bürger, vielleicht schon jeder Knabe, den ganzen Organismus seines Staatslebens gekannt hat; sowie, daß unbedingte Hingebung an denselben und Sorge für sein Heil nicht bloß die höchste, sondern eigentlich die alleinige Tugend gewesen ist. Bei uns aber ist die bloße Kenntniß der Staatseinrichtungen – über die Magistrate, denen man unmittelbar untergeordnet ist, hinaus – schon ein Act politischer Tüchtigkeit.

Auch die Thätigkeit, deren Inhalt und Zweck das öffentliche Leben ist, wird von Individuen vollzogen; in diesen ist nothwendig das Zwiefache des persönlichen und des allgemeinen Zweckes das Leitende; ihre Absicht ist mehr oder minder von dem öffentlichen oder dem eigenen Interesse erfüllt. Von dem Maße aber, in welchem das eine oder das andere der Fall ist, von der Gesinnung und Hingebung für das Allgemeine, von der Art, wie die Individuen das Allgemeine für den persönlichen oder die Person für den allgemeinen Zweck in Bewegung setzen, hängt mehr, als von allen anderen Verschiedenheiten, das Wohl des Ganzen ab. Nur wenn die individuellen Personen sich als Organe des öffentlichen Geistes betrachten, wenn sie es wissen und wollen, daß in ihrem Leben und Thun nur der Zweck des Allgemeinen sich bewege und bewähre, nur dann kann von einem eigentlichen Leben des öffentlichen Geistes geredet werden. Mögen im anderen Falle die Leistungen der Einzelnen noch so geschickt und präcis sein: sie bilden nur eine Summe lebloser Werke. Im gerechten Richter lebt die Gerechtigkeit, im ungeheuchelten Vortrag der Wissenschaft lebt die Wahrheit, in der | lauteren Predigt lebt die Frömmigkeit des nationalen Geistes; in den Lohndienst persönlicher Zwecke gestellt, wird alles dieses Höchste des Menschenthums erniedrigt.

In dieser Beziehung wird es also für eine jede Gemeinschaft charakteristisch sein, zunächst in welchem Verhältniß die Anzahl der nur leidend Angehörigen zu der der thätig Mitwirkenden steht. Sodann ob die Dienste, welche dem Allgemeinen geleistet werden, überall besoldete oder unbesoldete sind, und in welchem Verhältniß der öffentliche Sold für öffentliche Leistungen zu dem durchschnittlichen Erfolg der Privatarbeit steht, ob einerseits Stellenjägerei von unten und Nepotismus von oben sich entwickelt und so die öffentlichen Zwecke immer wieder zu Privatinteressen herabsinken, oder andererseits die Gesammtheit unbezahlte Leistungen von den Einzelnen entweder wie ein Almosen empfängt oder Aemter und Würden als gesuchte Ehren vertheilt. Ob der Clerus in den Gemeinden steht oder über denselben, ob die Laien activ oder passiv zur religiösen Gemeinschaft gehören, bestimmt wesentlich die specifischen Werthe des religiösen Zusammenlebens. Für die Gesellschaft in geselliger und sittlicher Beziehung ist es charakteristisch, in welchem Maße die egoistische Absonderung überwunden ist, in welcher Zahl und in welcher Art, nach welchen Motiven die Einzelnen zu gemeinnützigen Zwecken verbunden sind, und wie weit diese Genossenschaften Sinn und Richtung zum allgemeinen Ganzen bewähren. Das Verhältniß der Mitglieder von Wohlthätigkeitsvereinen zu den Einwohnern ist in den letzten Jahren

in Frankreich 1 : 76,
in Belgien 1 : 66,
in d[er] Schweiz 1 : 17,
in England 1 : 9.[1] |

Selbst wenn man sich alle diese Vereine nur als Almosengeber vorstellte, wäre es thöricht, in ihnen nur eine materielle Leistung zu erblicken und zu übersehen, wie sich in ihnen Fäden des sittlich-geistigen Zusammenlebens spinnen. Schon das Geben mit Wohlwollen und mit Dank empfangen, und noch mehr die Gemeinschaft zum Geben stiftet echt menschlichen Zusammenhang zu gegenseitiger Ergänzung und Erhebung. Denkt man sich aber die anderen, vielfach über materielle Unterstützung hinausgehenden Motive der gemeinnützigen Vereine noch vertieft, erweitert und verstärkt, so sieht man eine in vorigen Jahrhunderten völlig unbekannte Gestalt der Gesellschaft sich entwickeln, welche, ohne irgend einen Grund zum Kampf gegen den Staat, nur unabhängig von ihm, Resultate des Zusammenlebens erzielt, für welche keine seiner Formen ausreichend war.

C. Von besonderer Art und Bedeutung ist das Zusammenleben darin, daß und wie die Gesammtheit umgekehrt für den Einzelnen und damit zugleich auf denselben wirkt. Hierher gehört sogleich für die jüngeren Lebensjahre des Individuums die Erziehung, in wie fern sie ihm durch die Gesellschaft und deren Vertreter zu Theil wird. Später ist es vor allem der Schutz des Eigenthums, der

---

[1] Wenn diese Zahlen auch aus guter Quelle geschöpft sind, so leiden sie doch wahrscheinlich an dem Mangel, daß die *Bezeichnung* der Vereine wegen der Haupt- und Nebenmotive in verschiedenen Ländern sehr verschieden ist. Käme es hier auf mehr als eine bloße Exemplification an, dann müßte dem auch genauer nachgeforscht werden.

Person, des Verkehrs im Innern des Landes und außer demselben, welcher vom Ganzen jedem Theil gewährt wird. Aber auch alle unmittelbaren und mittelbaren, geistigen und materiellen Förderungen, welche das Individuum empfängt für seine Bildung, seine Schöpfung und Verwerthung. Der größte Einfluß aber, den jede Gesellschaft auf das Individuum ausübt, liegt schon vor aller praktischen Einwirkung und über dieselbe hinaus in dem bloßen Urtheil, das sie unausgesetzt über dasselbe fällt, und ihm zum Bewußtsein bringt. Von diesem Urtheil ist jeder Einzelne in seinem Schaffen und Handeln unweigerlich wie von der Atmosphäre umgeben; es umschwebt ihn richtend und lohnend, dadurch spornend und zügelnd; es bildet in ihm die stärkste Triebfeder der Ehre und jene für die Gesellschaft durch nichts zu ersetzende Zuversicht des öffentlichen Gewissens. |

In allen diesen Beziehungen der Gesammtheit und ihrer Wirksamkeit auf den Einzelnen ist der Erfolg in den letzteren und die Rückwirkung auf das Ganze abhängig von dem Maße, in welchem die Gesammtheit als Ganzes oder nur einzelne Theile, welche die zufällige Umgebung des Individuums ausmachen, sich wirksam erweisen; und wenig verschieden hiervon ist dann der weitere Unterschied, ob die Gesellschaft als organisirte auf den Einzelnen wirkt, von Diesem also in dem Einfluß, den er erfährt, als Urheberin aufgefaßt wird, oder nur in zerstreuter Weise, zwar factisch aber nicht einheitlich, dem Individuum gegenüber steht. Ob also das Recht im Namen und nach Institutionen des Ganzen, wenn auch durch einzelne Richter, gehandhabt, oder in particulärer Weise geübt wird (die orientalische Gerichtsbarkeit durch den Kadi des Ortes, Patrimonialgericht in verschiedenen Abstufungen, Erkenntniß im Namen des Königs oder des Gesetzes); ob der Unterricht von Einzelnen zu Einzelnen, wie ein Privatgeschäft, oder auf öffentlichen Anstalten, durch öffentliche Lehrer und Mittel vollzogen wird; ob Kunstanschauung und Kunstlehre durch vereinzelten Besitz und Uebung des Einzelnen dargeboten wird, oder als ein Ausfluß der öffentlichen Verwaltung da steht; – das sachliche Resultat mag in all diesen Fällen für die Sicherung, Bildung und Anregung der Individuen vollkommen das gleiche sein: der Geist der Gesellschaft, die Pflege des Gemeinsinns und dadurch allerdings mittelbar auch die Art der Rückwirkung auf das Ganze wird ein durchaus verschiedener sein. Bei dem Schutze, den die Gesellschaft dem Angehörigen im In- und Auslande gewährt, kommt es wesentlich darauf an, wie groß, wie zuversichtlich und wie deutlich derselbe dem Individuum zu Theil wird.[1] |

Für den staatspsychologischen Erfolg ist auch dies von wesentlicher Bedeutung, ob die Leistung irgend welcher idealer Art, die das Ganze dem Einzelnen zuwendet, mit einem Preise bezahlt werden muß, ob sich der Staat hier wie eine bloße Handels- oder Actiengesellschaft verhält (Geleitzoll, Schulgeld, welche von bloßen Sporteln verschieden sind), oder die Ordnung der Einnahmen und Ausgaben so gestellt ist, daß hier wie dort alles Einzelne aus dem Gesichtspunkte des Ganzen gefordert und geleistet wird. Es handelt sich überall darum, daß der Einzelne in all den Einflüssen und Förderungen, die er aus dem Zusammenleben mit Andern für seine eigene Bildung und Bethätigung empfangen

---

[1] Die Anschauung des Sokrates von den Gesetzen (im Platonischen Kriton) sollte, mehr als es geschieht, durch alle Schulen des Landes als ein wesentliches Stück der Erziehung gelehrt werden. Wenn sie dort im Zusammenhange mit der tragischen Verwicklung etwas wahrhaft Rührendes hat, | so sollten die Staatslenker daran denken, daß ihre Erhabenheit in den Gemüthern der Jugend verbreitet, aber auch in denen der Männer so selten als möglich verletzt werde.

muß, das Ganze als ein System ineinanderwirkender Kräfte erkenne, welches auch in sein Leben mit einer bestimmten Wirksamkeit einmündet, diese Beziehung zum Ganzen aber nicht auf die Stufe eines Privatgeschäfts herabgedrückt werde.

Auch das öffentliche Urtheil mit seinen tief eingreifenden Wirkungen auf die ganze Stellung der Individuen in der Gesellschaft nimmt in ihr allerlei mehr oder minder feste oder flüssige Formen an, bei denen es wesentlich ist, wie sehr sie ein treuer, bestimmter und erkennbarer Ausdruck des Allgemeinen. Hierher gehören Orden, Preise, Medaillen, Denkmäler, Ehrenbürgerrechte, Bürger- und Dichterkrönung usw., nebst den viel feineren, im Erfolg gewichtigeren, im Ursprung aber unwägbaren Elementen der Achtung, des Ansehens, des Ranges, des Einflusses. Von der weithin tönenden Stimme der Presse, welche als der vollmächtige Minister des Königs der öffentlichen Meinung erscheint, bis herab zum unwillkürlichen Gruß des Geachteten webt die Gesellschaft unaufhaltsam an dem Kleide des Rufes eines Jeden, das ihm seine Stelle in ihr anweist. Durchaus charakteristisch für ein Gemeinleben ist es, wie weit und wie sicher das Urtheil über den Einzelnen je nach seiner Bedeutung aus dem Gesichtspunkt und aus der Quelle des Allgemeinen hervorgeht, und welche freie oder feste Formen dies dafür geschaffen hat (China, Frankreich, Römische Triumphe, Spiele der Griechen usw.) Für alle diese Beziehungen wird in der Größe oder Kleinheit des betreffenden Gemeinwesens zwar nicht der alleinige und zureichende Grund, wohl aber eine wesentliche Veranlassung zu der Verschiedenheit der Einwirkung des Ganzen auf den Einzelnen zu erkennen sein; alles Uebrige gleich gesetzt, wird dort das Maß und hier der Grad, dort die Ausdehnung und hier die Innigkeit der Einwirkung größer sein.

D. Endlich ist diejenige Art des geistigen Zusammenlebens zu nennen, in welcher die Verbindung aller Einzelnen zu einem Gesammtgeist so offenbar ist, daß man ihn am frühesten darin, und langehin darin allein, erkannt hat: da nämlich, wo alle Einzelnen in gemeinsamer Thätigkeit für einen öffentlichen Zweck sich befinden, wo der Inhalt und das Interesse der Wirksamkeit überhaupt nicht im Individuum als solchem, sondern nur in der Gesammtheit gegeben ist, wo Alle in der Art und Gesetzmäßigkeit ihres Thuns zusammengeschlossen sind. Zwar sind es immer einzelne Personen, welche thätig sind; aber die Kräfte sind so zur gemeinsamen That geeinigt, Antrieb, Richtung und Ziel derselben ist so sehr im Allgemeinen gegründet, daß das Walten des Gesammtgeistes in allen Einzelnen ihnen offenkundig und unmittelbar bewußt ist. Von solcher Art ist die Vereinigung der Bürger zur Vertheidigung des Vaterlandes im Kriegsheer, oder zur Vollziehung der gesetzgebenden Thätigkeit, beziehungsweise zur Wahl der Abgeordneten für dieselbe. Hier ist, wie gesagt, der Inhalt und der Zweck, die Handhabung und das Ziel, Anfang und Ende aller Thätigkeit so sehr und so offenbar im Allgemeinen gegründet, daß auch Irrthum und Beschränktheit die Geister nicht zu isoliren vermögen; in Allen vielmehr ist das Bewußtsein vorhanden, daß es sich nur um das Ganze handelt. |

Weniger in die Psychologie, als vielmehr in die Pathologie der Gesellschaft ist es daher zu registriren, wenn es der Niedrigkeit der Gesinnung gelingt, auch auf diesen, aller Particularität fern liegenden Gebieten den Pfahl des Egoismus in das Fleisch des Organismus der gesunden Gemeinschaft zu drängen.

In eigentlichen Volksfesten, namentlich historischen Erinnerungsfeiern, in Volksversammlungen u. dgl. haben wir Bedingungen und Erfolge dieser Art von unmittelbarer Wirksamkeit des Gemeingeistes zu erkennen.

Anmerkung. Es ist durchaus nicht unsere Meinung, daß der Mangel an Bewußtsein, den wir als charakteristisch für die erste Art des Zusammenwirkens der Einzelnen zur Gesammtheit bezeichnet haben, auch wirklich nothwendig ist. Im Gegentheil möchten wir es als einen praktischen Erfolg unserer Betrachtung ersehnen, daß dieser Mangel als solcher erkannt, und durch Erziehung und Unterricht ergänzt werde. Die Erweckung des Bewußtseins von der Einheit durch deutliche Hinweisung auf dieselbe wird meist von wirkungsreichen Folgen begleitet sein; überall und im Allgemeinen wird sie eine Stärkung des Nationalbewußtseins erzeugen. Sie kann aber auch im Besonderen fruchtbar werden. So hat sich z. B. für uns Deutsche bei der Wende des letzten Jahrhunderts der Gebrauch der Muttersprache, durch das Bewußtsein, in ihr, trotz aller specifischen Vorzüge anderer Sprachen, die edelste Redeweise zu besitzen, zu einer nationalen Pflicht erhoben. Nicht minder erscheint die Sorge für Erhaltung der Reinheit und des Adels, beziehungsweise für Veredlung, der eigenen Sprache gleichsam als ein moralischer Anspruch, den die Nation an jeden Redenden und noch mehr an jeden Schreibenden hat; ein Anspruch, dessen Grenzen von den Sprachreinigern verkannt werden, dessen Berechtigung aber von so Vielen, lediglich in Folge von Geistesträgheit, so sehr verletzt wird, daß, trotz unsäglicher Besserung, dennoch der alte Vorwurf mangelnden Nationalbewußtseins darin eine neue Begründung findet. Daß sich das Gleiche für die anderen Beispiele der ersten Form des Zusammenwirkens eben so sicher ergeben werde, bedarf keiner weiteren Ausführung. |

§ 5
Analoge Formen im Einzelgeist

Zur Erläuterung des vorigen Paragraphen und zur weiteren Anregung in diesem Gedankenkreise will ich noch die Analogie dieser verschiedenen Arten der Wirksamkeit im Zusammenleben mit denen der einzelnen Vorstellungen im Ganzen eines individuellen Geistes folgen lassen.

A. Alle Vorstellungen haben zunächst und unmittelbar ihre Bedeutung in dem Inhalt, der durch sie, als einzelne betrachtet, vorgestellt und dem Bewußtsein angeeignet wird. Es läßt sich aber bei einem weiteren Blick auf den Schatz der Vorstellungen in einem Bewußtsein leicht erkennen, wie innerhalb desselben fortwährende Verbindungen, Ordnungen, Gruppirungen und Einwirkungen stattfinden, wobei eine jede Vorstellung außer ihrer eigenen, auf das Object bezogenen Bedeutung zugleich von Einfluß ist auf Bestand und Fortbildung der übrigen, so wie, um es kurz zu bezeichnen, auf die Ausbildung dieses einheitlichen Bewußtseins. Reichthum, Mannigfaltigkeit, Gliederung und Fülle, Regsamkeit und Reizbarkeit der Vorstellungen, den Verkehrs- und Ergänzungsbeziehungen im Gesellschaftsleben vergleichbar, bilden die Elemente der Charakteristik eines persönlichen Bewußtseins.

B. Erst bei einem gewissen Grade höherer Ausbildung erkennen wir im Geiste Vorstellungen, welche sich dadurch auszeichnen, daß sie überhaupt nicht einen individuellen Inhalt ausdrücken wollen und sollen – obwohl sie, rein nach ihrem Inhalt betrachtet, immerhin auch einzelne Vorstellungen bleiben – sondern eine Beziehung, eine Einwirkung auf das ganze Bewußtsein oder auf einzelne Kreise desselben dergestalt ausmachen, daß sie dieselben zur Einheit verbinden und ordnend und leitend auf sie wirken. Von solcher Art sind die grammatischen, logischen, mathematischen Gesetzesvorstellungen, und eben so ästhetische und ethische Maximen, kurz alle Zweckbegriffe, insofern sie das sind, methodologische Begriffe. Ihre wesentliche Bedeutung besteht eben darin, daß sie die Ordnung der übrigen Vorstel|lungsmassen herstellen und handhaben. Wie die Beamten eines Staates nicht um ihrer selbst, sondern um des Staates willen da sind, so sind auch die grammatischen Kategorien nur für die Sprache, die logischen für das Denken überhaupt da. Jene wie diese können freilich auch für sich, als einzelne, betrachtet werden, ihre Bedeutung und Wirksamkeit aber liegt in der Beziehung zum Allgemeinen. Jeder Grad wirklicher Ausbildung ist von dem Dasein und der Herrschaft dieser leitenden Vorstellungen wesentlich bedingt, gerade so wie die Gesellschaft und der Gesammtgeist bedingt ist von dem Dasein und der Thätigkeit Derer, welche nicht für sich allein, sondern für die Gesammtheit sich thätig erweisen, die öffentlichen Zwecke erkennen und erfüllen.

C. Der ganze Bildungsgrad eines Individuums, die Masse, Ordnung und Beweglichkeit seines Vorstellungskreises, erweist sich dann einflußreich auf die weitere Ausbildung jeder einzelnen Vorstellung. Die specifische Bedeutung einer jeden Vorstellung, die Fülle, Bestimmtheit und Stellung ihres Inhaltes ist davon bedingt, und weiterhin die Rückwirkung, welche sie selbst auf die Gesammtheit des Vorstellungskreises auszuüben vermag. Davon ist denn auch der Werth, welcher einer jeden Vorstellung als Theil des Ganzen zukommt, abhängig.

D. Nur in idealen Naturen und in gehobenen Momenten des Lebens finden wir endlich im individuellen Geist auch jenen Zustand einer Zusammenwirkung der großen Masse von Vorstellungen auch der verschiedensten Art. Gerade wie im Volksgeist auch sind es die Momente des sich selbst erfassenden Bewußtseins, oder die Bildung von Gesinnungen, der Fassung von Lebensplänen; die scheinbar gleichgültigsten Elemente des Geistes, an und für sich bedeutungslos, gewinnen durch Wiederholung oder Eigenart (Gewohnheit, Temperamentserfolge usw.) da einen Einfluß, wo es eben auf den *ganzen Menschen* ankommt. Auch in bedeutenden Schöpfungen bedeutender Geister zeigt es sich, wie nichts ohne Erfolg ist, was sie jemals gesehen, erlebt, gedacht haben; was als die bloße Masse erscheint, wie der Ballast der Alltäglichkeit ihnen anhängt, gewinnt, an die richtige Stelle gebracht und in Bewegung gesetzt, Leben und Einfluß. |

§ 6
Der objective Geist[1]

Als den bedeutendsten Erfolg alles geistigen Zusammenlebens bezeichnen wir die Entstehung eines erzeugten, erschaffenen, vorhandenen, eines *objectiven* Geistes.[2]

Wo immer mehrere Menschen zusammenleben, ist dies das nothwendige Ergebniß ihres Zusammenlebens, daß aus der subjectiven geistigen Thätigkeit Derselben sich ein objectiver, geistiger Gehalt entwickelt, welcher

---

[1] Dem einsichtigen Leser wird es leicht bemerklich werden, daß weder diese ganze Abhandlung im Vergleich zu der früheren »Ueber das Verhältniß des Einzelnen zur Gesammtheit« [in diesem Band], noch auch diese Paragraphen im Vergleich zu einander darauf gerichtet sind, immer neue Thatsachen in die Betrachtung einzuführen, vielmehr denselben immer neue Gesichtspunkte der psychologischen Behandlung abzuringen. Die Thatsache des objectiven Geistes war immer schon beachtet, wie versuchen aber jetzt, sie begrifflich zu scheiden.

[2] Man wird aus dem Fortgang der Darstellung leicht ersehen, daß der Begriff des »objectiven Geistes« nicht im Sinne der Hegelschen Eintheilung genommen ist, in welcher er nur den praktischen Geist bedeutet, während er in unserem Sinne eben so sehr im theoretischen und künstlerischen Gebiete sich darstellt.

dann zum *Inhalt,* zur *Norm* und zum *Organ* ihrer ferneren subjectiven Thätigkeit wird. So entspringt aus der subjectiven Thätigkeit des Sprechens, indem sie von mehreren Individuen unter gleichen Antrieben und Bedingungen vollzogen wird und dadurch auch das Verstehen einschließt, eine objective Sprache. Diese Sprache steht dann den Individuen als ein objectiver Inhalt für die folgenden Sprechacte gegenüber; sie wird aber auch zugleich zur Norm, zur gegebenen, gesetzmäßigen Form der Gedanken, und weiterhin selbst zum Organ der weiteren Entwicklung der Sprechthätigkeit in Allen. Aus der Thätigkeit aller Einzelnen ursprünglich geboren, erhebt sich der geistige Inhalt, als fertige That, sofort über die Einzelnen, welche ihm nun unterworfen sind, sich ihm fügen müssen. Die Sprache erscheint als das Seiende und Bleibende neben den vorübergehenden Acten des wirklichen Sprechens, sie | ist das Allgemeine gegenüber der individuellen Thätigkeit der Einzelnen.

Die Nothwendigkeit, mit welcher die Genossen irgend einer Sprache so sprechen, wie sie sprechen (gewisse Gedanken an gewisse Lautformen knüpfen), ist nun nicht mehr jene erste und ursprüngliche, vermöge deren sie nach psychophysischen Gesetzen diese bestimmten Formen der Sprache erzeugt haben, sondern es tritt zu derselben und überragt sie sehr bald die neue Nothwendigkeit, welche aus der objectiv vorhandenen, gesprochenen Sprache hervorgeht.

Wenn man sich vor Mißverständnissen hütet und den Satz im Zusammenhang des Ganzen auffaßt, dann darf man diesen Gedanken kürzlich so ausdrücken: *zur physischen Nothwendigkeit tritt die historische,* zu dem natürlichen Gesetz kommt das geistige.

Wie nun die physische (d.h. physiologische und psychologische) Gesetzmäßigkeit neben der historischen (d.h. historisch-psychologischen) namentlich bei der Aneignung und Fortentwicklung der Sprache mitwirkt, wie die letztere fördernd, aber auch hemmend auf dieselbe einwirkt, dies ist einer besonderen Untersuchung vorzubehalten.

Es mag hier nur noch in Bezug auf die fortdauernd verschieden ausfallenden Versuche, das Moment der *Nothwendigkeit* in dem Wesen der Sprache zu ergründen, bemerkt werden, daß es vor allem auf eine genaue psychologische Unterscheidung jener ursprünglichen und der historischen Nothwendigkeit ankommt, wodurch man erst zu der Erkenntniß gelangen wird, daß und wie weit in historischer Zeit die historische Gesetzmäßigkeit oder *die Gesetzmäßigkeit aus historischen Bedingungen* die der natürlichen Bedingungen beherrscht.

Es muß ausdrücklich bemerkt werden, daß dieser Gesichtspunkt von der allergrößten Wichtigkeit ist, nicht bloß für das Wesen der Sprache, sondern für alle Bethätigungen des Geistes, welche durch Vermittelung des erzeugten, ob|jectiven Geistes ihre Form, ihren Bestand und ihre Entwicklung erhalten.[1]

Denn in der That auf allen Gebieten des geistigen Daseins ist die Entstehung des objectiven Geistes das nothwendige Resultat des Zusammenlebens, seine bestimmte Art und Natur aber die Bedingung für alles weitere Leben und Wirken der Geister.

Wir suchen uns deshalb in etwas bestimmterer Weise die Fragen zu beantworten: was der objective Geist ist? und wie er wirkt?

---

[1] Auch in Bezug auf den Gegensatz des Natur- und Vernunftrechts zu dem historischen Recht wird man nur durch genaue psychologische Analysen im obigen Sinne über die leidigen Schwankungen hinauskommen, welche immer noch stattfinden.

§ 7
Der objective Geist als Masse

Das Leben eines jeden individuellen Geistes besteht in einem Kreis von Anschauungen, Vorstellungen, Ideen, Motiven, Gesinnungen, Schätzungen, Wünschen, Gefühlsweisen usw. Denken wir uns nun bei irgend einer Genossenschaft (etwa einem Volke) die Substanz der einzelnen Personen, den Träger all dieses mannigfaltigen Inhalts, der ihn zur Persönlichkeit einigt, hinweg: so erhalten wir die ganze Masse alles geistigen Thuns, welches sich im Volke vollzieht, ohne Rücksicht auf persönliche Vertheilung und Ausübung. Diese Summe alles geistigen Geschehens in einem Volke ohne Rücksicht auf die Subjecte, kann man sagen: ist der objective Geist desselben.

Dies ist offenbar eine sehr unvollkommene, gewissermaßen rohe, aber einfache und für die Folgen wichtige Vorstellung vom objectiven Geist.

§ 8
Der objective Geist als System

Denken wir uns nun aber den objectiven Geist des Volkes, als das Produkt seiner allseitigen Thätigkeit, als ein irgend wie | fertiges Gebilde, das mit anderen vergleichbar und in sich selbst zusammenhängend gefaßt werden soll, in dem Sinne wie man sagt: dies oder das liegt in einem bestimmten Volksgeist, entspricht ihm oder nicht –: so wird jene bloße Summe des vorigen Paragraphen sich gestalten zu einem, auch in der weiter sich entwickelnden Thätigkeit *folgerichtigen System* von Anschauungen, Vorstellungen, Begriffen und Ideen, wodurch dieser objective Volksgeist von allen andern sich unterscheidet.

Dächten wir uns nämlich, daß gerade so wie die Sprache eines Volkes in seinem Lexikon und seiner Grammatik (beziehungsweise in der Mehrheit seiner dialektischen und provinziellen Lexiken und Grammatiken) durchaus vollständig niedergelegt ist, ebenso auch alle Rechtsanschauungen, wie ja meist der Fall ist, aber auch alle Anschauungen von der Natur und ihrem Wesen, von dem Menschen, der geistigen Fähigkeit, von allen moralischen, religiösen und ästhetischen Bedürfnissen, alle praktischen und industriellen Bestrebungen und die Art, wie sie vollzogen werden, als völlig bestimmt angegeben, gleichsam codificirt: so würde damit eine adäquate Darstellung des objectiven Geistes zur bloßen Kenntniß desselben (noch nicht Erkenntniß!) gegeben sein.

§ 9
Die Verkörperung des Geistes überhaupt

Fragen wir nun nach der Weise der Existenz dieses in einem Volke gegebenen objectiven Geistes, so sehen wir zunächst, daß sie für verschiedene Theilgebiete desselben eine zwiefache ist. Zum Theil nämlich existirt der geistige Inhalt nur als Gedanke oder sonstiges geistiges Element (Gefühl, Wille usw.) in den lebenden Trägern des Volksgeistes als wirklich vollzogene oder vollziehbare Acte des psychischen Lebens, also in den einzelnen Geistern *innerhalb oder außerhalb*[1] des Bewußtseins; zum anderen Theil aber erscheint er gestaltet und befestigt durch Hineinbildung in irgend einen materiellen Träger des Gedankens. | Da wir von dem ersteren Theil ausführlicher

---

[1] Auf die Wichtigkeit dieses Unterschiedes, die weiterhin noch zur Sprache kommt, glaube ich hier schon aufmerksam machen zu müssen.

zu reden haben, werfen wir zunächst einen Blick auf den letzteren und die Uebergänge beider zu einander.

In Büchern und Schriften aller Art, in Bau- und anderen Denkmälern, in Kunstwerken und den Erzeugnissen des Gewerbfleißes, in den Werkzeugen (und den Werkzeugen zur Erzeugung der Werkzeuge), in den Verkehrsmitteln zu Lande und zu Wasser, auch in den Vorkehrungen des Handels sammt der Erstellung allgemeiner Tauschmittel, in den Waffen und Kriegsgeräthen, in Spiel- und Kunstwerkzeugen, kurz in der Herstellung von allen körperlichen Dingen zum realen oder symbolischen Gebrauch findet der objective Geist eines Volkes seinen bleibenden Ausdruck.

§ 10
Maschine und Werkzeug

Besonders hervorzuheben aber ist die Maschine. Nirgends vielleicht hat sich der tiefe Mangel an psychologischer Betrachtungsweise so bemerklich gemacht als in den Wechselreden über das Maschinenwesen. Es sind meist wohlwollende Leute, welche es angreifen; »das, was Menschen machen sollten, das wird durch die Maschinen gemacht«;[1] ob dadurch die Sachen, die gemacht, oder die Personen, die sie machen, angeklagt werden, ist nicht ganz klar. Auf der anderen Seite wird meist nur auf den materiellen Vortheil hingewiesen – obwohl das, was man in solchem Zusammenhang materiell nennt, oft gar nicht bloß materiell ist. – Am wichtigsten aber ist sowohl in ökonomischer als in allgemein psychischer

---

[1] Daß, wie man auch lange nach der Erhebung genauer statistischer Thatsachen immer noch glaubte, die Menschen ihre Arbeit verlieren, weil die Maschinen sie übernehmen, ist durch eben diese Thatsachen durchaus widerlegt. Die Zahl der Beschäftigten überhaupt hat mit der Einführung der Maschinen progressiv zugenommen.

Beziehung der folgende Gesichtspunkt, den ich den Nationalökonomen zur weiteren Verfolgung empfehle. Man pflegt das Charakteristische der *Maschinen*arbeit durch den Gegensatz zur *Hand*arbeit zu bezeichnen; damit wird nur ein Theil des wesentlichen Unterschiedes und der | psychologische gar nicht getroffen. Denn ob die Arme eines Menschen oder eiserne Hebel den Hammer regieren: in beiden Fällen sind es physische Kräfte, welche in den Dienst der psychischen treten. Der weitere und wesentliche Unterschied liegt darin:

    in der Maschine ist ein objectiver Geist vorhanden; der objectiv gewordene Gedanke regiert, wie ein lebendiger Geist, die materiellen Kräfte;

    in der Handarbeit aber wirken nicht bloß menschliche Hände, sondern ein menschlicher Kopf, ein lebendiger, persönlicher Geist, und dieser setzt mit seiner geistigen Thätigkeit nicht mehr als den geringen Umfang von zweier Hände Kraft in Bewegung.

Das Erste und Wichtigste hierin ist nun dieses: was durch die Maschine erspart wird – und also anderweitig productiv verwendet werden kann – ist nicht bloß physische Kraft der Arme, sondern die Kräfte des lebendigen activen Geistes. Wenn eine Locomotive von 100 Pferdekraft Personen und Güter die Strecke einer alten Tagereise in zwei Stunden befördert, so würden für dieselbe Fortbewegung (um von Sänftentragern und Karrenschiebern nicht zu reden) mit 50 Paar Pferden 50 Kutscher gehören, welche ihre ganze Intelligenz mit gespannter Aufmerksamkeit einen ganzen Tag darauf verwendeten; die Locomotive aber erfordert nur Einen Führer und Einen Heizer auf zwei Stunden. Der Verbrauch an activer geistiger Kraft steht demnach in den beiden Verkehrsarten im Verhältniß von 1 : 150.[1]

---

[1] Die Statistiker mögen die Berechnung genauer anstellen; eine enorme Differenz im Verbrauch psychischer Kraft wird immer

Zu dieser quantitativen Proportion tritt nun noch als fast eben so wesentlich eine zweite, *qualitative* hinzu. Jede Maschine muß durch Menschen, also durch persönliche geistige Kräfte bedient werden; also wird die materielle Kraft durch die geistige | immer in Bewegung gesetzt; aber durchaus nicht bloß mit *dem* Maß und *der* Art des Geistes geschieht es, welchen dieser die Maschine bedienende Mensch besitzt; sondern der unendlich höhere, feinere Geist des Erfinders ist es, welcher die Form gefunden hat, durch objective Gestaltung sich in die Botmäßigkeit eines einfachen Menschen zu stellen. In jeder Dampfmaschine arbeiten die Geister James Watts, aller seiner Vorgänger und aller derer, welche eine Maschine verbessert haben. Sie treten zwischen die rein physischen Kräfte auf der einen Seite und die geistige Kraft des Maschinenlenkers auf der anderen Seite; ihre Gedanken beflügeln seinen sonst schwerfälligen Geist, oder sie liefern die großen Massen natürlicher Kräfte gebändigt in seine Hand.

Bei der Handarbeit aber wird der Mechanismus des menschlichen Leibes nur durch den persönlichen Geist und nach dem Grade seiner Ausbildung in Bewegung gesetzt.

Hieran schließt sich dann wieder, beides, das Quantitative und Qualitative des Unterschiedes wiederholend und steigernd, der weitere Unterschied zwischen Maschinen- und Handarbeit, daß in jener der objective Geist dauernd, erblich und darum einer durchaus fortschreitenden Verbesserung fähig ist; in der Handarbeit, welche vom persönlichen Geist allein regiert wird, muß der persönliche Geist sich mit jeder Generation in jeder einzelnen Person

das Resultat sein. Um nur einem auf der Hand liegenden Einwurf sogleich zu begegnen, bemerke ich, daß, wenn man auf der Eisenbahn auch Conducteure, Bahnwärter etc. braucht, für die gleiche Personenbeförderung und Wegstrecke gewiß mehr Postconducteure und Chausseewärter erforderlich wären.

von Neuem aus den ersten Anfängen hinaufarbeiten, so daß von einer fortschreitenden Entwicklung nur schwer und selten die Rede sein kann.

Die Geschicklichkeit ist ein persönlicher, nicht erblicher, vielmehr mit der Person erlöschender Besitz; der mechanische objective Gedanke ist dauernd, der Verbesserung und der – Vervielfältigung fähig.

Zweierlei ist indeß hier noch zu bemerken. Erstens gibt es auch für das Handgewerbe einen gewissen objectiven Geist: in den methodischen Vorschriften und in den besonderen Kunstgriffen (»Vortheilen«) für die Arbeit. Und für die Charakteristik der verschiedenen Volksgeister sind diese »Vortheile« bei ihrer Arbeit aller Art gewiß von hoher Bedeutung. Aber man kann bei der | Vergleichung derselben mit dem objectiven Gedanken in der Maschine leicht bemerken, wie dort doch immer nur das geringe Maß der eigenen Leibeskraft mit einem kleinen Umkreis von Werkzeugen, hier aber große und weite Kraftmassen durch den Gedanken in Bewegung gesetzt werden; dort nur enger und beschränkter Fund des Geistes, hier aber die gewaltige, in einander greifende, verdichtete Kraft aller Wissenschaften sich gestaltet und gestaltend wirkt; dort der wesentlichste Theil, die eigentliche Geschicklichkeit, durchaus persönlich und von geringer Perfectibilität, ja sogar von leicht möglicher Rückgängigkeit begleitet ist, während hier in dem Dasein und in der Geschichte der Erfindung Sporn und Methode des Fortschritts zugleich gegeben ist.[1]

---

[1] Das Räthsel, daß die Chinesen, eines der sinnreichsten und geschicktesten Völker der Erde, in ihrer Cultur dennoch seit 3000 Jahren nur vereinzelte und nicht wesentlich eingreifende Fortschritte gemacht haben, scheint sich dadurch vollkommen zu lösen. Es ist nur noch hinzufügen, daß gerade in der Ausbildung der persönlichen Geschicklichkeit, in dem Wetteifer der Wiedererzeugung

Man hat dagegen auch gemeint, daß die Maschine gewissermaßen durch ihre geistige Uebergewalt den Menschen, der sie bedient, herabdrücke; für gewisse Fälle muß dies als ein wirkliches Uebel, aber durchaus nicht als ein nothwendiges zugegeben werden. Man verwende nur in methodischer Weise einiges Wohlwollen und einige Mühe darauf, dem Arbeiter eine, wenn auch nicht wissenschaftlich, so doch technisch genaue Kenntniß der Maschine zu verschaffen, mit welcher er arbeitet, und es wird sich überall bewähren, was man jetzt nur in einzelnen Fällen wahrnimmt, daß der Umgang mit dem Erzeugniß eines höheren Geistes den Geist des Arbeiters | selbst erhebt. Die Handhabung der Nähmaschine erfordert und erzeugt eben so viel Intelligenz als die Hantirung mit der bloßen Nadel; die Leitung eines Baggerdampfers ist ein edleres Geschäft als die Arbeit am Baggerer mit eigener Leibeskraft. Und wie viel höher steht der Locomotivführer als ein Frachtkutscher? Um davon nicht zu reden, daß es heute in jedem Culturlande Europas, und zwar nur in Folge der Ausbreitung des Maschinenwesens, so viele wissenschaftlich gebildete Techniker für Herstellung und Leitung von Maschinen gibt, als es ehemals Schlosser gegeben hat.

Einer psychologischen Erwägung bedarf zweitens auch noch das Verhältniß der Maschine zum Werkzeug überhaupt. Wir haben im ersten Bande d[ieser] Zeitschrift S. 18 auf die hohe psychologische Bedeutung des

---

dessen, was frühere Generationen mit so vielem Kunst-Fleiß und -Geschick erzeugt hatten, in diesem fortwährenden Aufwenden und Einsetzen des *subjectiven, persönlichen Geistes* an Dingen, deren Gedanke bereits tausendfach verkörpert ist, ein fesselnder Bann liegt, welcher die folgenden Generationen eben so bornirt, wie umgekehrt der *objective fertige* Gedanke der Maschine die Geister *frei* macht und zu weiteren subjectiven Fortschritten einladet.

Werkzeugs überhaupt hingewiesen. Ueberall wo der Mensch in der äußeren Natur zu wirken hat, handelt es sich darum, daß er sich durch Gestaltung fremder physikalischer Kräfte längere, stärkere und gewandtere, namentlich auch präciser wirkende Arme verschaffe; dies geschieht dadurch, daß der Geist nicht bloß unmittelbar im eigenen Leibe, sondern auch mittelbar in den äußeren Dingen wohnt und wirksam ist; indem er seinen Geist gestaltend nicht bloß in den Leib, sondern in die äußeren Dinge versenkt, soll er die physische Kraft seines Organismus nicht bloß erweitern, sondern womöglich ersetzen. Der Mensch soll vor Allem mit seinem Geiste arbeiten. Die Erfindung und die Wissenschaft haben ihn gelehrt, mit fremden Kräften wie mit den eigenen, und dadurch nicht bloß stärker, sondern auch sicherer zu operiren.

Dies ist die Bedeutung alles Werkzeugs; aber nicht alle gleichen einander. Das Spinnrad ist klüger als die Spinnerin; die Töpferscheibe ist ein so durchaus wesentlicher Bestandtheil zur Schöpfung eines Topfes, daß sie nicht als die Gehülfin des Töpfers, sondern dieser als der Gehülfe der Scheibe erscheint; ähnlich ist es bei allen Räder- und Drehwerken des Seilers und des Drechslers. Wie viel weniger aber leisten Ahl und Pfriemen dem Schuhmacher, Scheere und Nadel dem Schneider? und als ein Nichts erscheint der Stift und Pinsel des Malers, der Meißel und Hammer des Bildhauers. Dagegen sind Richtschnur und Winkelmaß die Augen des Zimmermanns und das Loth ist das Auge des Maurers.

Der völlig bestimmte Maßstab für den Werth eines jeden Werkzeugs liegt nun offenbar in dem *Maße, als der objective Gedanke, der in ihm ausgeprägt und wirksam ist, die subjective geistige Arbeit des Handhabenden verringert, ersetzt und sichert.* Hier liegt denn auch der psychologische *Scheideweg zwischen Kunst und Industrie.*

Hieraus also begreift man wohl, daß die Maschine nichts Anderes ist, als das beziehungsweise vollkommenste Werkzeug, das alle anderen so weit überragt, als es einmal selbst der Erfolg eines umfassenderen und tieferen Geistes ist, der die Naturkräfte nicht bloß durch Geschicklichkeit, sondern durch Erkenntniß beherrscht, und als es andererseits weit größere Massen und mit größerer Sicherheit in den Dienst nimmt, ohne eine bedeutende Fähigkeit des persönlichen Subjects in Anspruch zu nehmen. Von einer absoluten Scheidung aber zwischen Werkzeug und Maschine kann um so weniger die Rede sein, – und dies sollten die Ankläger der Maschinen bedenken – als in der That gar viele der älteren und ältesten Erfindungen in dieser geistigen Werthung den neueren Maschinen durchaus nahestehen. Von solcher Art sind die Töpferscheibe, der Webstuhl, die Wind- und Wassermühlen und die Segelschiffe.

Hierher gehört übrigens auch die Zähmung der Thiere und ihre Verwendung zum Dienst als Ersatz menschlicher Leibeskraft. Sie sind lebendige Maschinen, welche die geistig-leiblichen Kräfte des Menschen befreien, indem sie sie ersetzen; nur erblicken wir in ihrer Herstellung, in der Dressur und Lenkung derselben heute kein besonderes Moment des objectiven Geistes; einst aber galt das Rosselenken als eine edle Kunst, welche den Wetteifer des öffentlichen Geistes herausforderte. Der chinesische Mandarine fährt eben auch nicht mit vier Pferden, sondern er läßt sich in der Sänfte tragen; und auf den römischen Latifundien waren nicht bloß die zehrenden Leiber der Sclaven zur Last, sondern auch die brachliegenden Geister derselben ein Ferment der Verwesung.

§ 11
Der psycho-physische Typus

Nicht unerwähnt darf, wenn es sich um die Weisen der Existenz des objectiven Geistes handelt, ferner diejenige bleiben, welche mitten in der persönlichen Bewegung des Geistes und seiner Wechselwirkung mit dem Körper ihren Sitz hat. Im Unterschiede nämlich einerseits von den objectiv vorhandenen Gedanken und Denkformen im Geiste und andererseits von den Verkörperungen des Gedankens in objectiven Dingen müssen wir alle jene psycho-physischen Leistungen betrachten, welche man unter dem Namen der Uebungen und Geschicklichkeiten zusammenfassen kann. Nun ist zwar eine jede Ausführung derselben an die subjective, persönliche Thätigkeit der Individuen gebunden; allein nicht bloß ist hier außer der vorübergehenden Thätigkeit zugleich eine bleibende, vorhandene Fertigkeit des Geistes in seiner Einwirkung auf den Leib, sondern es bildet sich auch bis zur Charakteristik der verschiedenen Nationalgeister die Art und Weise, wie die Geister der Individuen ihren Leib beherrschen, durch ihn und auf ihn wirken, zu einem bestimmten, relativ gleichbleibenden Typus aus.

In so fern nämlich dieser Typus, mitten in aller Verschiedenheit der Einzelnen und während sie in subjectiver Thätigkeit ihn darstellen, doch zugleich ein bleibender ist, in so fern haben wir in ihm auch einen Zug des objectiv gewordenen öffentlichen Geistes zu erkennen.

Auch die Sprache enthält in ihrer phonetischen Seite Momente dieser Art des objectiven Geistes. Die Art der Beherrschung der Sprachorgane, die Bevorzugung des einen vor dem anderen, die Ausbildung des Lautsystems unter Anwendung von verschiedenen Vocalen und Consonanten, von Zisch- und Schnalzlauten, auch die Weise des schnelleren oder langsameren, | klaren oder dumpfen

Sprechens, der heftigen oder gelinden Gesticulation: alles dies bietet charakteristische Merkmale des objectivirten Nationalgeistes dar. – Auf anthropologischer Grundlage im weitesten Sinne stehen dann die verschiedenen Arten der Bewegung und der Beweglichkeit des Körpers überhaupt; die Behendigkeit der Franzosen, die Steifheit der Engländer, die Grandezza der Spanier und Würde der Türken, die Schwerfälligkeit der Holländer, Festigkeit der Deutschen, die verschiedenen Weisen der Anmuth bei den Frauen schließen charakteristische Züge des objectiven Geistes ein, welche sich einerseits in den verschiedenen Stämmen der Völker wieder individualisiren und andererseits in verschiedenen Lebensäußerungen einen besonderen Werth gewinnen, z. B. in der größeren Tauglichkeit zum Angriff oder zur Ausdauer im Kriege, zum Land- oder Seedienst, zur Colonisation usw.

Hierher gehört auch alle natürlich gegebene oder künstlich erworbene und zur zweiten Natur gewordene Gewandtheit und Geschicklichkeit überhaupt, die in friedlichem Turnen oder kriegerischer Uebung oder in den eigentlichen Spielen ihren Ausdruck findet. Unter der Voraussetzung, daß die Weise der Erscheinung und der Thätigkeit habituell geworden ist und neben der Individualität des Einzelnen doch zugleich eine bestimmte von jeder anderen unterscheidbare Allgemeinheit darstellt, bildet sie ein Merkmal des objectiven Geistes. Deutlich und gewichtig tritt dies hervor, wenn wir bemerken, daß auch alle mimischen und musikalischen Künste hierher gehören, indem die verschiedenen Arten und Grade, die Neigungen und Fähigkeiten ihrer Uebung für die verschiedenen Nationen charakteristisch sind.

§ 12
Die Institutionen der Gesellschaft und die Formen der Geselligkeit

Wir nähern uns offenbar wieder dem rein geistigen Dasein, wie es in theoretischem Inhalt, in Denkformen, Gesinnungen und Gefühlsweisen besteht, indem wir im Unterschiede von ihm noch jene Form des geistigen Daseins erwähnen, welche, | von überwiegend innerlichem Gehalt und innerer Bedeutung, doch zugleich an materiellen Dingen eine Anknüpfung oder eine Symbolik hat. Schulen z.B. und alle Kunst- und Lehranstalten, auch Verwaltungseinrichtungen, Gemeindebildungen bürgerlicher und kirchlicher Art und freie Vereine mit äußerlichen Normen, Bedingungen und Erfolgen, ja alles das, was man als öffentliche Institutionen bezeichnet, bildet eine zugleich in Aeußerem ausgeprägte, objective Gestaltung des Geistes. Auch die Formen der Geselligkeit mit ihren ethischen und ästhetischen Motiven gehören hierher. In der Reihenfolge aber, in welcher sie hier von uns betrachtet ist, wird leicht bemerklich, daß diese Art der Existenz des objectiven Geistes am wenigsten von der activen und persönlichen Thätigkeit der betheiligten Subjecte abgelöst und selbständig, vielmehr seine Erhaltung fortwährend von derselben bedingt ist.

§ 13
Totalbild des objectiven Geistes

Nunmehr können wir versuchen, ein gedrängtes Bild von der gesammten Existenz- und Wirkungsweise des objectiven Geistes überhaupt zu entwerfen, in welchem alle Momente der Charakteristik verschiedener Genossenschaften und ihres objectiven Geistes gegeben sind.

Der objective Geist ist, wie wir gesehen haben, der aus der persönlichen (subjectiven) Thätigkeit der Einzelnen hervorgegangene, erzeugte und vorhandene, als solcher den Personen thatsächlich gegenüberstehende geistige Gehalt, welcher als Inhalt und Form des geistigen Lebens sich kund gibt. Die beiden extremen Erscheinungen, in denen dieser objective Geist sich manifestirt, sind also diese. Auf der einen Seite stehen rein geistige Elemente: Anschauungen, Ueberzeugungen, Gesinnungen, Denkformen, Gefühlsweisen usw.; sie sind Elemente des *objectiven* Geistes, in so fern sie im Volke verbreitet, dauernd und charakteristisch sind, als das Vorhandene dem einzelnen Geiste gegenüberstehen und auf ihn wirken; ihre Existenz aber, den Ort und die Art ihres Daseins haben diese Elemente den|noch nur in den persönlichen Subjecten, in den einzelnen Geistern, in deren subjectiver Thätigkeit sie eben als das Allgemeine in dem Individuellen auf concrete Weise enthalten sind.

Auf der anderen Seite stehen reale oder symbolische Verkörperungen des Gedankens: Kunstwerke, Documente, Schriften, Bauten aller Art, zum Verbrauch bestimmte Erzeugnisse der Industrie. Sie enthalten im engsten Sinne den objectivirten, in ein Object gelegten Geist, dessen Beziehung zur subjectiven Thätigkeit der Personen nur diese ist, daß überhaupt subjective Thätigkeit, welche die Objecte auffaßt, hinzukommen muß, damit diese als objectivirte Gedanken ein Leben gewinnen; in den Objecten selbst liegt es, diese subjective Thätigkeit zu erregen und zu ihrer Erkenntniß zu leiten je nach dem Maße der Bestimmtheit des in ihnen niedergelegten Gedankens.[1]

---

[1] Rein symbolische Verkörperungen des Gedankens bleiben von der Continuität des Verständnisses, d.h. der subjectiven Thätigkeit, völlig abhängig. So sind die Hieroglyphenschriften von dem Aussterben ihrer Kenner bis zur erneuten Entzifferung wirkliche Gedankenmumien gewesen, denen erst durch das Genie der Com-

Zwischen diese Extreme treten nun wieder auf der einen Seite die Werkzeuge und Maschinen sammt allen wissenschaftlichen Instrumenten, in denen der Geist dergestalt objectivirt ist, daß zum bloßen *Beharren* desselben auch die dauernde *Wirksamkeit* tritt, welche nur von der dauernden Kenntniß des Gebrauchs bedingt wird. Auf der anderen Seite dagegen bilden die in § 12 erwähnten Institutionen ein durchaus lebendiges Bestehen und Wirken des Gedankens, welcher in der Anknüpfung an materielle Dinge und Verhältnisse nur einen festeren, objectiveren Bestand gewinnt.

Im beziehungsweise vollkommensten Gleichgewicht der ver|schiedenen Elemente, welche der Erscheinung des objectiven Geistes dienen, befindet sich endlich die in § 11 entwickelte, auf anthropologischem Boden spielende Gestaltung desselben. In aller habituellen und nationalcharakteristischen Gewandtheit und Geschicklichkeit, in allen nationalen Formen und Manieren, in allen Kunstübungen und persönlichen Darstellungen erscheinen Geist und Natur, Seele und Leib, Ueberlieferung und Gegenwart, das Allgemeine und das Persönliche durchaus gleichgemischt.

Die persönliche Thätigkeit des ganzen psycho-physischen Organismus erscheint als das nothwendige Vehikel der Erhaltung dieser Manifestation des objectiven Geistes,

bination neuer Lebensodem eingehaucht wird, wie den Waizenkörnern aus den Mumien neue Triebkraft. Aber selbst die classischen Werke der Plastik waren für ein ganzes Jahrtausend in so fern verstummt, als es kein Organ gab, sie zu verstehen. – Paul Heyse hat in seiner Novelle »Am Tiberufer« eine meisterhafte Schilderung von der Wirkung der classischen Werke auf einen künstlerisch begabten, aber ungebildeten Geist gegeben, welche die Nothwendigkeit, auch diese deutlichsten Schöpfungen des objectiven Geistes aus dem Ganzen desselben zu erfassen, vortrefflich erläutert und ein schönes Beispiel für die Theorie der Apperception liefert [In: Ders.: Novellen. Berlin: Wilhelm Hertz 1855, S. 125–220].

und doch stellt sie sich andererseits, indem sie einen bestimmten und allgemeinen Typus zur Erscheinung bringt, dessen *Ursache, Inhalt* und *Weise der Ueberlieferung* wesentlich geistiger Art ist, als ein Element des objectiv gewordenen Geistes dar.

Kürzlich also können wir die verschiedenen Manifestationen des objectiven Geistes in folgender Reihenfolge darstellen; er existirt als:

1) der durch Verkörperung beharrende und wiedererkennbare Gedanke;

2) der in einer Verkörperung nicht bloß erkennbare, sondern auch wirkende Gedanke;

3) der in des Menschen eigenem psycho-physischem Organismus erscheinende und wirkende Gedanke;[1]

4) der unter Anknüpfung an materielle Verhältnisse organisirte – oder auch das Verhalten der Geister zu einander organisirende Gedanke;

5) der in dem geistigen Leben (der Einzelnen wie der Gesammtheit) als wesentlicher Inhalt und leitende Form lebende und dasselbe constituirende Gedanke.

§ 14
Der subjective und der objective Geist

Die zuletzt genannte höchste, nämlich rein geistige Form des objectiven Geistes hat ihre Existenz in der Gesammtheit der einzelnen Geister, in deren Leben und geistigem Thun der objective Geist lebt und sich voll-

---

[1] Es muß für diese Nummer besonders, aber auch überhaupt für alle noch erinnert werden, daß es sich nicht um den Gedanken im engeren Sinne[,] sondern eben so sehr in besonderen oder mit ihm verbundenen Willensacten und Gefühlsweisen handelt, also überhaupt um geistige Elemente.

zieht. Aber dennoch sind die einzelnen Geister nicht die Schöpfer, sondern nur die Träger des objectiven Geistes; sie erzeugen ihn nicht, sie erhalten ihn nur; ihr geistiges Thun ist nicht so sehr Ursache als vielmehr Erfolg desselben. Die Einzelnen (bis auf die Ausnahmen des § 24) lernen ihre Thätigkeit aus dem Bestehenden und vollziehen es eben deshalb, weil es das Bestehende ist, dem sie sich nicht entziehen können; nicht aus der Kraft ihrer individuellen Subjectivität wirken sie, sondern aus der Macht der Objectivität, in welcher sie entstanden sind und stehen. Wir müssen uns dies Verhältniß des subjectiven Geistes, der subjectiven Thätigkeit des einzelnen Geistes zum gegebenen, objectiven Geist noch klarer machen.

Man kann in übersichtlicher Weise alles geistige Leben in den zwei Richtungen erkennen, die objectiv vorhandene Welt (einschließlich des eigenen Selbst) als Inhalt in den Geist aufzunehmen, und in der Welt sich activ, handelnd und bildend zu bewegen.

Demgemäß wird die Bedeutung des objectiven Geistes für die subjective Thätigkeit des Individuums in Folgendem bestehen:

1. Der Mensch, der in irgend welcher historischen Zeit und Stellung in das Leben eintritt, *findet neben der objectiv gegebenen Welt der Natur zugleich in dem objectiven Geist eine zweite, eine Welt des Gedankens.*

Nun aber ist der Inhalt und der Werth einer objecterfassenden geistigen Thätigkeit – das Maß der Energie, der geistigen Kraftäußerung gleich gesetzt – verschieden je nach der Natur des Objects selbst; denn der Erfolg des Denkens ist | abhängig von der Stärke, Bestimmtheit, dem Reichthum und der Dignität überhaupt des gedankenerregenden Objects. Wenn ich einen künstlerischen Gegenstand auffasse, so ist allerdings meine subjective Thätigkeit des Anschauens wesentliche Bedingung dafür, daß das Bild desselben zum Inhalt meiner Seele wird; durchaus von meiner Thätigkeit ist die Existenz des Bildgedankens in meinem Geiste abhängig; das Bild kommt nicht durch seine active Erregung in meine (passiv gedachte) Seele hinein, sondern meine, des Geistes active Thätigkeit faßt es auf. Aber der specifische Werth und Inhalt ist mir dennoch in dem Kunstwerk gegeben; ich habe den Gedanken desselben, den Gedanken des Künstlers nicht erzeugt, sondern nur für mich wiedererzeugt; nicht gebildet, sondern nur nachgebildet; an der Hand der vom objectiven Gedanken ausgehenden und mich treffenden Erregung habe ich mir denselben subjectiv – nicht geschaffen, sondern – angeeignet. Danach nun kann man den durchaus überwältigenden Einfluß des geistigen Zusammenlebens ermessen. Denn erstens bildet diese Art nachahmender Gedanken in unserer geistigen Thätigkeit ein so großes numerisches Uebergewicht, daß als ein verschwindend kleiner Bruchtheil die Gedanken erscheinen, welche wirklich schöpferische sind, also auch nach ihrem Werth und Inhalt aus unserer subjectiven Thätigkeit hervorgehen und dann eine Bereicherung des objectiven Geistes ausmachen, wovon weiter unten die Rede sein wird. Nur dies sei sogleich noch bemerkt, daß auch unsere schöpferischen Gedanken vielfach aus Elementen des nachahmenden zusammengesetzt sind und also immer wieder auf die Macht und den Einfluß des objectiven Geistes zurückweisen.

Sodann ist noch auf einen wesentlichen Unterschied hinzuweisen, zwischen dieser zweiten objectiven Welt nämlich des Geistes, und der ersten, der Natur. Diese nämlich als das natürliche Object des Geistes verhält sich, so zu sagen mit einer übertriebenen Discretion, fast gänzlich passiv, oder sie umwebt den einfachen Menschengeist so sehr mit den Zaubern ihrer Erscheinung, daß sie, anstatt ihn zu ihrer Erkenntniß aufzustacheln, ihn vielmehr sehr bald sättigt und von einer energisch activen Auffassung ablenkt. Das Reich des Geistes hingegen, die | Menschen und ihre Schöpfungen dringen auf jeden Neugebornen in einem Culturlande mit einer beglückenden Zudringlichkeit so gewaltig ein, weil sie nicht bloß gewissermaßen die ganze Oberfläche der Natur wie mit einem Netz übersponnen haben, sondern auch mit tausend Zungen laut und vernehmlich in den neuen Menschen hineinreden. In einem unsäglich viel weiteren Sinne als das Wort sonst genommen wird, kommt die *Erziehung*, als Repräsentantin der Geschichte und des objectiven Geistes, der auffassenden Thätigkeit des Epigonen von der ersten Stunde seines Daseins entgegen, umstellt sie, um jeder freien Aeußerung derselben nicht bloß sich als nothwendiges Object darzubieten, sondern sie läßt auch alle Reizmittel spielen, um die junge Seele zu dieser Thätigkeit zu erregen.[1]

2. Schwerer aber und später entwickelte sich die Einsicht, daß der Mensch nicht bloß eine zweite Welt von Objecten im objectiven Geist empfängt, sondern daß in dem überlieferten Geist auch die Form und das Organ gegeben ist, durch welche das Individuum auch die ihm unmittelbar gegenüberstehende Natur auffaßt.

Noch bei Locke und Kant, bei Spinoza und Fichte finden wir in den Darstellungen von der Thätigkeit und Entwicklung des menschlichen Verstandes alle Momente derselben unmittelbar auf das Individuum bezogen; kaum als flüchtige Ausnahmen erscheinen Hinweisungen auf die *geschichtlichen* Bedingungen derselben. In der That aber vollzieht sich auf dem Standpunkt einer entwickelten Cultur auch die scheinbar einfachste Naturerkenntniß

---

[1] Aus diesem contrastirenden Verhalten von Natur und Geist zu einander, aus diesem Schleier der Schönheit und des Geheimnisses, welchen die Natur ihrerseits um sich gezogen, und den Netzen überlieferter Gedanken, mit welchen der Mensch seinerseits jeden nachgebornen Geist umstrickt, erklärt sich die späte Entstehung eigentlicher Naturwissenschaft.

in einem psychischen Prozeß, welcher in seinen wesentlichsten Stücken aus solchen Denkformen und Methoden besteht, welche das Resultat fortdauernder Ansammlung und Fortbildung gegebenen Gedankengehaltes sind. Zwar findet die Entwicklung des menschlichen Geistes überall und jederzeit nach allgemeinen psychologischen Gesetzen statt; allein man täuscht sich über den | Sinn dieses wahren Gedankens, wenn man übersieht, daß die *Bedingungen* des gesetzmäßigen Geschehens, die *Elemente* und Voraussetzungen desselben für die Individuen verschiedener Zeiten und Völker völlig verschiedene sind, dergestalt, daß allmählich ganz neue psychische Ereignisse auftreten und mit diesen auch erst die sie betreffenden Gesetze zur Erscheinung kommen. (Vgl. unten § 25.) Denn zu der natürlichen Thätigkeit des Geistes kommt eine künstliche, zur unwillkürlichen eine absichtliche, zur zufälligen eine methodische; die Resultate aber aller dieser künstlichen, absichtlichen und methodischen Prozesse treten, festgehalten im objectiven Geist, als verdichtete Elemente an das spätere Individuum heran, um in ihm wie natürliche zu wirken. Es sollte gewiß nicht mehr der Wiederholung bedürfen, daß auch die Cultur des Menschen im weiteren Sinne zur Natur desselben gehört; aber nicht zur Natur des einzelnen, isolirten, sondern lediglich zu der des historisch lebenden Menschen; mag man also immerhin die Entwicklung der Cultur als einen natürlichen Verlauf ansehen; nur muß man dann nie von dem einzelnen Menschen, wie er aus der Hand der Natur hervorgeht, reden, sondern von dem Mitglied einer Gesellschaft, in welcher die natürlich-geistige Thätigkeit objectiv geworden und als überliefertes, historisches Element in die *natürliche* Entwicklung des späteren Individuums eintritt.[1] |

---

[1] Es ist außerordentlich lehrreich zu bemerken, wie in früheren Beschreibungen und Analysen des geistigen Lebens zwei entge-

Sowohl der eigentliche Inhalt, der Schatz von Anschauungen, Vorstellungen und Ideen, als die Denkformen – im engeren Sinne –, welche im objectiven Geiste enthalten sind, wirken bestimmend auf die Thätigkeit des individuellen Geistes ein, also beziehungsweise auf die Gesammtheit der Individuen eines folgenden Geschlechts, indem sie die Organe der Thätigkeit und die Richtung derselben ihr überliefern.

Die Einheit sowohl als die eindringende Macht des objectiven Geistes zeigt sich eben deshalb nicht bloß in der Erhaltung und Wiederholung des bereits Gegebenen, in der feineren Umbildung und Ausgestaltung dessen, was schon als ein Fertiges immer vorhanden ist, wie in der Sprache und den Sitten, dem Rechtsbaue usw., sondern da vor allem, wo eine Schöpfung dieses Geistes, etwa eine Erkenntniß, überhaupt nur in einer Reihe von Jahrhun-

gengesetzte Fehler meist zusammen begangen werden, welche wir heute als aus Einer Quelle hervorgehend erkennen. Einerseits nämlich hat man, wie oben bemerkt, die historischen Voraussetzungen gänzlich bei Seite gelassen, und das, was man analytisch im Geiste gefunden, dem Einzelmenschen, als aus seiner Natur hervorgehend zugeschrieben; man hat so von dem Verstande, der Vernunft usw. ohne alle Rücksicht auf Geschichte geredet. Andererseits hat man, wenn von Ueberlieferung geistigen Gehaltes, etwa der Sprache oder der Sitten, die Rede war, ein einfaches Mittheilen des (activen) Gebers an den (passiven) Empfänger angenommen. Als ob die Kategorien des Verstandes und die Ideen der Vernunft nicht das Resultat einer nur auf dem Grunde geschichtlicher Vermittelung, Ansammlung und Fortbildung, mit einem Worte historischer Verdichtung, vollzogenen Geistesthätigkeit wären? und als ob nicht diese Vermittelung und Ueberlieferung immer wieder auf dem Grunde der | ursprünglichen subjectiven, aber auch wahrhaft activen Thätigkeit der Individuen vor sich gehen müßte, in welche nur gegebene Formen und Elemente an die Stelle der rein natürlichen und ursprünglichen eintreten. Die *Natur* der geistigen Thätigkeit ist eine *geschichtliche.* (Vgl. Leben der Seele II 1, Cap. 3 [Geist und Sprache 3. Cap.: Die Erlernung und Fortbildung der Sprache], und Zeitschrift II Ueber Verdichtung [in diesem Band S. 27 ff.].)

derten zu Stande kommen kann. Wie gleichmäßig muß da im Volke der Zug des Geistes, wie ausdauernd das Interesse, wie treu und bewußt muß der ideale Sinn sein, wo die geistige Arbeit von Generation zu Generation so sicher und einheitlich fortschreitet, wie wenn der Eine Denker von Secunde zu Secunde in seiner Thätigkeit von den Prämissen zum Schlußsatz, von der Beobachtung zum Resultat fortgeht. Wie wird da von früheren Generationen das Unbestimmte festgehalten, damit folgende Generationen es zur Bestimmtheit erheben!

»Die Kenntniß der sieben Sphären, die Grundlage aller astronomischen Vorstellungen vom Weltbau, setzt die Bestimmung der siderischen Umlaufszeiten voraus. Diese selbst aber konnte nur eine fortgesetzte Beobachtung gewinnen, und Jahrhunderte waren nöthig und eine stete Ueberlieferung von Geschlecht zu Geschlecht, um bei der ersten rohen Methode der Beobachtung und bei der langsamen Bewegung der oberen Planeten diese Bestimmungen zu erhalten.«[1] |

3. Am deutlichsten und darum auch bekanntesten ist dagegen die Einwirkung des gegebenen, objectiven Geistes auf alles, was zur praktischen Thätigkeit des Individuums gehört. Die Schätzung der Dinge und Verhältnisse, die Bestimmung der Werthe, die Wahl der Zwecke, die Bildung von Motiven und Gesinnungen, welche das Handeln leiten, sie wurzeln fast gänzlich in dem überlieferten Geist der Gesellschaft, in welchem das Individuum steht.

---

[1] {Apelt, [Die] Epochen [der Geschichte der Menschheit. Eine historisch-philosophische Skizze, 1. Bd. Jena: Carl Hochhausen 1845, – Dass. 2. Ausg. Jena: Friedrich Mauke 1851].} [Das Zitat auf S. 36 beider Ausgaben lautet wörtlich: »Die Griechen besitzen schon zu des Pythagoras Zeiten die Kenntniß der sieben Sphären, die Grundlage aller astronomischen Vorstellungen vom Weltbau, und nirgends findet sich aufgezeichnet, wie sie diese Kunde erlangten. Zwar reicht die Bestimmung der siderischen Umlaufszeiten

§ 15
Die Träger des objectiven Geistes

Der Paragraph 7 hat von der Möglichkeit einer vollständigen Kenntniß des objectiven Geistes gehandelt; der vorige Paragraph aber hat gezeigt, daß die wesentlichste Manifestation desselben nur in den lebenden Individuen die eigentliche Existenz hat. Sind denn nun *alle* Individuen Träger des objectiven Volksgeistes? sind es alle auf gleiche Weise?

Wenn zunächst einzelne Individuen von dem objectiven Geist abweichen, wenn Recht oder Sitte verletzt wird, so wird dies meist nicht ohne ein Bewußtsein des Unrechts, ohne die Erkenntniß geschehen, daß und in wie fern der Einzelwille gegen das Allgemeine sich auflehnt, und so wird die subjective Ausnahme nur die objective Regel bestätigen. Aber auch Art und Zahl dieser Abweichungen, die Statistik der Verbrechen, muß zur Charakteristik eines Volksgeistes dienen, indem sie zeigt, ob und in wie weit die objectiven Gedanken des Volksgeistes Macht genug haben, die Fesseln der Natur zu lösen und die Freiheit des Geistes (der Einzelnen) zu binden.

Wir werden in diesem Sinne allerdings das Verbrechen der Einzelnen der Gesammtheit, die individuelle subjective That dem allgemeinen objectiven Geist zurechnen müssen. Vollends wenn die Vergehen der Einzelnen ein nothwendiger Erfolg der Organisation der Gesellschaft sind, wenn sie nur als einzelne Anzeichen von der Krankheit des Ganzen auftreten, wenn näm-

hin, dieselbe zu verschaffen; aber diese letztern selbst konnte nur eine fortgesetzte Beobachtung gewinnen lassen, und Jahrhunderte waren nöthig und eine stete Ueberlieferung von Geschlecht zu Geschlecht, um bei der ersten rohen Methode zu beobachten und bei der langsamen Bewegung der oberen Planeten diese Bestimmungen zu erhalten.«]

lich nur die bestimmten Personen aus unglückseliger Freiheit das | Verbrechen erwählen, die Zahl derselben aber eine unabwendbare Nothwendigkeit ist (wie wenn zwar Brot für Alle, Besitz aber und *gesuchte* Arbeit nur für Alle – X vorhanden ist und Vergehen gegen das Eigenthum also nothwendig werden): dann werden wir zugestehen müssen, daß »der Verbrecher das Verbrechen der Gesellschaft ist«. Nur findet dies nicht in der Ausdehnung statt, in welcher Buckle es annimmt.

Wo aber die Abweichung vom objectiven Geist ohne ein Bewußtsein von derselben stattfindet, wo Sprachfehler, niedrigere Naturanschauung, ethischer und ästhetischer Bildungsmangel vorhanden sind: da ist eben der objective Geist das Maß für den Zustand solcher Individuen. Wie die im Wachsthum aufgehaltenen oder in Krüppel verbildeten physiologischen Gebilde zum Gattungstypus, so verhalten sich diese Subjecte zum objectiven Geist. Auch hier ist die Analogie des Verhaltens des Einzelnen zur Gesammtheit mit dem Verhalten der einzelnen Vorstellungen zum Gesammtbewußtsein des Individuums leicht zu erkennen; und wir heben sie besonders hervor, weil nicht bloß die Analogie, sondern auch der Grund jenes Verhaltens darin gegeben ist. Jedes Individuum hat einen gewissen Bildungsgrad, welcher seine psychischen Prozesse, einen Charakter, welcher seine Handlungen bestimmt. Aber nicht alle einzelnen Vorstellungen haben denselben Grad der Ausbildung, nicht alle Denkacte die dem Individuum entsprechende Bestimmtheit, nicht alle Willensacte stimmen mit der Gesinnung der Person zusammen. Gleichwohl messen wir jeden Gedanken des Einzelnen und jede Handlung desselben an seinem Bildungsgrad. Auch hier liegt die Schuld eines Mangels entweder in dem einzelnen psychischen Ereigniß selbst, oder in dem gesammten psychischen Organismus, aus welchem die individuellen Fehler hervorgehen.

Daher geschieht es denn auch, daß dieselben Individuen in der einen Beziehung vollbürtige Träger des objectiven Geistes sind, während sie in einer anderen Beziehung hinter ihm zurückstehen oder ihm entgegentreten. Von einer absoluten Bestimmtheit also, wo wir die eigentlichen Träger des objectiven Geistes zu suchen haben, kann deshalb nicht wohl geredet werden. | Wollen wir uns dieser Bestimmtheit aber einigermaßen nähern, so ist Folgendes zu beachten.

Wir werden zunächst von den Idioten aller Art absehen, – welche ihren Namen dadurch verdienen, daß sie, in der natürlichen Einzelbestimmtheit zurückbleibend, von der erziehenden Gewalt des allgemeinen Geistes nichts an sich erfahren können; aber auch von all jenen Individuen einerseits werden wir absehen, welche (gleich den Kindern) nur erst in der Entwicklung zu dem durchschnittlichen Maß des allgemein ausgebildeten, Jedermann in seiner Sphäre zugänglichen Gemeingeistes begriffen oder befangen sind; so wie andererseits von den hervorragenden Individuen, welche, eben jenes durchschnittliche Maß überschreitend, durch ihre eigene Größe und deren Einwirkung auf die Gesammtheit dasselbe zu dehnen und zu erheben noch im Begriff stehen.

Die so verbleibende mittlere, durchschnittliche Masse werden wir vor allem an dem erkennen, was sie in bewußter Weise *in der Gesammtheit und für dieselbe leistet und von ihr empfängt* (oben § 4); der Inhalt, den sie erzeugt und der sie leitet und die Formen, durch welche beides geschieht, wird sie kennzeichnen.

Jene beiden Arten von Individuen aber, die zurückgebliebenen und die gesteigerten Menschen, können, während sie von dem Maß des Allgemeinen abweichen, zugleich dazu dienen, es zu erklären, indem an den Einen erkannt wird: welche Art von wirklicher Entwicklung von der durchschnittlichen Masse bereits vollzogen ist;

an den Anderen aber: wie und wo die Möglichkeit einer weiteren Entfaltung des Allgemeinen selbst gegeben ist (vgl. unten §§ 19 und 20).

§ 16
Beiderseitige Gliederung des subjectiven und des objectiven Geistes

Wichtiger aber für die Erkenntniß des objectiven Geistes ist es dann, daß er nach dem Maße der objectiven Culturentwicklung, die er einschließt, und der Theilung der Arbeit, die | er voraussetzt, sich seinem eigenen Inhalt nach ebenfalls gegliedert in den Gleichzeitiglebenden darstellen muß. Daher können einerseits die Lebensarten und Arbeitsgewohnheiten einzelner Stände oder Klassen an und für sich charakteristisch werden für den objectiven Geist des Ganzen, in dem die Klassen vereinigt sind;

Ob der Adel, der Bauernstand träge oder munter, Neuerungen geneigt oder abhold; ob der Handwerkerstand überhaupt vorhanden, ob er erfindsam oder nachahmend, beweglich oder schwerfällig; ob der Handel enge oder weite Grenzen hat, ob er reell oder schlau, ob er Baar- oder Credithandel ist; ob die Gelehrten isolirt oder mit der Welt in Verbindung, ob sie formlose Pedanten oder gewandte Volksbildner sind: Alles dies sind Kennzeichen und Erfolge des allgemeinen subjectiven Geistes.

und andererseits wird der Charakter einer Culturepoche wesentlich davon berührt, ob die Scheidung und Gliederung überhaupt bestimmt, klar genug, oder zu bestimmt und schroff ist; ob bestimmt genug, um deutliche, fruchtbare und regelmäßige Beziehungen zwischen den Klassen herzustellen, oder ob sie zu schroff sind und nur Hemmungen, Antipathien und Antagonismen zur Folge haben.

Man vergleiche das Verhältniß der Patrizier und Plebejer in der römischen Republik mit den *Zwangs*klassen des oströmischen Kaiserthums.

§ 17
Die Harmonie der Gliederung und ihr Gegentheil

An die Gliederung des allgemeinen Gattungscharakters in die Artcharaktere der einzelnen Stände und Klassen, welche letztere alle den ersteren widerspiegeln und zusammensetzen, knüpft sich die für den Bestand und die Fortentwicklung derselben gleich wichtige Frage nach der inneren Harmonie des objectiven Geistes und sein Verhalten zu den subjectiven Trägern.

1. Zunächst handelt es sich natürlich darum, ob der öffentliche Geist überhaupt objectiv mit sich selbst übereinstimmend ist, oder Differenzen enthält, die sich wie logische Widersprüche zu einander verhalten.

Das Letztere finden wir bei allen Volksgeistern vor dem Untergange eines Volkes und als wesentliche Ursache desselben. Die verschiedenen Lebensanschauungen, – theils aus heimischen Keimen entwickelt (Griechen), theils durch Berührung mit fremden Ideenkreisen überkommen (Römer und Juden) – vertheilen sich Anfangs auf verschiedene Kreise von Individuen, bilden Parteiungen, in denen entweder unmittelbar um jene Gegensätze, oder mittelbar durch die Macht derselben um irgend welche Objecte und Beziehungen des öffentlichen Lebens gekämpft wird. In dem Stadium dieser Kräfte zeigt die Geschichte das trügerische Bild von Fülle und Frische des Lebens; aber es ist ein hektischer Schimmer, der Prozeß einer lebhaft wirkenden Kraft, die sich aufreibt, je lebhafter, desto verzehrender. Diese Kämpfe sind nur der Anfang vom Ende, welches dann nothwendig eintritt, wenn einerseits die Gegensätze – wegen ihrer scheinbar objectiven, subjectiv aber für die durchschnittliche Masse wirklichen Unlösbarkeit – ihre Anziehungskraft verlieren, wenn so die Gleichgültigen die zahlreichste Partei bilden, welche das Uebel in der Cultur überhaupt erblickt, zur sogenannten Natur und ausschließlichen Antrieben derselben sich zurückwendet, also den Weg der Entartung geht, der bald zur Rohheit, zur Auflösung alles objectiven Geistes führt; und andererseits die Gegensätze, welche früher in den verschiedenen Individuen vertheilt waren, in einen und denselben Individuen sich einnisten, Skepsis erzeugen, die verschiedenen Gesinnungen zur Gesinnungslosigkeit führen, weil dann *die Köpfe stumpf, aber die Gewissen dialektisch werden.*[1] |

[1] Man hat beobachtet, daß die Grenzbewohner zweier benachbarter Nationen im Vergleich zu ihren eigenen Genossen im Innern des Landes von minder guten Sitten sind. Da nun aber nicht bloß die Grenzer des geistig und sittlich höher stehenden Volkes herabsteigen, sondern auch die niedriger stehenden nicht nur nicht gehoben werden, sondern noch tiefer sinken, | als ihre Brüder in des Landes Mitte, so kann die bloße Nachahmung fremder Sitte die Thatsache nicht erklären. Sie hat vielmehr eben darin ihren Grund, daß der Verkehr mit fremden Sitten, welche auf verschiedenen Grundlagen und Lebensanschauungen ruhen, jene zur Sitte gehörige Macht einer absoluten Geltung nothwendig untergräbt. Ja auf Seiten der niedriger stehenden Nation wird gerade das dunkle Bewußtsein von den Vorzügen ihrer Nachbarn, die gleichwohl andere Sitten haben, die Zuversicht zu den eigenen erschüttern, während sie die fremde Sitte nur schwer oder oberflächlich annehmen können, da jeder subjective Fortschritt auf dem Boden des objectiven Geistes geschehen muß; so verlieren sie die Festigkeit der eigenen Sitte, ohne den Werth der fremden erringen zu können. So kann es kommen, daß die Einen von der Nachahmung der Vorzüge ihrer Nachbarn mehr leiden, als die Andern von der Nachahmung der Mängel auf der andern Seite. (In den Zeiten entwickelter Civilisation – wo es auch Zollgrenzen gibt – hat das materielle und ethische Contrebandiren einen scheinbaren Reichthum bei innerem Ruin zur Folge; es haf-

Wer sieht nicht, daß in diesem Gedanken die Gefahren und die Aufgaben unseres Zeitalters angedeutet liegen; da die Gegensätze einer mechanischen oder teleologischen, einer naturalistischen oder idealistischen Lebens|auffassung um sich greifen, und nicht bloß der Gedankeninhalt, sondern selbst die letzten Denkformen

tet eben an der geistigen wie an der kaufmännischen Schmuggelei nicht der Segen, der den einfachen, heimischen Erwerb beglückt.) Nicht durch ihre Laster allein wirken die Culturmenschen auf die sogenannten Wilden, sondern auch durch ihre Tugenden zunächst verderblich, und desto mehr natürlich, je deutlicher ihre Vorzüge und je stärker sie von Lastern begleitet sind.

Auch innerhalb der Gesellschaft ereignet sich, nach der feinen Beobachtung eines als Statistiker hochgeschätzten Freundes etwas Aehnliches, das, wie verschiedene Gründe auch im Speziellen mitwirken mögen, im letzten Grunde des psychologischen Prozesses aus einer gleichen Quelle fließt. Es gibt Berufsarten, welche sich an der Grenze zweier Culturgebiete befinden, Kenntnisse, Denk- und Handlungsweisen bald des einen bald des andern involviren, und deshalb sowohl für Gesinnung und Lebensstellung, als auch für Erkenntniß- und Lebensart leicht eine gewisse Unsicherheit erzeugen. Hier treffen wir häufiger als sonst Individuen, welche durch Ueberhebung auf der einen, durch überkluges, unpraktisches Wesen auf der anderen Seite auffallen. Hierher gehören z.B. die Buchhändler, die zwischen Litteratur und Handel, die Apotheker, die zwischen theoretische und praktische Chemie, und Krämer, die Uhrmacher, die zwischen wissenschaftliche Mechanik und Gewerbe gestellt sind; Lithographen, Photographen, Kalligraphen, zwischen Kunst, Industrie und Handel stehend. Auch die adligen Fabrikanten, die kaufmännischen Gutsherren liefern ihr Contingent zu dieser Spielart von Charakteren. Was hier aus allgemeinen Gründen hervorgeht, vollzieht sich aus indivi|duellen da, wo überhaupt die Inhaber eines bestimmten Berufs aberwitzige Streifereien in andere, namentlich höher gelegene Gebiete unternehmen, deren Erfolge sich als großartige, messianisch angekündigte Verbesserungspläne oder fundamentale Umgestaltungen dieser Gebiete zu erkennen geben; so wenn Mediziner plötzlich die Philosophie, Juristen die Kirche, und alle Welt die ganze Welt verbessern wollen. – Auch für den Geist einer bestimmten Zeit ist das häufigere Auftreten solcher Erscheinungen charakteristisch.

Gegenstand des Widerstreits geworden sind. (Freie Wissenschaft und traditionell-religiöse Lebensanschauung; in England sogar politische Freiheit neben wissenschaftlichem und religiösem Despotismus.)

2. Sodann handelt es sich darum, ob der objective Geist mit seiner subjectiven Gestaltung und Vertheilung in den Massen der Individuen harmonirt. Offenbar bedarf ein niedrig stehender objectiver Volksgeist keiner so bestimmten Gliederung, als ein entwickelter; und von der Natur des objectiven Geistes hängt es ab, ob Staat und Kirche, Schule und Staat und Schule und Kirche verbunden oder getrennt sein müssen, ob Religion und Wissenschaft frei oder gebunden sein sollen. Namentlich aber ist es von Bedeutung, ob die Artcharaktere der einzelnen Stände und Berufsklassen sich so verhalten, daß sie den Gattungscharakter, wenn auch nicht zerstören, so doch mit Widersprüchen belasten können. Ob z. B. einzelne Stände in der Entwicklung oder im Einfluß auf das Ganze zu weit vorgehen oder zu weit zurückbleiben; an Bildung oder an Macht; ob Macht und Bildung, Besitz und Arbeit, kriegerische und friedliche Thätigkeit usw. im Gleichgewicht stehen, oder nicht.

Hier können Gegensätze sich erzeugen, welche lange bevor sie erkannt werden, schon ihre verderbliche Macht ausüben; Gegensätze, welche entweder aus der gewaltsamen Einschiebung neuer Elemente zur Hemmung einer regelmäßigen Entwicklung entspringen (wie die Gegenreformation in Italien und theilweise auch in Oesterreich), oder aus der zähen Fortdauer veralteter Anschauungen, Zustände und Einflüsse, während das Ganze in eine neue | Epoche der Entwicklung eingetreten ist. Solche Elemente können lange, wie eine Kugel im leiblichen Organismus bei anscheinender Gesundheit, unbemerkt im Innern des Volksgeistes fortwühlen; und es gehört dann eine geschickte Hand des Chirurgen und eine starke Constitution – des Patienten dazu, wenn solch eine Kugel ohne Gefahr für das Leben entfernt werden soll.

§ 18
Die Ausbildung des objectiven Geistes

Der Bestand des objectiven Geistes in der Gesammtheit wird dadurch erhalten, daß die Einzelnen sich zum Inhalt und zur Höhe desselben, beziehungsweise zu derjenigen Stelle entwickeln, welche sie in ihm einzunehmen geeignet und geneigt sind. Jeder Einzelne nun verhält sich zur Gesammtheit und dem in ihr lebenden objectiven Geist, wie sich jeder einzelne psychische Act im Individuum zu dem Ganzen seines bis dahin erlebten Gesammtbewußtseins verhält. Jeder einzelne Act nämlich ist offenbar bedingt von dem ganzen Stand und Gang des früheren psychischen Lebens der Person; zwar nicht gänzlich in Bezug auf den Inhalt, da die Person einem neuen Inhalt als Subject gegenüber treten und ihn aufnehmen kann; wohl aber wird die Art und Form der neuen Vorstellung und damit auch mittelbar der Inhalt derselben in seiner vom Subject ausgehenden Bestimmtheit der Auffassung bedingt sein von den früheren Vorstellungen und allen an ihnen in der Seele vollzogenen Prozessen. *Jeder psychische Act also hat einen personalgeschichtlichen Charakter;* er wird zwar nach *allgemeinen* Gesetzen vollzogen; allein der Sinn eines jeden – auch psychologischen – Gesetzes ist ja dieser, daß unter gegebenen gewissen Bedingungen gewisse Erfolge nothwendig sind: eben diese Bedingungen aber liegen für jeden psychischen Act nicht in der bloßen Beziehung zwischen dem Subject und dem betreffenden Object, sondern wesentlich in der früheren Thätigkeit des Subjects selbst, denn durch diese | werden z.B. die Empfänglichkeit, Beweglichkeit und Apperceptionsgestaltung des Prozesses, der in Frage kommt, bedingt.[1]

Auf gleiche Weise nun ist das psychische Leben und die Entwicklung des Einzelnen bedingt von dem bereits vorhandenen Leben der Gesammtheit und des darin liegenden objectiven Geistes; denn Form und Inhalt desselben werden sich nothwendig nach diesem gestalten, da in ihm die Bedingungen gegeben sind, wie das Einzelsubject seine Thätigkeit gesetzmäßig vollzieht. Wir sagen auf *gleiche* Weise, obwohl uns der Unterschied deutlich vor Augen steht, daß es dort ein und dasselbe persönliche Subject ist, in welchem sich der Einfluß der früheren Thätigkeit auf die spätere geltend macht, hier aber nur ein objectiver, in anderen Personen lebender Gehalt seinen Einfluß auf eine andere Person ausüben soll. Denn die Identität des

---

[1] Der hier und da auftauchende Einwurf gegen die Völkerpsychologie, daß in der Geschichte die Ereignisse sammt und sonders durch die speciellen Verhältnisse, aus denen sie hervorgehen, so individualisirt sind, daß allgemeine Gesetze darauf keine Anwendung finden oder darin nicht entdeckt werden können, dieser Einwurf würde die individuelle Psychologie nach dem Obigen schlechterdings ebenfalls treffen. Durch eine gleichzeitig von der Generalisations- und Differenzmethode geleitete Beobachtung aber muß es möglich sein, dort wie hier die allgemeinen Gesetze in den concreten Erscheinungen zu finden. Will man sich aber dazu versteigen, im strengen Sinne zu leugnen, daß es in der Geschichte *vergleichbare* Thatsachen gibt, dann gäbe es freilich keine Völkerpsychologie, aber auch die Geschichte würde aufhören, auch nur im ärmlichsten Sinne eine *Wissenschaft* zu heißen. – Die individuelle Psychologie kann die vergleichbaren Thatsachen im geistigen Einzelleben allerdings leichter entdecken; dies aber, und damit die Psychologie als eine mögliche Wissenschaft zugegeben: so folgt schon daraus, daß gesetzmäßig handelnde Wesen die Geschichte vollziehen, daß auch in ihr die betreffenden Gesetze entdeckt werden müssen. Daß diese Entdeckung langehin schwer und unsicher bleiben mag, dies darf allerdings zugestanden werden; nur folgt daraus nicht, daß man die Arbeit aufgeben, sondern nur daß man sie verdoppeln muß.

Subjects ist zwar ein factisches (und an und für sich wichtigstes) Verhältniß; die Art der Bedingtheit der folgenden Ereignisse durch die früheren beruht aber nicht in diesem Verhältniß, sondern in der Art und Natur der geistigen Ereignisse selbst, welche vorangegangen sind, | in ihrer objectiven Natur und Beschaffenheit (§ 1). Wenn also irgend ein gegebener objectiver geistiger Gehalt von anderen Personen her sich einer Person so unweigerlich aufdringt, daß sie den Einfluß desselben im eigenen Geiste nicht vermeiden kann, dann hat dieser Einfluß die gleiche Nothwendigkeit, als wenn er aus der eigenen, früheren Thätigkeit des Subjects herstammte. Populär ausgedrückt (obwohl nicht ganz congruent, denn am wesentlichsten handelt es sich um die formbildenden Einflüsse (nach § 14, Nr. 2) heißt dies so viel, als: ein Gedanke hat auf den folgenden Gedankenlauf den gleichen Einfluß, ob er in meinem Kopfe oder in einem anderen entsprungen ist; die Prämissen im anderen Geist führen auch in meinem zu dem gleichen Schluß; mit einem Wort: die Gleichheit der objectiven Gesetze für den Geistesinhalt und seine Entfaltung und die Gleichheit der subjectiven, psychologischen Gesetze für den Prozeß, diese *Gleichheit der Thätigkeit* ersetzt die *Identität der Person.*

§ 19
Die Fortbildung (durch Genialität)

Ist nun der Bestand des objectiven Geistes dadurch gegründet, daß er bedingend auf die subjective Thätigkeit des Einzelgeistes einwirkt: so sehen wir dann umgekehrt die weitere Fortentwicklung des objectiven Geistes selbst abhängig von der beziehungsweisen Erhebung des einzelnen Geistes (in seiner subjectiven Thätigkeit) über denselben. Es findet hier wiederum durchaus dasselbe

Verhältniß der Analogie mit der Entwicklung des individuellen Geistes selber statt. Was einzelne psychische Acte im Gesammtbewußtsein des individuellen Geistes, das sind persönliche Individuen für den objectiven Geist der Gesammtheit. Offenbar nämlich erhebt sich das Individuum über irgend ein bereits erreichtes Maß der Bildung durch Vollziehung neuer, bedeutsamer, und auf das Ganze und alles Frühere rückwirkender psychischer Acte; irgend ein späterer Gedanke, ausgezeichnet durch hervorragende Energie in der Erfassung des Inhalts, oder durch eine neue Combination des Gegebenen, durch größere | Innigkeit und Klarheit in der Fassung der Ideen, durch größere Ordnung und Festigkeit ihrer Gestaltungen, erzeugt auch rückwärts für das Gesammtbewußtsein der Persönlichkeit eine neue Schärfe, Bestimmtheit und Ordnung der Gedanken, neue Zwecke und entsprechende Mittel ihrer Ausführung. In der subjectiven Entwicklung des Einzelgeistes ist uns so Urbild und Ursache gegeben für den Fortschritt auch des objectiven Geistes der Gesammtheit; denn dieser vollzieht sich dadurch, daß Einzelne oder eine Vielheit von Individuen durch ihr geistiges Thun eine Erhebung, Klärung, Vertiefung, überhaupt Bereicherung des objectiven Geistes vollbringen, welcher dann, so bereichert, in die Gesammtheit sich wiederum ergießt und in ihr erhält. Gewinnt doch die glänzende Erhebung eines einzelnen, neuen, schöpferischen Gedankens über das Ganze des persönlichen Geistes ihre volle Bedeutung erst dann, wenn er auf das ganze Bewußtsein klärend, ordnend und gestaltend sich *zurückbezieht;* und so finden große, bedeutende Männer für ihre geistige That ebenfalls die Bedeutung erst in der Rückwirkung auf die Gesammtheit. Wenn ein Friedrich nicht vereinzelt bleibt mit der Macht seiner Persönlichkeit, sondern sein Volk mit sich fortreißt, wenn ein Kant nicht der einsame Denker, sondern der Gründer

Synthetische Gedanken zur Völkerpsychologie

einer Denkschule wird, welche die formale Aufklärung mit dem Aufklärungsinhalt zur Festigung des sittlichen Bewußtseins bis in die Dorfschule sendet: so stehen die Genien nicht mehr außer und über, sondern im Volksgeist und bilden einen Theil seines objectiven Gehalts.

Häusser drückt die Wirksamkeit Friedrichs des Großen vortrefflich dadurch aus, daß er sagt: »es war nicht die Poesie allein, welche die große Rückwirkung einer solchen Persönlichkeit empfand. Unser *ganzes Leben,* unsere *eigentliche Natur* hat durch Friedrich eine ungemeine Veränderung erfahren«. Von einer Veränderung der »eigentlichen Natur« kann aber schwerlich in einem anderen Sinne die Rede sein, als in dem der Umgestaltung des *objectiven Geistes,* woraus dann eine nothwendige Aenderung in der subjectiven Thätigkeit aller Einzelnen (nach dem vorigen Paragraphen) nothwendig folgt.[1] Und wenn v. Schön die ostpreußische Erhebung

---

[1] Aus der weiteren Ausführung Häussers ersieht man, daß speciell im Selbstbewußtsein des öffentlichen Geistes, dessen Bedeutung für den Gesammtgeist überhaupt wir in dieser Zeitschrift Bd. II, S. 420f. [in diesem Band S. 83ff.] näher entwickelt haben, eine wesentliche Erhebung stattgefunden. »Hier ward der schlimme Ruf unserer schwerfälligen und unbeholfenen Art zum ersten Male glänzend widerlegt, hier ward nach langer Oede zum ersten Male ein deutscher Mann mit seinem Volke ein [der!] Gegenstand des Neides und der Bewunderung eines ganzen Welttheils; hier entfaltete sich nach einer langen Zeit von nationalem Unglück und Demüthigung eine Größe, an der die Nation sich mit ganzer Genugthuung erheben konnte. Es wirkte auf alle Kreise diese Kühnheit und dies Selbstgefühl zurück, dessen Träger Friedrich gewesen; der Deutsche richtete sich wieder einmal aus jener gedrückten und demüthigen Stellung auf, welche die üble Frucht der letzten Zeiten war.« [Vgl. Häusser a.a.O. S. 63.] Auch von Maria Theresia rühmt er, »daß sie, gleichwie ihr großer Gegner in Preußen, durch ihre Persönlichkeit der Monarchie einen sittlichen Rückhalt und eine Popularität schuf, welche der Name und die Ueberlieferung allein nie geben kann.« [Vgl. Häusser a.a.O. S. 67.]

in den Freiheitskriegen dem Geiste Kants zuschreibt, so war dieser Geist dreißig Jahre vorher noch nicht der Geist der Preußen; dieses aufopfernde Pflichtleben, dieser hingebende Sinn für das »Allgemeine« hat in der That in der Lehre Kants eine offenliegende Quelle, die sich als wachsender Strom in die Gemüther ergossen hatte. Während der Genius nur eben erst in seiner eigenen Seele den geistigen Gehalt zu Tage schöpft, gehört dieser, weil einem der Träger desselben, zum subjectiven Geist des Volkes, aus welchem er dann, nach dem Maße seiner Kraft und Dauer, in den objectiven Geist eindringt; er gleicht dem Pfropfreis, das in den Stamm gesenkt wurde; noch ist es nur die räumliche Nähe und die beginnende Endosmose, die sie verbindet; bald aber verwachsen beide in einander und, die Trennung vergessend, werden wir von den Früchten sagen, daß sie auf diesem *Baume* wachsen.

§ 20
Die Fortbildung (durch Tüchtigkeit)

Aber nicht bloß jene hervorragenden, Allen erkennbaren Geister, welche mit einem Wurf Großes anbahnen oder voll|bringen, wirken auf die Fortbildung des objectiven Geistes; sondern alle Diejenigen, welche, in irgend einer der vier Formen des geistigen Zusammenlebens dergestalt thätig sind, daß sie nicht bloß nachahmend, das Gegebene wiederholend und erhaltend, sondern selbständig schaffend, frei ergänzend und gestaltend zu Werke gehen, arbeiten mit an der Bereicherung des objectiven Geistes. Hierbei sind namentlich auch die verschiedenen Arten des Daseins des objectiven Geistes (§ 13) als verschiedene Beziehungen seiner Fortbildungsfähigkeit wohl zu beachten. Also die fortschreitende Thätigkeit *jedes* Einzelnen, der entweder durch persönliche Erhebung oder vorbildliche Schöpfung seine Genossenschaft weiter führt, mündet nothwendig in den objectiven Geist ein. Dies ist die Weise aller auftretenden Berufsarbeit, auf welchem Gebiete es auch sei. Die einzige Bedingung dafür ist eben nur die, daß jeder irgend wie und irgend worin schöpferisch Tüchtige wirklich mit den Anderen zusammenlebt, sich mittheilt, schafft, wirkt, und nicht als Einsiedler lebt.

Es ist dabei aber wohl zu beachten, daß nicht alles *individuelle* Thun den Werth und die Bestimmung hat, in das Leben der Gesammtheit überzugehen; nach größeren Epochen kann man beobachten, wie der Volksgeist beim Einsammeln der Frucht das Stroh auf der Tenne zurückläßt und nur das Korn in die Scheuern bringt. Immer aber sind Halme nöthig, wenn Körner wachsen sollen; nur sollte man dies in der Philologie speciell und in der Culturgeschichte überhaupt nie vergessen; es gibt dann immer noch Leute genug, welche nicht bloß auch das Stroh einsammeln, sondern es für eigentliche Frucht halten (s[iehe] den folg[enden] Paragraphen).

§ 21
Das Historische

Wenn wir von dem Verhältniß des objectiven Geistes zu den einzelnen Individuen, welche seine Fortschritte bewirken, absehen, wie es sich denn auch gewissermaßen historisch von selbst | immer wieder auflöst, indem die subjective That des Einzelnen in den objectiven Gehalt der Gesammtheit übergegangen ist: so bleibt dies der wesentliche Gesichtspunkt in der Entwicklung des objectiven Geistes, daß sie in einer zeitlichen Abfolge sich vollzieht, daß die früheren Momente bedingend auf jede folgende Epoche einwirken, aber dennoch die folgende Epoche den

Gehalt des Ganzen, das Bild des objectiven Geistes umgestalten kann; der objective Geist ist (eben so wie selbstverständlich der subjective, thätige Geist) ein schlechthin historischer; historisch in der bedingenden Macht für alles Nachfolgende, und in der Entwicklungsfähigkeit durch dasselbe.[1]

§ 22
Unterschiede des historischen Wirkens

Daran knüpft sich nun eine Betrachtung, welche eben so schwierig für den Psychologen, als wichtig für ihn, den Historiker und den Politiker ist.

1. Schon im Leben des Einzelnen nämlich haben wir zu unterscheiden das, was einmal gethan, schlechthin auch vorüber ist, beziehungsweise als ein wirkungsloser Inhalt im Gedächtniß bleibt, von dem, was, voller Einfluß, dauernd und bildend fortwirkt. Hier scheiden sich namentlich die Prozesse, in denen Gesinnungen, Erkenntnisse gewonnen werden, von den bloßen Ereignissen des Lebens. Im Geiste des Individuums sind die meisten psychischen Acte, im Leben des Volkes das Leben der meisten Einzelnen nicht bloß Gegenstand der Wiederholung und Nachahmung – die Erzeugung der alltäglichen Industrie, die Bestellung des Bodens, die Ausbeute der Bergwerke, der Betrieb des Handels, die Arbeit in den Schreibstuben aller Art, welche zwar das Leben erhalten und erfüllen, aber nicht bereichern – sondern auch die individuellen Ereignisse, die Glücks- und Unglücksfälle, wie sehr auch bedeutungsvoll für das Lebens|schicksal, bleiben meist bedeutungslos für den Stand des geistigen Daseins und seine Entwicklung.

[1] *Man sollte, wenn von dem Historischen z. B. des Rechts die Rede ist, nie vergessen, daß es diese doppelte und in sich zusammengehörige Bedeutung hat.*

2. Dahingegen treten, noch weit mehr als theoretische Anleitungen zur Bereicherung des Geistes, diejenigen *Ereignisse* hervor, welche im Besonderen die *historischen* zu heißen verdienen, welche Gesinnungen und Erkenntnisse bildend auf die Seele wirken, von denen die letzteren sich entweder ablösen, um auch als selbständig dauernder Gehalt fortzuwirken, oder nur implicite mit jenen und deren Erinnerung erhalten bleiben. Hierin liegt der Maßstab für den Unterschied, ob gewisse historische Facta in der Folge geglaubt oder bezweifelt werden; hierin die Gleichheit und Verschiedenheit zwischen Mythen und Sagen auf der einen und historischen Thatsachen auf der anderen Seite.

Je inniger die gesinnungbildende Kraft noch mit der Thatsache selbst verknüpft, je weniger sie abgelöst und selbständig geworden ist, desto wichtiger bleibt noch der Glaube an die Thatsache und die Wiedererinnerung derselben. Für das Leben der Völker gibt es deshalb, eben so wie für Einzel- und Familienleben, künstliche Vorkehrungen zur Erinnerung, die Herstellung von Bedingungen der Reproduction, um die Gesetze derselben zu unterstützen und ihre Anwendung zu regeln, Feste, Gedenktage usw.

3. Noch wichtiger aber ist für den Geist – sowohl der Gesammtheit als des Einzelnen – ob die Ereignisse, welche seine Erhebung oder Erweiterung herbeiführen, eine zufällige Bereicherung oder eine nothwendige Entwicklung (als Grund oder Folge) einschließen. Für den Einzelnen kann, um nur ein Beispiel anzuführen, die Anwesenheit am Sterbebett eines hochverehrten Mannes, der letzte Ausspruch Desselben, oder sonst ein ergreifender, erschütternder Act von ausdauernden Folgen für seinen Charakter sein; aber sehr verschieden bleibt diese Wirkung von derjenigen einer regelrecht geleiteten Erziehung und der Ausbildung wohlgeordneter, zusammenhängender, sich gegenseitig stützender moralischer Vorstellungen. Im Volksleben sind die zufälligen Berüh-

rungen mit anderen Völkern im Kriege sehr verschieden von dem regelmäßigen Verkehr im Frieden, und | noch mehr die politischen Ereignisse, welche durch plötzlich oder zufällig auftauchende Factoren geschehen, oder aus der stetigen, im objectiven Geist selbst begründeten Entwicklung mit Nothwendigkeit hervorgehen.

Fast immer aber lassen sich alle die angedeuteten Unterschiede auf denjenigen zurückführen, der in psychologischer Beziehung der bedeutsamste ist.

4. Es handelt sich nämlich um den Unterschied, ob durch irgend ein – theoretisches oder praktisches – Ereigniß ein formaler, methodologischer Erfolg, und damit eine entwickelte *Fähigkeit*, gewissermaßen ein neues Organ erreicht wird, oder ob nur ein neuer, positiver *Gehalt* gewonnen ist. Sprechen wir zunächst von dem einzelnen Geist; eine neue wahre Thatsache im Vergleich zu einer wahren *Methode*, Thatsachen zu entdecken, ein wahrer Gedanke im Vergleich zu einem *Prinzip* der Wahrheit, verhalten sich zu einander wie die Erzeugung einer Fähigkeit zu der eines bloßen Productes derselben. Der Sinn der erworbenen Fähigkeit ist offenbar ein zwiefacher: einmal bildet schon die neuentdeckte objective Beziehung der Gedanken unter einander *gleichsam* ein neues Organ für den Geist, insofern sich dadurch Prozesse vollziehen lassen, welche vorher unmöglich waren; sodann tritt auch die rein subjective Beziehung hervor, daß mit der erhöhten Thätigkeit des Subjects *wirklich* auch seine Kräfte und Fähigkeiten wachsen. Eine exacte Psychologie aber kann von solchen Arten und Graden der Fähigkeit nur reden, indem sie die psychischen Elemente und ihre Bewegung ins Auge faßt. In diesem Sinne nun können psychologische Ereignisse die Fähigkeit des Individuums erhöhen, in so fern sie die Reizbarkeit und Beweglichkeit der Vorstellungen überhaupt verstärken, insbesondere aber die verschiedenen Weisen des Einflusses einer Vorstellung

(oder Vorstellungsgruppe) auf andere als Apperception, Verdichtung, Herrschaft usw. begünstigen und regeln, also Bedingungen schaffen für die Wirksamkeit höherer Gesetze. Beides nun hat seine Analogie im Leben des öffentlichen Geistes, nur daß hier die Untrennbarkeit beider von einander noch deutlicher hervortritt.

Zunächst der subjectiven Fähigkeit, der Reizbarkeit und Be|weglichkeit der psychischen Elemente im Geiste entspricht der *Gemeinsinn* und die Zusammenwirkungsfähigkeit überhaupt; jedes Factum, das in dieser Beziehung von Einfluß ist (vgl. § 2) hat ungleich größere Bedeutung als irgend eine allen Einzelnen als solchen erwiesene Förderung; denn gänzlich davon hängt es ab, ob das Ganze als solches sich weiter entwickeln kann. Den Methoden aber und formalen Prinzipien im Geiste des Einzelnen entsprechen völlig im öffentlichen Geist die *Institutionen* aller Art; wie ein wahrer Gedanke zu einer wahren Methode, wie eine moralische That zu einer sittlichen Maxime verhält sich ein weiser Despot zu einer weisen Constitution, ein gerechter Richter zu einer gerechten Gesetzgebung.

Durch diese psychologische Vergleichung, welche auch eine Begründung ist – (denn es findet in beiden Fällen der gleiche psychologische Prozeß statt) – fällt ein klärendes Licht auf den oft gehörten Gedanken, daß die bloße Schöpfung von Institutionen den Geist eines Volkes noch nicht verbessern könne, und auf die entgegengesetzten Behauptungen von dem absoluten Werth der Institution – wie wenn Hegel die Schöpfung des Gesetzes über dessen Erfüllung stellt – und von dem absoluten Unwerth derselben – als eines nur papiernen Geistes und wie die Redensarten sonst heißen; diese Gegensätze finden ihr Maß in der Natur des psychischen Verhaltens. Es kann natürlich von dem wirklichen Besitz einer Methode der Auffassung, wenn man

auch die abstracte Regel derselben gelernt hat, nicht die
Rede sein, sobald man der Elemente entbehrt, in denen sie Anwendung findet, oder der Fähigkeit, d. h. der
Uebung in den Prozessen, welche die Anwendung ausmachen. Institutionen also, welche überhaupt nichts
Anderes sind, als (objective und mehr oder minder
verkörperte) Methoden und Maximen der Behandlung
praktischer Verhältnisse, sind nur da wirklich vorhanden, wo einmal die Elemente, darauf sie sich beziehen,
gegeben sind, und eine entsprechende Bewegung und
Zusammenwirkung derselben überhaupt möglich ist.
Die Methode (und | Institution) hat keinen *Werth* ohne
die Kenntniß und Möglichkeit ihrer Anwendung; der
praktisch-günstige, aber zufällige Erfolg dagegen hat
kein Gewicht und keine Gewähr, ohne Kenntniß der Methode, des allgemeinen Grundes, dem er entsprungen
ist.[1]

§ 23
Gehalt und Form

Wir müssen hier eine Betrachtung etwas weiter führen,
welche oben (§ 14, 2) begonnen und im vorigen Paragraph
unter 4. fortgesetzt ist; dort haben wir für den Bestand

---

[1] In der Zeit vor der Schrift ist das Eine, der eigentliche *Gehalt*
historischer Ereignisse (1) leichter erkennbar, welcher zurückbleibt; das nämlich, *was nicht vergessen wird.* In der Zeit nach der
Schrift ist dies schwer zu sagen und zu erkennen; dem natürlichen Zuge des Volksgeistes gesellt sich poetische Auffassung und
gelehrte Arbeit und – Vorliebe, stellt sich demselben auch wohl
entgegen. Dagegen ist die formale Fortbildung durch die Ereignisse
(2 und 4) desto besser zu erkennen, in so weit vergleichbare Documente vorliegen. Vorausgesetzt nämlich, daß die Cultur- und Litteraturgeschichte diese formalen Elemente zu entdecken weiß. *Hier
liegt die eigentliche Aufgabe der Culturgeschichte* im Unterschiede

und die Erhaltung des objectiven Geistes, hier für die Fortschritte und die Entwicklung desselben die Methodik, die Form des Geisteslebens, also diejenigen Vorstellungen besonders beachtenswerth gefunden, welche *Organe* der geistigen Thätigkeit werden.

Zwei Gesetze aus der individuellen Psychologie kommen dabei vorzüglich in Betracht:

1) das Gesetz der Uebertragung im psychischen Prozeß aus einem Gebiete auf das andere.

Darauf beruht ein großer Theil der Erhebung der Anschauungen eines Gebietes der Sinnlichkeit zur Vorstellung, indem es durch ein anderes Gebiet der Anschauung appercipirt wird, Töne z. B. durch Farben und umgekehrt. Darauf das weitreichende Formgebiet der Analogie im Denken, welche meist erklärend, aber auch verwirrend einwirkt. Hierauf die Wirkung einer gründlichen Erziehung, Ausbildung in *einem* Gedankenkreise, auf alle anderen Kreise oder den ganzen Menschen. – Denn nur auf Grund dieses Gesetzes versprechen wir uns von der Mathematik eine allgemeine Zucht auf Nothwendigkeit und von den classischen Sprachen eine allgemeine, lichtvolle Ordnung des Denkens. So stehen leibliche und geistige Ordnung und Sauberkeit, so Sicherheit und Gediegenheit der theoretischen Gedankenreihen mit Gleichmäßigkeit und Ausdauer der sittlichen Gesinnung und beide mit dem ästhetischen Sinn für geordnete Gruppirung und vollendete Abrundung in gegenseitiger Beziehung.

2. Dieses weitverzweigte Gesetz gründet sich aber wesentlich auf das einfachere, wonach nämlich *die Reproduction* (mittelbar also auch Apperception und die höheren Prozesse) *von Vorstellungen stattfindet nach der*

---

nicht bloß von der politischen, sondern auch von der Spezialgeschichte der einzelnen Culturgebiete.

Gleichheit oder Aehnlichkeit nicht bloß des Vorstellungsinhaltes, sondern auch der nur implicite mit der Vorstellung gegebenen Form und Beziehung derselben.[1]

Daraus nun folgt, daß und wie die Ausbildung des Individuums wesentlich bedingt ist durch den Gesammtgeist, durch welchen eine bestimmte Form der Auffassung der Objecte des Denkens für jeden Einzelnen gesetzt ist; und welchen Vorzug eine solche That und ein solches geistiges Ereigniß hat, aus welchem eine neue *formale* Bedingung des geistigen Lebens sich ergibt.[2]

Wenn die Sprache eine entwickelte ist, wenn in ihr Sub|ject und Prädikat und die Nebenumstände beider grammatisch genau bezeichnet, der Gedanke in ihr also wohl gegliedert ist: so wird jede neue Wahrnehmung, jede Beobachtung, jedes Nachdenken mit Nothwendigkeit zu einer solchen formalen Gliederung hingeleitet werden, auch wenn eine sprachliche Darstellung derselben nicht erstrebt wird.

Nicht bloß die abgezogene und für sich selbst gedachte, auch die in der Uebung erfaßte Sitte, die in der Wirklich-

---

[1] So werden wir beispielsweise bei der Erzählung irgend einer charakteristischen Anekdote nicht sowohl durch die einzelnen Vorstellungen ihres Inhalts an die ihnen gleichen, als viel eher durch die Form ihres Contrastes an eine Anekdote mit ähnlichem Contrast erinnert, deren Inhaltsvorstellungen durchaus verschieden sind. – Der Grammatiker findet in seinem Gedächtniß nach einander Beispiele für *syntaktische* Regeln, welche gar nichts in Bezug auf den Inhalt gemein haben, sondern nur von einer gleichen *Form* zusammengehalten werden.

[2] Wen es besonders interessirt zu sehen, wie nahe Herbart überall die Aufgabe der Völkerpsychologie streift, ihr aber immer wieder vorübergeht, insbesondere in metaphysische Betrachtungen ablenkt, der wolle nur etwa Werke Bd. IX, S. 185 ff. aufmerksam lesen und mit den letzten Paragraphen vergleichen [vgl. Herbart: Über Menschenkenntniss in ihrem Verhältnis zu den politischen Meinungen. Rede, gehalten an der Königlichen Deutschen Gesellschaft zu Königsberg am 3. August 1821. In: SW IX S. 179–197].

keit bestehende ethische Institution, die in der Anwendung ergriffene ästhetische Regel, die der Gesammtgeist jedem Individuum zugleich mit den Verhältnissen des Lebens und seinen Erscheinungen überliefert: sie gestalten sich zu *Organen* auch für die eigene und freie Bewegung des individuellen Geistes, zu Formen, welche bereit liegen, jeden neugewonnenen Inhalt in sich aufzunehmen und ihm ihre Gestalt aufzuprägen.

Nur wenn wir bis auf die letzte Quelle aller geistigen Cultur, auf den Ursprung der Sitten, auf die Entstehung der Sprache, und auf das Erwachen ästhetischen Sinnes zurückgehen, nur von jener weit hinter der Grenze alles Historischen liegenden Zeit mögen wir behaupten, daß in der Gleichheit der Bedingungen in allen Individuen, von den klimatischen Verhältnissen bis auf die Organisation des Leibes (und vielleicht auch der Anlage des Geistes -) sammt allen objectiven Beziehungen und Bedürfnissen, die darin gegeben sind, in den rein objectiven Bedingungen also, ohne als bereits vollzogen vorausgesetzte subjective Thätigkeit, der Grund für die Schöpfung des gleichen und gleichlaufenden Denkprozesses liege.

Aber nicht weit genug können wir zurückgehen mit der Feststellung, daß bereits vorhandene, vollzogene geistige That sofort auch zum objectiven Geist wird, daß sie zwar nicht Fessel ist, welche den Fortschritt hemmt, wohl aber Regel und Richtschnur, nach welchen sie die folgende Bewegung leitet, Norm und Form, in welchen sie den Prozeß des Einzelnen gestaltet. Nicht Fessel, sage ich, ist die in einer That gefundene und auf die folgende einwirkende Form; denn wie bindend sie auch immer sei, wird sie doch aus zwiefachem Grund die eigentliche Bedingung des Fortschritts. Denn einmal wird der gewonnene | Inhalt – eine Naturanschauung, eine sittliche Regung, ein ästhetisches Gefühl – dadurch erst gefestigt und seine Wiederkehr ins Bewußtsein erleichtert;[1] sodann wird jeder neu zu gewinnende Inhalt desto sicherer und schneller angeeignet. Von dieser den Inhalt nicht bloß durchdringenden, sondern meist auch erst erwerbenden Gewalt der Form bietet des Menschen Fähigkeit zur Rede das klarste Beispiel in der inneren Sprachform.

Erst wenn der durch die Form vermittelte, von der Form durchaus bedingte Fortschritt des menschlichen Geistes es bis zu einer gewissen Erfüllung desselben gebracht, wenn eine Art von Natur- und Weltanschauung so sich gebildet, religiöse Vorstellungen das sinnliche Dasein ergänzen, Sitten das Leben ordnen und in den Zierden desselben, in Kleid und Geräth ein gewisser Geschmack sich ausgeprägt hat, erst dann entsteht für die Beobachtung die Frage: ob *diese* Formen des geistigen Lebens nicht zu eng, ob sie die innere Thätigkeit nicht fesseln, anstatt sie zu führen, ob nicht die Regel zum Zwang, dadurch das Mittel zum Zweck, und der Zweck unerreichbar wird. Dann aber leiden nicht bloß die Völker, welche dadurch überhaupt auf einem niedrigen Stand der Cultur festgehalten sind, von der lebenvernichtenden Gewalt der Form, sobald nämlich die Formen jeder neuen Regung des Lebens entgegengehen und sie in ihre eisernen Arme schließen, alles aber, was sich nicht fügen will, eben keinen Eingang findet – sondern auch in viel späteren Zeiten und auf viel höheren Stufen der Cultur erleben wir in historischer Zeit denselben wahrhaft tragischen Erfolg der Form, indem die Gestaltung zur Verhärtung, die Bildung zur Versteinerung wird.

Geschieht dies zuweilen dadurch, daß in deutlichem Bewußtsein die tiefe und wesentliche Bedeutung der Form erkannt, aber damit auch verkannt, daß sie an sich

---

[1] Vgl. [Lazarus: Ueber den] Urspr[ung] d[er] Sitten S. 20 und [dass.] diese Zeitschr[ift] Bd. I. S. 456.

geschätzt und dadurch überschätzt wird, so ist es doch häufiger sowohl als wesentlicher, daß die Form eben gar nicht als Form erkannt wird.

In beiden, in der Sprache (und beziehungsweise den Vorstellungen) einerseits und in den Sitten und Gewohnheiten des | Lebens einschließlich des religiösen Cultus andererseits, wird die Form und formende Macht von dem Inhalt, auf den sie sich beziehen, nicht geschieden, aus theils gleichen, theils verschiedenen Gründen. Sind beide, die Verhärtung der Sprach- und der Lebensformen, darin gleich, daß sie mit dem Inhalt und der Inhalt mit ihnen zugleich geboren wird, so sind sie in Folgendem verschieden: die Sprache erscheint nicht als Form, sondern schlechthin als der Inhalt des Denkens: Brot ist wirklich Brot, und es muß wahr sein, sonst könnte man's nicht erzählen; als längst die Speculation einen so hohen Flug genommen hatte, daß man auf der einen Seite die Welt des vielgestaltigen Daseins für bloßen Schein erklärt hatte, neben welcher nur das Eine, reine Sein wahrhaft ist, auf der anderen Seite aber nur in dem reinen Fluß des Werdens das Wahre erkannte, während alles Sein und Bleiben bloße Täuschung wäre – da hatte man von den grammatischen Formen, deren man sich zum Vortrag dieser in die Tiefe der Probleme dringenden Gedanken bediente, noch keine Ahnung. Dem Bewußtsein vor und außer der Grammatik ist Reden gleich Denken, beide sind der Eine Logos.[1] Die Sprache aber als gesprochener Gedanke hat wenigstens ihre Realität an den Objecten, an den Dingen, die gedacht werden.

In den Sitten aber und Lebensgewohnheiten usw., in denen die Regungen und Antriebe der Idee als Inhalt leben

---

[1] {Vgl. Steinthal, Gesch[ichte] d[er] Sprachwissenschaft [bei den Griechen und Römern mit besonderer Rücksicht auf die Logik. Berlin: Ferd. Dümmler/Harrwitz u. Gossmann 1863, S. 136 ff.]}

und Gestalt gewinnen, wird dieser Inhalt, rein innerlich und subjectiv wie er ist, als besonderer nicht erkannt; so tief und innig sind beide mit einander verwachsen, daß der Eifer, der der reinen Idee würdig wäre, für ihre Verflechtung mit der individuellen und theilweise äußeren Form (denn auch innerlich genommen ist Sitte schon Form für den sittlichen Gehalt, wie Sprachform für den Gedanken) sich zum Fanatismus steigert. Es muß bis jetzt noch als eine höchste, nur von Individuen erstiegene Staffel der Cultur angesehen werden: die Sitten und religiösen Formen als solche, als eine Sprache für den reinen Gedankeninhalt des Religiösen und Sittlichen, als eine Gestalt für die Ideen anzusehen, und jenen die Offenheit zu gewähren, daß diese sich darin frei entwickeln und vertiefen kann. Werden | die Sitten leiden, wenn man ihre formale Bedeutung erkennt? schwerlich; nur ihr Inhalt, die Sittlichkeit wird und soll steigen. Auch der Sprachforscher, der Philosoph strebt nicht dahin, daß er ohne Sprache denken möchte; aber von den Fesseln, welche die Wörter den Begriffen anlegen, will er sich befreien, durch Einsicht in die fesselnde Natur derselben. Auch das Sittlichste soll in der reinsten Gestalt und Wesenheit erkannt, dann wird es in den würdigsten und reinsten Formen geübt werden. Je reiner und tiefer der sittliche Gehalt, desto edler d.h. freier und fester seine Formen; fest in der Erfüllung, frei in der Schöpfung derselben.

§ 24
*Das Individuum und die Individualität,
die Gesammtheit und das Allgemeine*

Das Wesen und die Bedeutung der Individualität innerhalb der Gesellschaft soll einmal Gegenstand besonderer Behandlung sein; da hier aber bereits von der

Gebundenheit des Individuums durch den öffentlichen Geist und seiner Rückwirkung auf denselben die Rede, so müssen wir folgende Betrachtung wenigstens andeuten.

Das Individuum steht, wie wir gesehen haben, der Gesammtheit, die einzelne Persönlichkeit der Gesammtpersönlichkeit, der subjective Geist des Einen dem objectiven Geiste, welcher Allen eignet, gegenüber. Zugleich aber steht das Individuum in dem Gehalt und in der Thätigkeit seines Geistes als das Besondere dem Allgemeinen gegenüber. Der Gesammtgeist eines Volkes bildet zwar auch gegen die Person des Einzelgeistes und der objective Geist in jenem gegen die Thätigkeit in diesem ein relativ Allgemeines, das Individuum aber hat auch gegen das absolut Allgemeine seine bestimmte Stellung. Ein Baumeister z. B. oder ein Tragiker und ihre Werke stehen als das Besondere im Verhältniß zur Baukunst und der tragischen Muse, wie sie in ihrem Volke vertreten sind; zugleich aber stehen sie im Verhältniß zur Baukunst und zur Tragik überhaupt. In logischer Beziehung nun wird man kurzweg die Behauptung aussprechen können, das Verhältniß sei in Wahrheit dieses, daß in jedem Volksgeist schon eine Besonderung eines jeden allgemeinen Inhalts gegeben sei, welche dann in den Gliedern desselben individualisirt ist; jedes Individuum also ist das Einzelne, der Volksgeist das Besondere, über welchem die Sache und der Gehalt, wie er in der gesammten Menschheit sich ausbreitet, als das Allgemeine steht. Dies gilt aber nur für die logische Betrachtung schlechthin; anders ist es für die psychologische Betrachtung. Hier finden wir nämlich, daß bei weitem die meisten Menschen nur an dem objectiven Geist, in welchem sie stehen, ihr Allgemeines haben; was darüber hinaus liegt, existirt nicht für sie, hat keinen Einfluß auf sie; sie mögen thun, was sie wollen, und handeln, wie sie wollen, so individualisiren sie durchaus nur das im Volksgeist als Allgemeines bereits Gegebene. Jede schöpferische Individualität dagegen hat gerade darin ihre Bedeutung, daß sie eine wirkliche Beziehung (nicht bloß in der rein passiven Weise, logisch untergeordnet zu sein) zu dem wahrhaft Allgemeinen hat, daraus eine Individualisirung ihres Schaffens zieht, welche nicht bereits in der Besonderung des Volksgeistes enthalten ist, vielmehr dieselbe um die Form ihrer Existenz bereichert und erweitert. Man hat es wohl als ein Kennzeichen des Classischen betrachtet, daß es das allgemein Menschliche zur Darstellung bringe; darin lag eine richtige Ahnung; aber unmittelbar, wie es ausgesprochen wird, ist es eine leere Rede, denn auch das Classische ist immer ein Individuelles und darin liegt auch seine Größe. Aber dieses Durchbrechen der logischen Ordnung, diese Vertiefung des Eigenen durch eine Erhebung desselben zur unmittelbaren Beziehung zum Menschlich-Allgemeinen, indem es nicht durch die Richtung der im Volksgeist gegebenen Besonderung eingeengt ist, dies ist das Charakteristische für die wahrhaft schöpferische Individualität, für das Classische, für das Genie.

Nur ist nicht zu vergessen, daß auch die Schöpfungen des individuellen Geistes unter günstigen Bedingungen einmünden in den Strom des Volksgeistes; wenn es also Völker gibt, in deren Mitte nie eine Individualität aufgestanden ist, welche sich unmittelbar zum Allgemein-Menschlichen emporgehoben hat: | so können sich zwar andere durch die Schöpfungen der Individualität über ihr eigenes Maß erheben; immer aber wird der Gehalt auch der bedeutendsten Genialität im Volksgeist wieder verhärtet, und dieser kann zwar höher und höher steigen, jedoch nie den absoluten Werth des allgemein Menschlichen, sondern nur den relativen einer Besonderung desselben vertreten. Populär ausgedrückt gibt es, wegen der Schranken seiner Besonderung, kein absolutes Mustervolk.

§ 25
*Gesetzmäßigkeit, Entwicklungsgesetze,
Ideal- und Real-Gesetze;
Inhalt, Prozeß und Gesetz*

Wir dürfen diesen Versuch einiger synthetischen Gedanken nicht schließen, ohne die Grundlage aller psychologischen Erklärung der Geschichte ins Auge zu fassen: gibt es eine Gesetzmäßigkeit der historischen Thätigkeit, und von welcher Art ist sie?

In dem Zusammenhang, in welchem diese Fragen uns hier entgegentreten, bedarf es wohl kaum der Erwähnung, daß weder dialektische, noch auch teleologische Gesetze der historischen Entwicklung der Menschheit das sind, was wir suchen.

Soll Gesetzmäßigkeit etwas mehr bedeuten, als ein bloß summarisches, mehr oder minder willkürliches Zusammenfassen des historischen Verlaufs unter Kategorien des Zwecks, soll sie etwas Anderes sein, als eine geistreich spielende und schielende Betrachtung und Anordnung der Geschichte nach gewissen metaphysischen Kategorien, so kann es sich nur um die Erkenntniß derjenigen Gesetze handeln, welche thatsächlich den *causalen* und *genetischen* Zusammenhang des geschichtlichen Lebens ausdrücken.[1] |

---

[1] »Neben dem Glanze der dialektischen Methode«, bemerkt Volkmann (Lehrbuch [Grundriss!] der Psychologie) mit Recht, »und dem eigenthümlichen Reize zusammenstellender Forschung verliert zwar die von uns zu befolgende Methode, die man die *genetische* nennen könnte, an Ansehen, aber gewiß nicht der Gegenstand an zusagender Behandlung. Die genetische Methode ist auch eine entwickelnde; aber sie entwickelt nicht den Geist aus seiner Wesenheit heraus[,] oder in sie hinein, sondern nur ein zusammengesetztes Phänomen aus einem einfacheren: sie entwickelt demnach nicht speculativ, sondern historisch.« [S. 6].

Die nächste Frage ist nun aber wesentlich diese: gibt es Gesetze der Entwicklung des objectiven Geistes (§ 6), dergestalt, daß die Entfaltung seiner Erscheinungen in seinem Inhalt begründet ist, in dessen Wesen und Natur es gelegen ist, in solcher und solcher Weise von Stufe zu Stufe fortzuschreiten? oder besteht alle Gesetzmäßigkeit nur in dem eigentlichen Geschehen, in den Prozessen, dergestalt, daß unsere Betrachtung von dem objectiven Inhalt des Geisteslebens zurückgeleitet wird zu dem Subject als dem Träger desselben, in dessen *Thätigkeit* die Gesetze ihren Sitz und ihre concrete Erfüllung haben?

Wir bejahen die letztere Frage und verneinen die erste. Eine genauere Prüfung der Thatsachen des individuellen und des geschichtlichen Geisteslebens zeigt, daß es für das geistige Dasein überhaupt nur, wie wir sie kurzweg nennen dürfen, psychologische Gesetze gibt; Gesetze aber der Entwicklung irgend welchen geistigen Gehalts sind entweder gar nicht vorhanden, oder nicht erkennbar, oder sie sind eine bloße Umschreibung und fallen zusammen mit den Gesetzen des Geschehens.

Zwar in der Ausführung der Prozesse, in der Anwendung der Gesetze ist der jemals gegebene Inhalt, von welchem aus und zu welchem hin sie stattfinden, nicht ohne Bedeutung, (und wir werden sie weiterhin näher bestimmen); allein der Prozeß vollzieht sich nicht *durch* den Inhalt, sondern nur an ihm; das Gesetz hat seine Wirksamkeit und seine Bestimmtheit nicht aus der Erscheinung, sondern in ihr. Die Bedeutung des Inhalts[1] einer gegebenen Erscheinung (welche sich zum Gesetz immer wie

---

[1] Für die *Geschichte* der Seele ist der Inhalt allerdings von absoluter Bedeutung, seine Darstellung ist eben ihre Aufgabe; Geschichte im Sinne von Naturgeschichte genommen; Psychologie aber als Lehre der Seele (wie Naturlehre) hat es mit der Erkenntniß der Gesetze zu thun, durch deren Anwendung eben jener Inhalt erzeugt ist.

ein Besonderes zum Allgemeinen verhält – auch wenn die Erscheinung für uns zur Repräsentation des Gesetzes nur einmal gegeben wäre) ist für die Psychologie als erklärende Wissenschaft nur die, daß erkannt wird, welches Gesetz oder welche Combination von Gesetzen dabei zur Anwendung gekommen ist.

Es liegt nicht im Inhalt selbst als solchem (und seiner Entwicklung) eine Gesetzmäßigkeit, sondern nur in der Vollziehung desselben, in dem Prozeß seiner Erscheinung findet sie statt. Wenn wir also in vielen Fällen sagen: aus irgend einer historischen Lage folgte ein gewisses historisches Ereigniß, aus irgend früheren Anschauungen folgte eine spätere Denkweise u. dgl. mit *Nothwendigkeit,* so bedeutet diese Nothwendigkeit nichts Anderes, als daß das Subject, der öffentliche Geist – beziehungsweise die einzelnen Geister – nach allgemeinen Gesetzen einen psychologischen Prozeß vollziehen werde, dessen Resultat das gegebene ist. Nur erst wenn wir uns alle ursprünglichen Bedingungen gegeben denken, alle später irgend woher hinzutretenden (sofern sie nicht schon aus der bloßen Verkettung jener mit dem gesetzmäßigen Verlauf fließen) hinzunehmen: nur dann können wir uns Inhalt und Gesetz in Einheit concret denken und von einer gesetzmäßigen Entwicklung des Inhalts reden: nur daß die analysirende Betrachtung uns auch dann noch zu zeigen hätte, daß die Gesetzmäßigkeit eben nicht an dem Inhalt haftet und aus ihm verstanden wird, sondern nur an und in ihm erkannt wird.

Um dies zu erhärten, müssen wir den Kreis unserer Betrachtung erweitern, und die Frage nach der Existenz von Entwicklungsgesetzen überhaupt zu beantworten suchen.

Von Entwicklungsgesetzen redet man beim Leben der Pflanze, des Thieres, des Menschen – als anthropologischen Wesens, der Seele – als psychologischen Wesens;

endlich auch von Entwicklungsgesetzen eines gegebenen geistigen Inhalts, eines Complexes psychischer Elemente, welche wir den objectiven Geist genannt haben. In gleicher Weise würde man dann weiter entweder im Volksgeist als Volksseele, als Subject und Träger des geistigen Lebens, oder im Inhalt desselben, im objectiven Geist solche Gesetze annehmen.

Am ehesten wird man geneigt und berechtigt sein, Entwicklungsgesetze für jene ersteren niederen Wesen anzunehmen, und je höher wir steigen, desto weniger. In dem Leben der Pflanze sehen wir zweierlei Arten von Gesetzmäßigkeit; die eine drückt ein Entwicklungsgesetz aus, die andere allgemeine Gesetze des Prozesses. Daß die Eichel, wenn sie zum Wachsthum gebracht wird, immer eine Eiche erzeugt, daß diese sich in ganz bestimmten Stadien und Stufen bis zur Vollendung des Wachsthums entfaltet, daß sie diese bestimmten Formen annimmt, dann in regelmäßiger Wiederkehr jedes Jahr auf gleiche Art Blätter, Blüthen und Früchte erzeugt, einen Jahresring ansetzt, dies ist ihr Entwicklungsgesetz. Daneben aber gibt es für jeden einzelnen Prozeß, der sich vollzieht, und für jeden Theil eines solchen Prozesses gewisse allgemeine pflanzenphysiologische Gesetze. Die Eichel, durch Berührung mit bestimmten zusagenden Säften bei einem bestimmten Temperaturgrad wird gesprengt; durch den endosmotischen Prozeß wird ein chemischer Prozeß eingeleitet, dieser hat eine Erweiterung, dann eine Theilung der Zellen zur Folge usw. All dies einzelne Geschehen vollzieht sich nach Gesetzen. Nun aber ist die Frage diese: soll man sagen, daß das Entwicklungsgesetz als das einheitliche alle diese Gesetze des Prozesses in den Dienst nimmt und sich dadurch vollzieht, oder daß das Entwicklungsgesetz ein durch die genauere Erkenntniß der Gesetze der einzelnen Prozesse überflüssig gewordener Gedanke ist? denn die ganze Gesetzmäßigkeit des Lebens der

Eiche ist vollkommen in jenen Prozessen gegeben, sobald wir nur die Bestimmtheit der ersten Bedingung in der Form der Eichel mit hinzudenken. Bei genauer Erwägung der Thatsachen wird man leicht sehen, daß und weshalb wir uns für letztere Anschauung entscheiden. Gesetze (im Sinne der Naturwissenschaft) müssen sich wirklich und immer gleichmäßig erfüllen; dies aber ist nicht der Fall für die sogenannten Entwicklungsgesetze; trotz derselben finden wir die Exemplare einer Gattung in den mannigfaltigsten Abweichungen von einander; allerdings aus bestimmten Ursachen, nach bestimmten Gesetzen, welche in den einzelnen Prozessen der Entwicklung sich geltend machen. Aber eben daraus folgt, daß das sogenannte Entwicklungsgesetz nur der Ausdruck für einen mittleren Durchschnitt des Resultats, für einen gewissen in der Grenze von allerlei Variationen sich bewegenden Typus der Erscheinung ist. Nicht also von dem ursprünglich gegebenen Inhalt eines realen Wesens allein als von einem wahrhaften Gesetz seiner Entwicklung ist diese bedingt, sondern eben so sehr von allerlei | Bedingungen, welche hinzutreten müssen, von den Prozessen, welche sich je nach diesen Bedingungen vollziehen; dergestalt, daß das sogenannte Entwicklungsgesetz fast nur einen negativen Charakter hat; aus einer Eichel wird niemals eine Buche, in positiver Weise aber ist das ursprüngliche Wesen *eine* und eine wesentliche, oder sogar die wesentlichste *Bedingung* für die Bestimmtheit der ablaufenden Reihe von Erscheinungen, deren Gesetzmäßigkeit aber im strengen Sinne des Wortes liegt nur in den einzelnen Prozessen, die sich an denselben vollziehen.

Immerhin wird man im Bereiche der Thier- und Pflanzenwelt mit einem gewissem Schein von Entwicklungsgesetzen reden können, und man wird in ihnen, je genauer ihre Darstellung den Thatsachen entspricht, die Erkenntniß eines Schemas gewinnen von dem mittleren

Durchschnitt der Erscheinungen, welche an den Kern gewisser realer Wesen unter durchschnittlichen Bedingungen (für das Wachsthum) anschließen. Der Werth solcher Erkenntniß aber wird immer geringer, je höher wir in der Reihe der sich entwickelnden Wesen hinaufsteigen. Angekommen bei der menschlichen Seele werden wir finden, daß ihre Entwicklung von so mannigfaltigen und vielfach individualisirten, theils physiologischen, theils psychologischen, und zwar speciell auch historischen Bedingungen abhängig ist, daß von einem allgemeinen *Gesetz* dieser Entwicklung gar nicht die Rede sein kann; man denke sich nur ein deutsches Kind vom Mutterleibe an unter die Papuas versetzt, oder einen kleinen Zulu unter die Deutschen, und man wird inne werden, ob von einem allgemeinen Entwicklungsgesetz des Menschen, oder gar von bestimmten Entwicklungsgesetzen für jeden Stamm geredet werden darf (vgl. oben § 3 und § 14). Was hier an Erkenntniß durch das Aufsuchen der allgemeinen Momente der Entwicklung in allen Menschen gewonnen werden kann, wird, bei aller gelehrten Formulirung, weit hinter dem Werth gewöhnlicher Menschenkenntniß zurückbleiben. Die einzelnen Prozesse also sind es, und die in diesen liegende Gesetzmäßigkeit, durch welche überhaupt von einer gesetzmäßigen Entwicklung der Seele gesprochen werden kann. – Vollends nun für irgend einen gegebenen geistigen Inhalt ein ihm innewohnendes Gesetz der Ent|wicklung anzunehmen, ist völlig unstatthaft. Der geistige Inhalt kann nicht wie ein selbständiges reales Wesen angesehen werden, an und in welchem sich irgend welche Prozesse vollziehen; vielmehr ist er das Object und Product der Thätigkeit eines Subjects (der Seele), und alle Veränderung, welche an jenem Inhalt (objectiv gedacht) irgend vorgehen soll, also auch alle Entwicklung desselben, vollzieht sich nur durch eine weitere Thätigkeit der Seele, und sie wird gesetzmäßig nur durch die

Gesetzmäßigkeit, welche eben diese Thätigkeit selbst beherrscht. Gewisse Bedingungen für den Inhalt und Verlauf jeder weiteren Thätigkeit der Seele sind in einem früher gegebenen Inhalt derselben allerdings vorhanden, wie oben bereits vielfach gelehrt ist und sogleich noch in besonderer Weise bestimmt werden soll.

Zuvor aber haben wir eine naheliegende Einwendung zu prüfen.

Ist der objective Inhalt des Geistes nicht an gewisse Gesetze gebunden? gibt es nicht mathematische, gibt es nicht logische Gesetze? Sollte es nicht in demselben Sinne historische Gesetze geben, und der Volksgeist an sie gebunden sein, wie der Einzelgeist an die logischen und mathematischen? Die Frage ist mehr überraschend als berechtigt und fruchtbar.

Man überlege zunächst, was wir denn eigentlich suchen. Wir suchen Gesetze zu finden, nach denen die Geschichte sich wirklich vollzieht, die Volksgeister sich entwickeln; wir wollen die Thatsachen, die sich wirklich ereignen, in ihrer Gesetzmäßigkeit begreifen. In diesem Sinne wollen wir wissen, ob es Gesetze gibt, an die der Volksgeist in seinem Leben *gebunden* ist.

In ganz anderem Sinne aber ist der Geist an logische Gesetze wirklich gebunden. Wenn nämlich die Gedanken des Menschen wahr, wenn sie richtig verknüpft sein sollen: dann muß logisch gedacht werden; und eben deshalb *soll* der Geist logisch denken. Er soll es, aber er muß es nicht; alle Menschen denken und denken immer; logisch aber denken wenige und selten. Mit einem Worte, die logischen Gesetze sind keine psychologischen. Alles Denken ereignet sich nach psychologischer Gesetzmäßigkeit, aber es ist weit davon entfernt, immer den logischen Gesetzen zu entsprechen. Diese, die logischen Gesetze, sind nur ideale Vorschriften für das Denken; sie *gelten* absolut, aber sie *wirken* nicht absolut; sie sind eben nicht *reale*

Gesetze für das *wirkliche,* sondern *ideale* Gesetze für das wahre Denken.

Mit den mathematischen, den ästhetischen und ethischen Ideen, an welche der Mensch gebunden ist, verhält es sich offenbar nicht anders. Sie sind allesammt nur Ideale für die betreffenden geistigen Ereignisse, als solche auch häufig von einwirkender Kraft, aber sie sind nicht Gesetze, welche dieselben wirklich beherrschen. Sie bestimmen den Werth, aber nicht den wirklichen Verlauf des geistigen Geschehens.

Daß es in diesem idealen Sinne einer gewissen mustergültigen Norm Gesetze der Entwicklung eines Volkes (wie eines Einzelnen) gebe, das soll nicht geleugnet werden. Sie werden zum Theil schon vorgetragen in den Staatswissenschaften, und sollten zum anderen Theil gelehrt werden in der Culturwissenschaft, einer Wissenschaft, die sich zur Gesammtheit des öffentlichen Culturlebens so verhielte, wie die Staatswissenschaft zu dem speciellen Theil der politischen Cultur sich verhält. Die Aufstellung einer solchen idealen Gesetzmäßigkeit kann auch der Auffassung der Geschichte dienlich sein; sie gibt ihr Gesichts- und Zielpunkte, sie gibt ihr einen Maßstab an die Hand, um das in der Geschichte Geleistete daran zu messen. Aber zur Erklärung der Geschichte kann sie nicht dienen, sie kann nicht an die Stelle der psychologischen Gesetze treten. Oder möchte man etwa heute noch an der Anschauung festhalten, nach welcher die Differenzen zwischen den Idealgesetzen des objectiven Geistes und dem wirklichen Geschehen im subjectiven Geist, die im Individuum so völlig unläugbar hervortreten, nur in diesem vorhanden sein, im öffentlichen Geist, in der Geschichte aber verschwinden sollen? Er wird immer wieder scheitern, dieser Versuch, die Geschichte als absolut gesetzmäßig im Sinne jener Idealgesetze darzustellen, dergestalt, daß diese an die Stelle der real wirkenden Gesetze treten könnten; er wird scheitern und den flüchtigen Schein der Wahrheit, den er errungen hat, büßen durch die Beschämung, nicht bloß mit den Thatsachen der Geschichte leichtfertig umgegangen zu sein, um sie in die ideale Ordnung des vernunftmäßigen Geistes zu bringen, sondern auch von dem wirklichen | Ideal menschlicher Thätigkeit und Entwicklung auch für die reine, der Zukunft als Lehrerin und unpartheiische Richterin des Vergangenen gegenüberstehende Betrachtung so herabgestiegen zu sein, wie sonst nur die Wirklichkeit es pflegt im Drange der zusammenwirkenden Verhältnisse und in der Mischung der unlauteren mit den lauteren Motiven.

Wir werden also zur Erklärung der Geschichte, d. h. für die Zurückführung der Thatsachen auf ihre Ursachen keine in dem Inhalt als solchem gegebene, sondern nur diejenige Gesetzmäßigkeit suchen, welche in den Prozessen wirklich enthalten ist und dieselben beherrscht.

Wie aber, haben wir schließlich noch zu erwägen, verhält sich der Inhalt zu den Prozessen und zu den Gesetzen?

Durch flüchtige Generalisation treten uns auf den ersten Blick zwei entgegengesetzte Gedanken als scheinbar vollkommen berechtigt entgegen.

1. Jedes Gesetz, welches in irgend einem, psychischen oder physischen, Prozeß seine Verwirklichung findet, ist völlig unabhängig von dem Inhalt der bestimmten Wesen, beziehungsweise der psychischen Elemente, auf welche es sich bezieht. Das Gesetz als solches gilt allgemein, und ist völlig gleichgültig gegen den Inhalt des Wesens, auf welchen es sich bezieht. Das Gesetz der Reihenbildung und Reproduction z. B. im Geiste, das der Apperception, der Verdichtung usw. gilt für alle Vorstellungen, ihr Inhalt mag vorstellen, was er immer wolle; eben so gilt das Gesetz der Ausdehnung der Körper durch Wärme, des Falles oder der Schwere usw. schlechthin für alle Körper, von

welcher Art und Beschaffenheit sie sonst sein mögen. Kurz: *die Natur des Gesetzes ist allgemein.*

2. Das Gesetz ist ontologisch betrachtet, als wirkendes Gesetz immer in realen – physischen oder psychischen – Elementen wirksam; außer diesen realen Wesen und ihrer Wirksamkeit ist es ein bloßer, rein subjectiver Gedanke. Und nicht bloß an die Wirklichkeit der Wesen, sondern auch an die Bestimmtheit ihres Inhaltes ist es immer gebunden, darüber hinaus ist das Gesetz, als Gedanke gedacht, abstract, unwahr. So setzt das Gesetz der Bildung der Salze Säuren und Basen voraus, und kann nur an und in solchen sich erfüllen; das Ge|setz der Krystallisation, des Isomorphismus bezieht sich in allen seinen näheren Bestimmungen immer nur auf gewisse Körper. Ebenso im Gebiete des Geistes; die Sinnlichkeit bietet *objective* Bedingungen zu den Inhaltsvorstellungen; im räumlichen und zeitlichen Vorstellen und seiner Entstehung, im Selbstbewußtsein, in moralischen und ästhetischen Vorstellungen finden sehr verschiedene Gesetze ihre Anwendung. Kurz: *die Wirkung der Gesetze ist eine besondere.*

Wo ist nun die Wahrheit? und wie mag sich der Gesammtgeist dazu verhalten? Gibt es auch hier nur allgemeine Gesetze der Regsamkeit, Beweglichkeit, Zusammenwirkung, ohne Rücksicht auf den Inhalt? oder bilden Stände, herrschende und dienende, einen solchen aus dem Allgemeinen erzeugten besonderen Inhalt mit besonderten Gesetzen? Bilden Sprache, Sitten, Religion mit ihrem besonderen Inhalt specifische Gesetze, wie Prozesse?

Die Wahrheit ist diese: Jedes Gesetz ist seiner Natur und seiner Wirkung nach allgemein; es ist durchaus gleichgültig gegen das Exemplar, gegen den Stoff, auf welchen es sich bezieht, wenn es sich auf ihn bezieht. Dies eben ist für das Gesetz die einzige Bestimmtheit des Stoffes, daß es sich auf ihn bezieht, daß es ihn beherrscht. Und jedes Wesen, jedes Molecül, jede Seele, jedes psychische

Element ist solchen allgemeinen Gesetzen unterworfen; nicht jedes solches Einzelwesen hat in sich, in seinem Inhalt, ein Gesetz des Daseins und der Entwicklung, sondern die Summe aller allgemeinen Gesetze, welche es regieren unter gegebenen Bedingungen, sind seine Gesetzmäßigkeit, nach welcher es diejenige Reihe von Erscheinungen durchlaufen wird, für welche die Bedingungen in ihm und seinem Zusammentreffen mit anderen Wesen und Elementen gegeben sein werden. Das Gesetz aber ist auch *nur in diesem Sinne* allgemein, daß es alle Exemplare betrifft, welche darin eine Gattung bilden, daß sie ihm unterworfen sind; die Gesetze aber sind zugleich besondere, individualisirte, in so fern, als sie sich eben nur auf einen bestimmten Kreis von Wesen erstrecken. Eben deshalb und in diesem Sinne ist wiederum jedes Gesetz individualisirt.

Gesetz heißt überhaupt, daß für gewisse Bedingungen gewisse Erfolge nothwendig sind. Je bestimmter und beschränkter nun ihrem Inhalt nach diese Bedingungen sind, desto enger | ist auch das Gesetz, je weiter und minder bestimmt die Bedingungen, desto allgemeiner ist dasselbe. Die physikalischen Gesetze gelten allgemein, d. h. jedoch nur für alle *Körper;* die einzige Schranke des Gesetzes ist hier: die materielle Natur überhaupt. Aber schon die chemischen Gesetze betreffen immer nur gewisse bestimmte Stoffe. Allgemein also ist jedes Gesetz in seiner Sphäre; aber eben diese Sphäre ist für verschiedene Gesetze eine verschieden beschränkte.

Man kann ganz allgemein den Grundsatz aussprechen: je höher wir in der Stufenfolge der Wesenreihe emporsteigen, desto individualisirter werden die Gesetze, welche sie beherrschen, dergestalt, daß es dann sogar den Anschein gewinnt, als ob es für eine Gattung oder gar für Individuen ein besonderes Entwicklungsgesetz gäbe. Die früheren, allgemeineren Gesetze hören nicht auf, ihre Geltung zu haben, aber sie treten in den Dienst der besonderten Gesetze; und diese finden ihrerseits ihre Existenz und Anwendung in den Wesen erst auf Grund der durch die relativ allgemeineren Gesetze gegebenen Gestaltung und Inhaltsbestimmung derselben.

Auch im geistigen Leben findet das Gleiche statt. Es gibt gewisse ganz allgemeine Gesetze für alle psychischen Elemente, wie die Reihenbildung und die Reproduction; aber erst auf die aus der Erfüllung dieser Gesetze in der psychischen Thätigkeit erzeugten Gebilde finden dann andere, höhere, individualisirtere Gesetze ihre Anwendung. Wir können daraus die Lehre ziehen, daß der menschliche Geist einerseits überall der gleiche und derselben allgemeinen Gesetzmäßigkeit unterworfen ist, während wir zugleich mit Zuversicht behaupten, daß gewisse psychologische Gesetze, des individuellen wie des öffentlichen Geistes, auf niederen Stufen der Cultur noch gar keine Anwendung finden. Die Aufgabe der Völkerpsychologie als Wissenschaft wird es daher sein, nicht bloß die Gesetzmäßigkeit des geschichtlichen Lebens überhaupt zu entdekken, sondern namentlich auch die Punkte zu suchen, wo und wie im Leben des menschlichen Geistes und der einzelnen Völker neue Gesetze desselben in die Erscheinung treten (vgl. oben § 22, 4).

SIGLEN UND ABKÜRZUNGEN

AA [Akademie-Ausgabe:] Kant's gesammelte Schriften. Hg. v. d. Königlich Preußischen Akademie der Wissenschaften. Berlin 1902 ff.

Belke Ingrid Belke (Hg.): Moritz Lazarus und Heymann Steinthal. Die Begründer der Völkerpsychologie in ihren Briefen. Mit einer Einleitung. Tübingen 1971 (ohne Bandzählung); Dass. Band II/1. Tübingen 1983. Dass. Band II/2. Tübingen 1986. (= Schriftenreihe wissenschaftlicher Abhandlungen des Leo Baeck Instituts Nr. 21, 40, 44).

BMV M. Lazarus: Ueber den Begriff und die Möglichkeit einer Völkerpsychologie. In: Deutsches Museum. Zeitschrift für Literatur, Kunst und öffentliches Leben. Hg. v. Robert Prutz u. Wilhelm Wolfsohn. 1. Jg. 1851, S.112–126 (= Juli 1851). [hier S. 3–25]

Büchmann Geflügelte Worte. Der Citatenschatz des deutschen Volkes. Gesammelt u. erl. v. Georg Büchmann. Nach des Verfassers Tode fortgesetzt v. Walter Robert-tornow [!]. 16. verb. u. verm. Auflage. Berlin: Haude und Spener 1889.

EG M. Lazarus / H. Steinthal: Einleitende Gedanken über Völkerpsychologie, als Einladung zu einer Zeitschrift für Völkerpsychologie und Sprachwissenschaft. In: ZVPs 1/1860, S. 1–73.

EJ M. Lazarus: Die Ethik des Judenthums. 3. Tausend. Frankfurt a. M.: J. Kauffmann 1899 [= §§ 1–291]. – Dass. 2. Band. Aus dem handschriftlichen Nachlasse des Verfassers hg. v. J. Winter u. Aug. Wünsche. Frankfurt a. M.: J. Kauffmann 1911 [= §§ 292–513].

Herbart SW siehe SW

IG	M. Lazarus: Ueber die Ideen in der Geschichte. In: ZVPs 3/1865, S. 385–486.
LdS	LdS I (1856) = M. Lazarus: Das Leben der Seele in Monographieen über seine Erscheinungen und Gesetze. 1. Bd. Berlin: Heinrich Schindler 1856.
	LdS I (1876) = Dass. 2., erw. u. verm. Aufl. Berlin: Ferd. Dümmler 1876.
	LdS I (1883) = Dass. 3., [revidierte] Aufl. Berlin: Ferd. Dümmler 1883.
	LdS II (1857) = Dass. 2. Bd. Berlin: Heinrich Schindler 1857.
	LdS II (1878) = Dass. 2., erw. u. verm. Aufl. Berlin: Ferd. Dümmler 1878.
	LdS II (1885) = Dass. 3. [revidierte] Aufl. Berlin: Ferd. Dümmler 1885.
	LdS III (1882) = Dass. 3. Bd. 2., erw. u. verm. Aufl. Berlin: Ferd. Dümmler 1882.
Lebenserinnerungen	Moritz Lazarus' Lebenserinnerungen. Bearbeitet v. Nahida Lazarus u. Alfred Leicht. Berlin: Georg Reimer 1906. XI, 631 S.
SG	M. Lazarus: Einige synthetische Gedanken zur Völkerpsychologie. In: ZVPs 3/1865, S. 1–94. [hier S. 131–238]
SW	Johann Friedrich Herbart's Sämmtliche Werke. Hg. v. G. Hartenstein. 12 Bde. Leipzig: Leopold Voss 1850–1852.
US	M. Lazarus: Ueber den Ursprung der Sitten. In: ZVPs 1/1860, S. 437–477.
VDG	M. Lazarus: Verdichtung des Denkens in der Geschichte. Ein Fragment. In: ZVPs 2/1862, S. 54–62. [hier S. 27–38]
VEG	M. Lazarus: Ueber das Verhältniß des Einzelnen zur Gesammtheit. In: Ders.: Das Leben der Seele in Monographien über seine Erscheinungen und

Gesetze. 3. Aufl. 1. Bd. Berlin: Dümmler 1883, S. 321–411. [hier S. 39–129]

VEG/A siehe: VEG – 1. Abdruck in: ZVPs 2/1862, S. 393–453.

ZVPs Zeitschrift für Völkerpsychologie und Sprachwissenschaft. Hg. v. M. Lazarus u. H. Steinthal. 1/1860 – 20/1890. (erschlossen durch ›Register zu Band I–XX.‹ Von Alfred Leicht. In: ZVPs 20/1890, S. 373–444).

ANMERKUNGEN DES HERAUSGEBERS

Ueber den Begriff und die Möglichkeit einer Völkerpsychologie
(S. 3-25)

1 Völkerpsychologie] Völkerpsychologie. Von *Dr. M. Lazarus*.

2 Es ist in unserer Zeit ... weiter unten.] Die folgenden drei Absätze sind fast wörtlich eingegangen in EG (in dieser Reihenfolge dort) S. 2 f.; 7; 2, 19 f. – Vgl. auch die folgenden Anmerkungen und besonders Anm. 8, 21, 26 f., 30, 109 f.

3 Der Geist, ... ist eben: *die gesetzmäßige Bewegung und Entwicklung der innern Thätigkeit.*] Knüpft an Aristoteles (›Thätigkeit‹ als *Energeia*), hier aber an W. v. Humboldts Auffassung der Sprache an: »Sie selbst ist kein Werk (Ergon), sondern Thätigkeit (Energeia). Ihre wahre Definition kann daher nur eine genetische seyn. Sie ist nemlich die sich ewig wiederholende Arbeit des Geistes, den articulirten Laut zum Ausdruck des Gedankens fähig zu machen. [...] / Die Sprachen als eine Arbeit des Geistes zu bezeichnen, ist schon darum ein vollkommen richtiger und adäquater Ausdruck, weil sich das Daseyn des Geistes überhaupt nur in Thätigkeit und als solche denken läßt. Die zu ihrem Studium unentbehrliche Zergliederung ihres Baues nöthigt uns sogar sie als ein Verfahren zu betrachten, das durch bestimmte Mittel zu bestimmten Zwecken vorschreibt, und sie insofern wirklich als Bildungen der Nationen anzusehen.« (Ueber die Verschiedenheit des menschlichen Sprachbaues und ihren Einfluss auf die geistige Entwicklung des Menschengeschlechts [= Einl. i. d. Kawisprache] § 12).

4 *Gesetze* der Entwicklung] Vgl. in diesem Band S. 229–232.

5 Vgl. Hegel: Ästhetik. 2. Abschnitt. Einleitung: 3. Stellung des produzierenden Künstlers in der klassischen Kunstform.

6 Vgl. Hegel: Enzyklopädie § 378, § 387 u. §§ 355 ff.

7 Hiergegen den Werth ... nicht.] Statt dessen in EG S. 20: »Gegen diese bloße dialektische Schematisirung der subjectiven Thätigkeiten den Werth und die Nothwendigkeit der

244 Anmerkungen des Herausgebers

wissenschaftlichen Erforschung der psychischen Causalität weitläufig zu vertheidigen, ist hier der Ort nicht.«

8 Außer der ... bezeichnet zu werden.] Die folgenden sieben Absätze sind fast wörtlich eingegangen in EG (in dieser Reihenfolge dort) S. 11, 12, 13, 23, 23 f., 24 f., 27–30.

9 *eines*] eines [vgl. EG S. 11]

10 Vgl. Hegel: »So wird sehr oft und viel von dem milden ionischen Himmel geredet, welcher den Homer erzeugt habe. Er hat sicherlich viel zur Anmut der Homerischen Gedichte beigetragen. Aber die Küste von Kleinasien ist immer dieselbe gewesen und ist es heute noch; dennoch ist aus dem ionischen Volke nur *ein* Homer hervorgegangen. Das Volk singt nicht, nur einer macht ein Gedicht, ein Individuum, – und wenn es mehrere waren, die die homerischen Gesänge geschaffen haben, so waren es immer Individuen –; des milden Himmels ungeachtet sind keine Homere, besonders unter der Türkenherrschaft, wieder hervorgegangen. Das Klima bestimmt sich nach kleinen Partikularitäten; mit diesen aber haben wir es nicht zu tun, diese haben auch keinen Einfluß.« (Vorlesungen über die Philosophie der Weltgeschichte. 1. Teilband: Die Vernunft in der Geschichte. Hg. v. Johannes Hoffmeister. 5., abermals verb. Aufl. Hamburg 1955, S. 189).

11 Eigentliche Materialien, ... u. A.] Statt dessen in EG S. 23: »An die Bestrebungen der Philosophie der Geschichte knüpfen sich die der geistvollen Historiker, namentlich der Culturhistoriker, der Philologen und Sprachforscher, wie *Humboldt, Grimm, Böckh, Wachsmuth, Gagern* und ihre Genossen und Schüler, bei denen wir eigentliche Materialien finden, welche unmittelbar den Stoff der psychologischen Bearbeitung abgeben.«

12 Vgl. Hegel: »Der Philosophie [...] werden *eigene* Gedanken zugeschrieben, welche die Spekulation aus sich selbst ohne Rücksicht auf das, was ist, hervorbringe und mit solchen an die Geschichte gehe, sie als ein Material behandle, sie nicht lasse, wie sie ist, sondern sie nach dem Gedanken *einrichte*, eine Geschichte *a priori konstruiere*.« (Vorlesungen über die Philosophie der Weltgeschichte. 1. Teilband: Die Vernunft in der Geschichte, S. 25).

13 reiche] weise [vgl. EG S. 24]

14 Für die empirische Psychologie ... hätte.] Statt dessen in EG S. 24 f.: »Für die empirische Psychologie könnte man also

diese Lücke mit der Zeit ausfüllen. Der metaphysische Streit aber: ob die Geschichte des Menschengeschlechts mit einem allmählichen Fortschritt beginnt oder aber mit einem Rückschritt, einem Abfall von einem besseren Sein – bleibt uns fern; denn jedenfalls muß die Wissenschaft, um sich nicht selbst aufzuheben, von jener mythischen Voraussetzung, daß Elemente einer untergegangenen antediluvianischen Culturwelt auf die Entwicklung der gegenwärtigen gewirkt hätten, absehen, und es versuchen, aus den geschichtlich feststehenden Thatsachen und der geistigen Natur des Menschen, wie sie heute sich noch offenbart, die Entwicklung des Menschengeschlechts genügend zu begreifen.«

15 eine Psyche des Volkes im eigentlichen Sinne] eine Psyche im eigentlichen Sinne [vgl. EG S. 27]

16 Substanz, ... als Träger der Thätigkeit] Vgl. Leibniz: »Die *Substanz* ist ein der Tätigkeit fähiges Wesen. [...]« (Die Vernunftprinzipien der Natur und der Gnade (Hauptschriften II. Nr. 34)); Neue Abhandlungen. 2. Buch. Kap. 24. § 1.

17 moralischen *Persönlichkeit*] Vgl. Kants Definition: »*Person* ist dasjenige Subject, dessen Handlungen einer *Zurechnung* fähig sind. Die *moralische* Persönlichkeit ist also nichts anders, als die Freiheit eines vernünftigen Wesens unter moralischen Gesetzen (die psychologische aber bloß das Vermögen, sich der Identität seiner selbst in den verschiedenen Zuständen seines Daseins bewußt zu werden), woraus dann folgt, daß eine Person keinen anderen Gesetzen als denen, die sie (entweder allein, oder wenigstens zugleich mit anderen) sich selbst giebt, unterworfen ist.« (Metaphysik der Sitten, Einleitung IV; AA 6, 223).

18 Anspielung auf Leibniz: Unvorgreifliche Gedanken, betreffend die Ausübung und Verbesserung der teutschen Sprache (Hauptschriften II).

19 Vgl. Leibniz: Neue Abhandlungen. 2. Buch. Kap. 27. § 3.; Monadologie § 9.

20 logischen] in EG S. 30 verändert zu: psychologischen

21 Indem sich zwar ... Aufgabe der Psychologie.] Fast wörtlich in EG S. 30 f.

22 wichtigsten] richtigsten [vgl. EG S. 30]

23 Vgl. in diesem Band S. 39–129.

24 Bild vom Gedankenwebeschifflein!] Vgl. Goethe: Faust I, Z. 1922–1927.

25 Über die Sprachen der *Bantuvölker* gibt es eine sehr umfangreiche zeitgenössische Literatur, über die Lazarus vermutlich durch Steinthal informiert war.

26 ob die wichtigsten ... gerichtet ist usw.] Fast wörtlich in EG S. 62 f.

27 Ebenso haben ... wenig beitragen. –] Fast wörtlich in EG S. 66.

28 Egyptern,] in EG S. 66 heißt es: Phöniciern,

29 Unter den neueren Völkern sind wir Deutsche ... wenig beitragen. –] Vgl. Berthold Auerbach: Schrift und Volk. Grundzüge der volksthümlichen Literatur, angeschlossen an eine Charakteristik J. P. Hebels. Leipzig: F. A. Brockhaus 1846, wovon Lazarus ein Exemplar besaß, »jedes Blatt mit Papier durchschossen und mit zahlreichen Anmerkungen und kritischen Notizen von seiner [Auerbachs] und Lazarus' Hand versehen« (Lebenserinnerungen S. 42), auf die Lazarus hier offensichtlich zurückgreift: »Wir Deutschen haben keinen nationalen Mittelpunkt, wir haben keine Typen des Nationallebens. Wir sind auch darin das Weltvolk, daß wir nicht nur das Fremde leicht in uns aufnehmen, sondern auch in uns selber die größte Mannichfaltigkeit darstellen. Seit lange nur auf die innere Freiheit des Individuums hingewiesen, die nicht zu fesseln und zu binden ist von äußeren Gewalten, hat sich das individuelle Leben, losgetrennt von aller Gemeinsamkeit, bei uns am unfügsamsten ausgebildet. So bei einzelnen Menschen, so bei den Volksstämmen. [...]« (S. 93) – vgl. auch unten S. 70 ff. über ›Volksschriften‹.

30 So wie z. B. ... Gründe und Gesetze.] Die folgenden beiden Absätze sind fast wörtlich eingegangen in EG (in dieser Reihenfolge dort) S. 60, 65 f., 61 f.

31 Enge des menschlichen Geistes] Vgl. Herbart: »Im analytischen Theile der Psychologie ist das erste und allgemeinste Phänomen, worauf man die Aufmerksamkeit richten muss, dieses, dass von allen den Vorstellungen, die ein Mensch in sich trägt, und an welche man ihn erinnern kann, in jedem einzelnen Augenblicke nur ein äusserst geringer Theil im Bewusstsein gegenwärtig ist. Will derselbe Menschen seinen Gesichtskreis erweitern, will er mehr als gewöhnlich zugleich umfassen und überschauen: so verliert er an der Menge oder doch an der Klarheit der früheren Gedanken, die ihm vorhin vorschwebten. Diese *Enge des menschlichen Geistes* hatte Locke

([Versuch über den menschlichen Verstand] II[. Buch], 10[. Kap.: Über die Erinnerung]) wohl bemerkt; es scheint nicht, dass die Neuern sich viel darum bekümmert haben; obgleich von der Frage: wie viele Gedanken und Begehrungen im Menschen zugleich lebendig sein, und einander gegenseitig bestimmen können, das Ganze des geistigen Vermögens und Thuns offenbar abhängt.« (Schriften zur Einleitung in die Philosophie (= SW I): Lehrbuch zur Einleitung in die Philosophie. Leipzig 1850, S. 299, § 159).

32 Folgt in EG S. 61 Einschub: »Von einer längeren Vorstellungsreihe kann jedesmal nur ein geringer Theil im Bewußtsein sich gegenwärtig befinden; je mehr die Reihe nach der einen Seite hin ins Bewußtsein aufgenommen wird, um so mehr entschwindet von der anderen Seite aus demselben.«

33 *Begehrungen*] *Beziehungen* [vgl. EG S. 62]

34 Vgl. Herbart: »*Empirische Psychologie, von der Geschichte des Menschengeschlechts getrennt, ergiebt nichts Vollständiges;* eben so wenig, als man Gefühle und Begierden abgesondert von den Vorstellungen darf in Betracht ziehen wollen. Sobald die Thatsachen aus ihrer Verbindung gerissen werden, ist die Entstellung derselben schon so gut als geschehen.« (Schriften zur Einleitung in die Philosophie (= SW I): Lehrbuch zur Einleitung in die Philosophie. Leipzig 1850, S. 303, § 159).

35 eine wahre und echte *Nationalbildung* und *Nationalerziehung*] Nimmt kritisch Bezug auf Fichte: Reden an die deutsche Nation. In: Werke. Bd. VII, S. 257–502, insbes. S. 396 ff. u. passim; vgl. auch Fichte: Der geschlossene Handelsstaat. In: Werke. Bd. III, S. 512; Der Patriotismus und sein Gegentheil. In: Werke. Bd. XI, S. 229, 268 ff.

36 Geist einer Nation das »heilige Feuer«] Vgl. Hegel: Einleitung in die Geschichte der Philosophie. Hg. v. J. Hoffmeister. 3. Aufl., unv. ND Hamburg 1966, S. 4.

37 das »heilige Feuer« ist, das man nicht verlöschen *darf;*] Vgl. 3. Moses 6,5 f.

38 »mit Völkern ... Sache ist.«] Quelle nicht ermittelt.

39 Psychologie als Wissenschaft,] Anspielung auf Herbart: Psychologie als Wissenschaft, neu gegründet auf Erfahrung, Metaphysik und Mathematik. 2 Teile (zuerst 1824/25). In: SW V S. 189–514 u. SW VI.

Verdichtung des Denkens in der Geschichte
(S. 27–38)

40 »Der pythagoreische Lehrsatz ... nur eine grade Linie gebe«.] Fast wörtliches Selbstzitat aus LdS II (1857) ›Einfluß der Sprache auf den Geist‹, S. 160; (1878) S. 229f.; (1885) S. 229f. – Vgl. dazu auch Fichte: Der Patriotismus und sein Gegentheil. In: Werke. Bd. XI, S. 241.

41 Vgl. Plato: Theaitetos 206d; Kratylos 425a.

42 wahrhafte Theodicee] Vgl. Hegel: »Die Philosophie hat es nur mit dem Glanze der Idee zu tun, die sich in der Weltgeschichte spiegelt. Aus dem Überdruß an den Bewegungen der unmittelbaren Leidenschaften in der Wirklichkeit macht sich die Philosophie zur Betrachtung heraus; ihr Interesse ist, den Entwicklungsgang der sich verwirklichenden Idee zu erkennen, und zwar der Idee der Freiheit. Daß die Weltgeschichte dieser Entwicklungsgang und das wirkliche Werden des Geistes ist, unter dem wechselnden Schauspiele ihrer Geschichten, – dies ist die wahrhafte Theodicee, die Rechtfertigung Gottes in der Geschichte. Diesen Gang des Weltgeistes Ihnen zu entwikkeln, ist mein Bestreben gewesen. / Der Geist ist nur, wozu er sich macht; dazu ist es notwendig, daß er sich voraussetzt. Nur die Einsicht kann den Geist mit der Weltgeschichte und der Wirklichkeit versöhnen, daß das, was geschehen ist und alle Tage geschieht, nicht nur von Gott kommt und nicht ohne Gott, sondern wesentlich das Werk Gottes selbst ist.« (Die germanische Welt. Hg. v. G. Lasson. Berlin 1970 (= Vorlesungen über die Philosophie der Weltgeschichte, IV. Teil), S. 938, Schlußworte).

43 Jeder neugeborne ... überliefert werden kann.] Fast wörtliches Zitat aus LdS II (1857) S. 161f.; (1878) S. 214; (1885) S. 214.

44 Erbe der ganzen Vergangenheit] Vgl. Herbart: »[...] jedes Zeitalter überliefert dem folgenden seine, am meisten ausgearbeiteten Gedanken, und seinen Sprachschatz, sammt seinen Erfindungen, Künsten, gesellschaftlichen Einrichtungen. Daraus entstehen allmälig Phänomene, die der einfache psychische Mechanismus für sich allein nicht würde ergeben können. In jedem von uns lebt die ganze Vergangenheit!« (Schriften zur Einleitung in die Philosophie (= SW I): Lehrbuch zur Einleitung in die Philosophie. Leipzig 1850, S. 302, § 159).

45 Sodann aber ... zu verstehen.] Sinngemäß in LdS II (1857) S.162; (1878) S.218; (1885) S.218.
46 Ebd. S.137.
47 Ebd. S.138.
48 Ebd.
49 Ebd. S.140.
50 Ebd. S.141.
51 Ebd. S.150.

Ueber das Verhältniß des Einzelnen zur Gesammtheit
(S. 39–129)

52 sucht ... die Elemente der Dinge,] Vgl. Leibniz: Monadologie § 1–3.
53 Vgl. Goethe: Faust I, Z.1924–1928 *und* Antepirrhema.
54 Vgl. Karl Andree: Der Getreidemarkt von Chicago in Illinois. In: Ders.: Geographische Wanderungen. 1. Bd. Dresden: Rudolf Kuntze 1859, S.209–213.; vgl. ZVPs 1/1860, S.214.
55 Vgl. Matthäus 13,8 ff. u. Markus 4,8 ff.
56 Anspielung auf Johann Fischarts Dichtung ›Das Glückhaftt Schiff von Zürich‹ (Straßburg 1576).
57 Vgl. Lazarus' Programmaufsatz in diesem Band S.3–25.
58 Vgl. US S.464 ff.
59 Vgl. 1. Moses 2,9 u. 17.
60 derjenige, welcher] vielleicht selbstironische Anspielung auf den Einakter ›Das Fest der Handwerker‹ (1828) des Berliner Possendichters Louis Angely (vgl. Büchmann S.174).
61 Vgl. Lazarus' Programmaufsatz in diesem Band S.3–25.
62 Vgl. Christoph Martin Wieland: Geschichte der Abderiten. 2. Teil. 5. Buch. 2. Kap.: »Die Abderiten waren ein dumpfes Völklein, wie wir alle wissen; und es gab vielleicht [...] kein andres in der Welt, das in der sonderbarsten Eigenschaft, *einen Wald vor lauter Bäumen nicht sehen zu können,* ihnen den Vorzug streitig machen konnte. Aber diess musste man ihnen lassen, so bald es nur Einem unter ihnen einfiel, eine Bemerkung zu machen, die *jedermann* eben so gut hätte machen können als er, wiewohl sie *niemand* vor ihm gemacht hatte; so schienen sie allesammt plötzlich aus einem langen Schlaf zu erwachen, sahen nun auf einmahl – was ihnen vor der Nase lag,

wunderten sich über die gemachte Entdeckung, und glaubten demjenigen sehr verbunden zu seyn der ihnen dazu verholfen hatte« (Sämmtliche Werke. 20. Bd. Leipzig: Georg Joachim Göschen 1796, S. 185).

63 gehört;] gehört

64 Vgl. z. B. A. Bernstein: »*Verbrennung ist gar nichts anderes als ein chemischer Prozeß, und Feuer ist nur eine Erscheinung dieses Prozesses.*« (Naturwissenschaftliche Volksbücher. 6. Bd. 3. verb. u. verm. Aufl. Berlin 1867, S. 22).

65 Vgl. Leibniz: Unvorgreifliche Gedanken, betreffend die Ausübung und Verbesserung der teutschen Sprache § 15, § 97.

66 Folgende Fußnote nur in VEG/A S. 400: »Daß wir von dem Kritiker in Herrigs Archiv keine besondere Belehrung empfangen konnten, wird man wohl aus seinem Bekenntniß entnehmen: ›Wir gestehen, heißt es, wir haben von je an vor der Psychologie ein eigenes Grauen empfunden. So sonderbar das ist, es sind nicht eben üble Männer, mit denen wir eine solche Empfindung theilen. (?) Zu wahrem Entsetzen steigert sich dies Grauen dem bloßen Namen der Völkerpsychologie gegenüber.‹ So lange einer sich noch in dem kindlichen Verhältnisse des Gruselns zu einem wissenschaftlichen Gegenstande befindet, wird er schwerlich zur Ergründung desselben viel beitragen können.« [Vgl. Lasson: (Beurtheilung von:) Zeitschrift für Völkerpsychologie und Sprachwissenschaft. Herausgegeben von Dr. M. Lazarus und Dr. H. Steinthal. Bd. I. Heft 1-3. Berlin. Dümmler, 1859. In: Archiv für das Studium der neueren Sprachen und Literaturen. Hg. v. Ludwig Herrig. XV. Jg. 27. Bd. Braunschweig: George Westermann 1860, S. 212].

67 Vgl. Goethe: Wilhelm Meisters Wanderjahre. 3. Buch. 18. Kap. Aus Makariens Archiv. (Hamburger Ausgabe VIII, 470); Maximen und Reflexionen 154 (Hamburger Ausgabe XII, 385).

68 Und Carl Ritter ... Forschung.«] Fast wörtliches Zitat aus: Carl Ritter: Die Erdkunde im Verhältniß zur Natur und zur Geschichte des Menschen, oder allgemeine vergleichende Geographie, als sichere Grundlage des Studiums und Unterrichts in physikalischen und historischen Wissenschaften. 1. Theil, 1. Buch: Afrika. Berlin: G. Reimer 1822, S. 19. - Vgl. auch EG S. 14.

69 ist nicht mehr die bloße Addition von so und so viel simpeln und unwissenden Individuen,] ist nicht blos so und so

viel simpler und unwissender Individuen, [*Zitatverstümmelung in allen bisherigen Abdrucken – hier im Text korrigiert*].

70 Vgl. Bogumil Goltz: Der Mensch und die Leute. Zur Charakteristik der barbarischen und civilisirten Nationen. Berlin: Franz Duncker 1858, S. 86. Vgl. über diese Schrift auch Lazarus' Rezension in ZVPs 1/1860, S. 244–253 (= Heft 3) und seine *Lebenserinnerungen* S. 119–125.

71 Vgl. zum Folgenden insgesamt EJ II 13. Kap.: Die Gesellschaft.

72 Vgl. Herbart: »Der Mensch ist Nichts ausser der Gesellschaft. Den völlig Einzelnen kennen wir gar nicht; wir wissen nur soviel mit Bestimmtheit, dass die Humanität ihm fehlen würde. Noch mehr: wir kennen eigentlich nur den Menschen in *gebildeter* Gesellschaft. Der Wilde ist uns nicht viel klärer wie das Thier. Wir hören und lesen von ihm; aber wir fangen sogleich unwillkürlich an, unser eigenes Bild in ihm, als einem Spiegel, wieder aufzusuchen. [...] Wir müssen uns begnügen, den heutigen gebildeten Menschen zum unmittelbaren Gegenstande unserer Betrachtung zu machen. Aber diesen wenigstens müssen wir so völlständig als möglich auffassen. Er ist ein Product dessen, was wir *Weltgeschichte* nennen. Wir dürfen ihn nicht aus der Geschichte herausreißen.« (Psychologie als Wissenschaft ... In: SW VI S. 20).

73 Vgl. Anm. 183.

74 Gesellung] Vgl. Herbart: Allgemeine Praktische Philosophie. In: SW VIII (2. Buch, 5. Kap.: ›Theoretischer Begriff der Gesellschaft‹), S. 127–130: »Man kann – sich gesellen; man kann nicht – gesellet werden. Ein Haufen von Menschen, die im Raume zusammenstehn, muss zum wenigsten erst in gegenseitige Mittheilung eintreten, ehe die einzelnen einander Gesellschaft leisten. [...] / Sie sind also noch nicht gesellet, so lange jeder etwas *Eignes* für sich sucht; sie haben sich gesellet, sobald sie etwas, wie mit Einer Gesinnung, gemeinsam betreiben. / Ohne vereinigtes, verschmolzenes Wollen giebt es keine Gesellschaft. [...] / Wie viele mögliche Gesammtzwecke, so viele mögliche Gesellschaften; nicht nur überhaupt, sondern für einen Jeden. Es kann also Einer in mehrern Gesellschaften zugleich sein [...] / Soll [...] die Gesellschaft Bestand haben, so bedarf es eines äussern Bandes. Man lässt sich *Macht* gefallen; oder stiftet eine. Die Gesellschaft verwandelt sich in den *Staat*. / Macht ist nicht mehr Macht, wenn sie auf dem Boden, wo sie

wirken soll, nicht allein wirkt. [...] Haben daher mancherlei Gesellschaften sich auf demselben gebildet, oder laufen auch nur theilweise die Sphären derselben durcheinander: so folgt sogleich, dass nicht jede dieser Gesellschaften, einzeln für sich genommen, eine Macht errichten, und sich dadurch schützen kann; sondern, dass der ganze Boden, so weit die einander durchkreuzenden Gesellungen reichen, von der nämlichen Macht muss beherrscht werden. / So entsteht ein Staat, der eine Menge kleinerer und verschiedenartiger Gesellungen in sich fasst; ein Staat, in welchem es nicht Einen allgemeinen Willen giebt [...]«; vgl. auch S. 139 f.

75 das ganze Mittelalter ... eine bloße Nacht chaotischer Gährung ..., aus welcher die moderne Welt ... wie ein junger Tag sich leuchtend emporhebt.] Vgl. Hegel: Die germanische Welt. Hg. v. G. Lasson. Berlin 1970 (= Vorlesungen über die Philosophie der Weltgeschichte, IV. Teil, S. 871): »Diese drei Tatsachen der sogenannten Restauration der Wissenschaften, der Blüte der schönen Künste und der Entdeckung Amerikas und des Weges nach Ostindien sind der Morgenröte zu vergleichen, die nach langen Stürmen zum ersten Mal wieder einen schönen Tag verkündet. Dieser Tag ist der Tag der Allgemeinheit, der endlich nach der Nacht des Mittelalters hereinbricht, ein Tag, der sich durch Wissenschaft, Kunst und Entdeckungstrieb, das heißt, durch das Edelste und Höchste bezeichnet, was der durch das Christentum freigewordene und durch die Kirche emanzipierte Menschengeist als seinen ewigen und wahren Inhalt darstellt.«

76 Die Psychologie lehrt ... *Thätigkeit.*] Fast wörtlich übernommen aus EG S. 3–7, resp. »Es gilt: das *Wesen* [...] *der inneren Thätigkeit.*« fast wörtlich auch in BMV S. 112 f., vgl. in diesem Band S. 4, wo es statt »den Quell, das Subject« heißt »den Inbegriff«.

77 Fast wörtlich zitiert aus: Clemens Theodor Perthes: Friedrich Perthes Leben. Nach dessen schriftlichen und mündlichen Mittheilungen aufgezeichnet. 3. Bd. Gotha: Friedrich Andreas Perthes 1855, S. 269.

78 Vgl. Kant: Anthropologie in pragmatischer Hinsicht. 1. Theil, 1. Buch, § 1 (AA 7,127 f.); Herbart: Psychologie als Wissenschaft, ... In: SW VI § 132, S. 230 ff.

79 Vgl. S. 62 ff.

80 Vgl. Plato: Politeia 449 f.; Aristoteles: Politik 1261a ff.

81 Im ›Anhang zur dritten Auflage‹ heißt es, ohne nähere Zuweisung der Stelle: »Zu S. 342 und 47. Dazu ist Bd. III. S. 406 f. zu vergleichen.« [d. i. US]

82 socialistischen] in VEG/A S. 405: französischen

83 historischen Verlauf ethischer Entwicklung.] in VEG/A S. 405 f.: Gange und der Ordnung der Natur.

84 Heiligthum der Elternliebe] Vgl. Jesus Sirach 3,1 ff. u. 7,27 f.

85 Bemerkenswerth ist es, ... dem Menschen allein.] Nicht in VEG/A.

86 Phalansterium] phalanstére »... ist die aus rund 1620 Personen bestehende [...] Grundeinheit, ein Drehpunkt des sozialen Mechanismus – wie die Serie und die freie Gruppe. Sie alle haben die Funktion, die in der Zivilisation allein die Familie leisten soll und nicht kann« (Charles Fourier: Aus der neuen Liebeswelt. A. d. Franz. v. Eva Moldenhauer. Berlin: Klaus Wagenbach 1977. Glossar, S. 51).

87 innere Mensch] homo interior; vgl. 2. Korintherbrief 4,16.

88 Vgl. Lessing: Nathan der Weise III,5; Schiller: Philosophische Briefe, Vorerinnerung.

89 Eine solche Untersuchung hat Lazarus nicht erscheinen lassen.

90 einfach] Vgl. Leibniz: Monadologie § 1: »Unter dem Wort / *einfach* / verstehet man dasjenige / welches keine Teile hat.«

91 Volksschriften] Vgl. Anm. 29.

92 Vgl. Berthold Auerbach: Schrift und Volk, a. a. O., S. 319 ff. u. passim.

93 Vgl. Psalm 19,5 ff.

94 Vgl. Leibniz: Neue Abhandlungen. 2. Buch. Kap. 20. § 54.

95 glücklicherweise antiquirten] nicht in VEG/A.

96 Preußischen Schulregulative] Gemeint sind die sog. Stiehlschen Regulative (Ministerialerlasse): Die drei Preußischen Regulative vom 1., 2. und 3. October 1854 über Einrichtung des evangelischen Seminar-, Präparanden- und Elementarschul-Unterrichts. Im amtlichen Auftrage zusammengestellt und zum Drucke befördert von F. Stiehl, Geheimem Regierungs- und vortragendem Rath in dem Königlichen Ministerium der geistlichen, Unterrichts- und Medicinal-Angelegenheiten. Berlin: Wilhelm Hertz (Bessersche Buchhandlung) 1854. Dort heißt es über den ›Unterricht im Lesen und in der deutschen Sprache‹

und speziell über die von den Schülern außerhalb der Schule zu lesenden Schriften: »Ausgeschlossen von dieser Privatlektüre muß die sogenannte klassische Litteratur bleiben; dagegen findet Aufnahme, was nach Inhalt und Tendenz kirchliches Leben, christliche Sitte, Patriotismus und sinnige Betrachtung der Natur zu fördern, und nach seiner volksthümlich anschaulichen Darstellung in Kopf und Herz des Volkes überzugehen geeignet ist. Die Auswahl mag nach provinziellem Bedürfnisse verschieden getroffen werden; im Allgemeinen wird sie sich überall zweckmäßig innerhalb der Lebensbeschreibungen Luthers von Mathesius und Wildenhahn, Melanchthon und Valerius Herberger, Paul Gerhardt und Jakob Spener von Wildenhahn, Oberlin von Schubert, des evangelischen Jahrbuchs von Piper, des Beiblattes zu den fliegenden Blättern des rauhen Hauses, der Erzählungen und Biographien von Schubert, der Volksschriften von Horn, Gotthelf, Ahlfeld, Redenbacher, Stöber, der Kinderschriften von Barth, der Märchen der Gebrüder Grimm, der Schriften von Claudius, Krummacher und Hebel, der vaterländischen Lebensbilder von Werner Hahn, des Vaterlandes von Curtmann, der Germania von Vogel, des Preußens Ehrenspiegel von Müller, der Geschichte der Französischen Revolution und der Befreiungskriege von Jahn, der Länder-, Natur- und Reiseschilderungen von Schubert, Kohl, Grube, Zimmermann u.a. treffen lassen. / Sowohl der Gebrauch des Wackernagelschen Lesebuchs, wie die Regelung der Privatlektüre bietet Veranlassung und Gelegenheit, die Zöglinge ohne Betreibung der Litteraturgeschichte mit demjenigen bekannt zu machen, was ihnen aus der Geschichte der National-Litteratur und aus dem Leben und der Zeit ihrer Repräsentanten zu wissen erforderlich ist [...]« (S.30f.). Vgl. dazu auch: Aktenstücke zur Geschichte und zum Verständniß der Preußischen Regulative vom 1., 2. und 3. October 1854. Mit erläuternden Bemerkungen hg. v. F. Stiehl ... Berlin: Wilhelm Hertz (Bessersche Buchhandlung) 1855, S. 36 f.

97 Zuordnung des Zwischentitels vom Hg. berichtigt.

98 dort der Atome, hier der Zellen oder der organischen Individuen.] Vgl. Leibniz: Monadologie § 66.

99 Eine solche Untersuchung hat Lazarus nicht erscheinen lassen.

100 Vgl. Herbart: Psychologie als Wissenschaft ... In: SW VI S. 37 f.

101 Vgl. dagegen die Polemik Herbarts: »[...] unsre Zeit hat sich nun vollends in die *Unwahrheit* verliebt: *im Organismus gehe das Ganze den Theilen voran*.« (Psychologie als Wissenschaft ... In: SW VI S. 45.

102 Vgl. Aristoteles: Politik I 2, 1253a.

103 Vgl. Anm. 72.

104 Gesammtbewußtsein] Der Begriff Gesammtbewußtsein wird hier (in VEG, vgl. nach Register: Gesammtbewußtsein A) anders als in SG (vgl. nach Register: Gesammtbewußtsein B) verwendet. Grimm 5,3788 (erschienen 1897) weist nur A nach: »Gesammtbewusztsein, n. *das gemeinsame bewusztsein aller, das bewusztsein im ganzen* Bluntschli *in den hall. jahrbüchern* 1839, s. 1930.« In diesem Sinne auch bei Rudolf Eisler: Wörterbuch der Philosophischen Begriffe. 2 Bde. 2. Aufl. Berlin 1904 u. Dass. 3. Aufl. 1910: »Gesammtbewußtsein ist der Zusammenhang, die Gleichartigkeit, Einheit der geistigen Inhalte in einer Gemeinschaft von Individuen. Es ist das Product der Wechselwirkungen zwischen diesen, zugleich eine jedem Einzelgeiste übergeordnete, objective Macht« (1904. Bd. I, S. 375). Ins HWPh ist der Begriff nicht mehr aufgenommen worden.

105 Vgl. Schiller: Don Carlos III,10: »Viel Selbstgefühl und kühner Mut, [...] Stolz will ich den Spanier.«

106 Vgl. Pertz: Über die politische Bedeutung des Jahres 1810 (gelesen in der Akademie der Wissenschaften am 11. April 1861). In: Abhandlungen der Königlichen Akademie der Wissenschaften zu Berlin. Aus dem Jahre 1861. Berlin 1862, S. 192.

107 Ebd. S. 193.

108 Vgl. *ausführlich* Lazarus: Was heißt national? [Vortrag vom 2.12.1879] In: Ders.: Treu und Frei. Gesammelte Reden und Vorträge über Juden und Judenthum. Leipzig: C. F. Winter 1887, S. 53–113.

109 Allein in der ... einem geistigen.] Fast wörtlich übernommen aus EG S. 34.

110 In die ...ist der *Volksgeist.*] Fast wörtlich übernommen aus EG S. 34–37.

111 Ausgelassen gegenüber EG S. 36: Es ist bemerkenswerth, daß ein gewisser mongolischer Stamm keinen besonderen Namen hat und sich nur »Wir« nennt, aber auch von den anderen Stämmen nur so genannt wird. – Vgl. dasselbe über einen ›tamulischen Stamm‹, in diesem Band S. 85.

112 Universalstaat] Gemeint ist hier Frankreichs Aufstieg zur Weltherrschaft unter Napoleon I. und eine sich damit abzeichnende Wiederherstellung des Reiches Karls des Großen. – Bei Grimm wird er Begriff nicht nachgewiesen, vgl. aber: Volksthümliches Handbuch der Staatswissenschaften und Politik. Ein Staatslexicon für das Volk. Hg. v. Robert Blum, Leipzig: Robert Blum u. Comp. 1848–1851. 2. Bd., S. 341: »Universalstaat, Universalmonarchie, Weltherrschaft. Durch diese Worte wird die Vereinigung aller bekannten Völker zu einem gemeinschaftlichen Staat oder zu einer gemeinschaftlichen Monarchie verstanden. Versuche zu einer solchen Weltherrschaft sind bereits gemacht worden und mehr oder weniger gelungen; die alten asiatischen Reiche, wie das persische, bezweckten eine Weltherrschaft, nach den damaligen Verhältnissen; eben so das römische, das päpstliche und das napoleonische Reich. [...]« – Lazarus wird gedacht haben an Kant: Religion innerhalb der Grenzen der bloßen Vernunft. 1. Stück, III.: »Ein jeder Staat strebt, so lange er einen andern neben sich hat, den er zu bezwingen hoffen darf, sich durch dieses [!] Unterwerfung zu vergrößern, und also zu Universalmonarchie, einer Verfassung, darin alle Freiheit [(] und mit ihr [] was die Folge derselben ist, Tugend, Geschmack und Wissenschaft [)] erlöschen müßte. Allein dieses Ungeheuer (in welchem die Gesetze allmählig ihre Kraft verlieren), nachdem es alle benachbarte verschlungen hat, löset sich endlich von selbst auf und theilt sich durch Aufruhr und Zwiespalt in viele kleinere Staaten, die, anstatt zu einem Staatenverein (Republik freier verbündeter Völker) zu streben, wiederum ihrerseits jeder dasselbe Spiel von neuem anfangen [...]« (AA 6,34).

113 Vgl. Hegel: »Napoleon macht es Ehre, daß er würdige Feinde nicht fand, sondern sie sich erst erzeugte und so seinen Fall selbst vorbereitete. Die Individualität und die Gesinnung der Völker, d. h. ihre religiöse und die ihrer Nationalität, hat endlich diesen Koloß gestürzt.« (Vorlesungen über die Philosophie der Weltgeschichte IV. Teil, S. 931).

114 Das Selbstbewußtsein ... Volksgeistes;] nicht in VEG/A.

115 Gemeingeist] Das Register in LdS III (1882) verweist nur auf LdS I (1876) S. 70 f., was zeigt, daß ›Gemeingeist‹ ausdrücklich das ›Interesse für das Ganze, an welchem Viele und Verschiedne mitarbeiten, durch welche allein die Vollkommenheit verbürgt wird‹ meint, also nicht Montesquieus ›esprit général‹, der in etwa dem entspricht, was Lazarus unter

›Gesammtgeist‹ versteht. – Vgl. auch Herder: Briefe zur Beförderung der Humanität, 78. Brief: »Auf dieser Höhe spricht der Verfasser [Johan Christoph Berens, 1792] vom *Gemeingeist,* der alles in Rücksicht des Ganzen betrachtet, dem wahren *Schutzgeist der Städte.* [...] ›*Gemeingeist,* (public spirit) diese Benennung stammt von der Britischen Insel; wir verehrten ihn aber lange vorher unter dem ehrbaren Namen, *der Stadt Bestes.* Dieses Wort hatten unsre Voralten oft im Munde. Ihre Einrichtungen und Verwaltungen, von welchen wir noch die Vorteile genießen, bezeugen, daß sie die Sorge für das Beste der Stadt auch im Herzen getragen haben. Die Stadt ist eben so glücklich auf die Vorstellung: ›wir arbeiten zusammen für uns und unsre Kinder‹, als auf ihre Lage gegründet.«« – Für ›Gemeingeist‹ vgl. *nach Register* auch ›Gemeinsinn‹.

116 In diesem Band S. 49.

117 *principium expressivum*] Nicht ermittelt.

118 Vgl. Hegel: Vorlesungen über die Philosophie der Weltgeschichte. 1. Teilband: Die Vernunft in der Geschichte: C. Der Gang der Weltgeschichte, a–c.

119 Vgl. Herder: Briefe zur Beförderung der Humanität, 14.–16. Stück: »Was ist der Geist der Zeit?«

120 Apotheose des Genius] Anspielung auf Goethe: Des Künstlers Erdewallen.

121 hinweisen, wie] in VEG/A S. 430: hinweisen, durch welche ich in einem der nächsten Hefte darzulegen gedenke, wie

122 *force des choses*] Kritisch über diese und andere zuerst von zeitgenössischen Politikern verwendeten Formeln vgl. IG S. 388f.

123 Logik der Thatsachen,] Vgl. Friedrich Albert Langes Bericht über den seit 1858 ausgetragenen Disput zwischen Mathematikern und Physiologen über arithmetisches Mittel, Wahrscheinlichkeit und exakte Wissenschaft. Der Mathematiker »Radicke veröffentlichte im Jahre 1858 im Archiv für phys[iologische] Heilkunde eine ausführliche Arbeit, deren Zweck darin bestand, das übermässig wuchernde Material physiologisch-chemischer Entdeckungen einer kritischen Sichtung zu unterwerfen. Er bediente sich dabei eines ebenso sinnreichen und selbständigen als correcten Verfahrens, um das Verhältniss des arithmetischen Mittels aus den Versuchsreihen zu den Abweichungen der einzelnen Versuche von diesem Mittel logisch zu verwerthen. Dabei ergab sich denn in der

Anwendung der entwickelten Grundsätze auf viele bisher sehr geschätzte Untersuchungen, dass die Versuchsreihen dieser Untersuchungen überhaupt kein wissenschaftliches Resultat ergaben, weil die einzelnen Beobachtungen zu grosse Verschiedenheiten zeigten, um das arithmetische Mittel mit genügender Wahrscheinlichkeit als Produkt des zu untersuchenden Einflusses erscheinen zu lassen. Gegen diese höchst verdienstvolle und von mathematischer Seite durchaus nicht angefochtene Arbeit erhob sich nun Widerspruch von Seiten einiger namhafter Mediciner, und dieser Widerspruch förderte eben die seltsamen Urtheile zu Tage, die wir hier glauben erwähnen zu müssen. *Vierordt* [Bemerkungen über medicinische Statistik. Ebd., S. 220–227] nämlich bemerkte zu der Abhandlung, die er im Allgemeinen wohl billigte, ›dass es ausser der rein formalen, mit einer gewissen mathematischen Schärfe beweisenden Logik des Wahrscheinlichkeitscalculs in vielen Fällen noch eine *Logik der Thatsachen* selbst giebt, die, in rechter Weise angewandt, einen kleineren, oder selbst sehr grossen Grad von Beweiskraft für den Mann vom Fach besitzt.‹ [S. 223] Der bestechende, aber doch im Grunde höchst unglücklich gewählte Ausdruck ›Logik der Thatsachen‹ fand bei Manchen Anklang, denen die schneidende Schärfe der mathematischen Methode unbequem sein mochte; er wurde jedoch von Prof. *Ueberweg*, einem Logiker von eminenter Befähigung zur Untersuchung solcher Fragen ([Ueber die sogenannte ›Logik der Thatsachen‹ in naturwissenschaftlicher und insbesondere in pharmakodynamischer Forschung. In:] Archiv für pathol[ogische] Anat[omie und Physiologie und für klinische Medicin. Hg. v. R. Virchow.] XVI. [Bd. Neue Folge: 6. Bd. 1859, S. 400–407]), auf ein sehr bescheidnes Maass der Berechtigung zurückgeführt. Ueberweg zeigte überzeugend, dass das, was man etwa als ›Logik der Thatsachen‹ bezeichnen könne, in vielen Fällen als Vorstufe der strengeren Untersuchung einen Werth haben möge, ›etwa so, wie die Abschätzung nach dem Augenmass, so lange noch die mathematisch strenge Messung unmöglich ist‹; dass aber nach richtiger Durchführung der Rechnung von einem durch die Logik der Thatsachen ermittelten abweichenden Resultat nicht mehr die Rede sein könne. [...]« (Geschichte des Materialismus und Kritik seiner Bedeutung in der Gegenwart. 2., verb. u. verm. Aufl. 2. Buch: Geschichte des Materialismus seit Kant. Iserlohn: J. Baedeker

1875, S. 292 f. (= 2. Abschn. Anm. 11; Selbstzitat Langes aus 1. Ausgabe 1866)).

124 Vgl. die in EJ I § 279 gegebene sehr ähnliche Aufzählung als »Culturwerken«.

125 Vgl. 2. Makkabäer 8,23.

126 Anspielung auf ›Volk der Dichter und Denker‹ (Bulwer 1837), vgl. Büchmann S. 230.

127 Vgl. Herbart: »Eine andre Art von physiologischer Resonanz kann den Menschen in gewisse Gefühle und Betrachtungen so versenken, dass er zwar gewisse Gruppen von Vorstellungen in einem vorzüglichen Grade ausbildet, darüber aber viele andere aus dem Bewusstsein verliert, und folglich vielmehr vertieft, als besonnen ist. Dies weiset hin auf die Naturanlagen der Dichter und Denker.« (Lehrbuch zur Psychologie. In: SW V S. 181).

128 Durst des Wissens] Vgl. Schiller: Die Ideale, Z. 62: »Des Wissens Durst blieb ungestillt«.

129 goldenen Schöpfungseimer] Vgl. Goethe: Faust I, Z. 450.

130 Im ›Anhang zur dritten Auflage‹ heißt es, ohne genauere Zuweisung der Stelle: Zu S. 390. Gewiß auch bei den Thieren findet Wandel der Individuen, Fortschritt und Rückschritt und die Vererbung desselben statt; aber das Thier kann seine abweichende Individualität nur auf seine Descendenz *vererben;* der Mensch aber, der Geist kann seine originelle Gestaltung, Wahrheit und Irrthum, Tugend und Laster jedem anderen Menschen *lehren, überliefern.*

131 Selbst im Kreise ... zu erfüllen.] in VEG/A S. 436: Selbst im Kreise des Organischen bei Pflanzen und Thieren, wo das einzelne Wesen schon ein in sich geschlossenes Ganze ausmacht, ist ein jedes nur Exemplar der Gattung; zwar von einander verschieden, liegt doch die Kraft und die Bedeutung eines jeden nur in der Gleichheit mit allen, und selbst das Maß der Besonderheit ist durch den Charakter der Gattung auf festbestimmte Grenzen beschränkt. Kein einzelnes Wesen kann hier über die anderen sich wahrhaft und wesentlich erheben, und darum noch weniger die Erhebung der anderen bewirken. Im ewigen Einerlei leben die Kräfte in den Arten fort. Anders der Mensch. Der Adel seiner Kraft ist seine eigenthümliche, individuelle Gestaltung.

132 Bei H. Rink: Die Nikobarischen Inseln. Eine geographische Skizze, mit specieller Brücksichtigung der Geognosie.

Kopenhagen: H. C. Klein 1847 so nicht nachzuweisen, vgl. aber S. 167 ff.

133 Vgl. Leibniz: Von dem Verhängnisse: »[...] einem beschränkten Verstand ist unmüglich, künftige Dinge mit Umbständen vorherzusehen, weil die Welt aus ohnendlichen Dingen bestehet, die zusammenwirken, also daß nichts so klein, noch so weit entfernet, welches nicht etwas beytrage nach seinem *Maaß*. Und solche kleine Dinge machen oft große mächtige Veränderungen.« (Hauptschriften II, 338).

134 Vgl. Leibniz: Über das Kontinuitätsprinzip ... S. 68: »So kann ein Fünkchen, das in eine gewaltige Pulvermasse fällt, eine ganze Stadt zerstören, [...]« (Hauptschriften I, 68); vgl. auch ders.: Von dem Verhängnisse (Hauptschriften II, 338).

135 Nicht der Funke ist es, ... was ein Funke kann.] Vgl. Lotze: »Nicht der Feuerfunke ist es, der die Explosionkraft dem Pulver mittheilt, denn auf andere Gegenstände fallend, bringt er keine Wirkung ähnlicher Art hervor; weder in seiner Temperatur, noch in der Art seiner Bewegung, noch in irgend einer andern seiner Eigenschaften würden wir den Grund finden, der ihn befähigte, aus sich allein heraus jene zerstörende Kraft zu entwickeln; er findet sie vor in dem Pulver, auf welches er fällt; oder richtiger, er findet sie auch hier nicht fertig vor, aber er trifft hier mehrere Stoffe in einer Verbindung an, die bei dem Zutritt der erhöhten Temperatur, die er hinzubringt, sich mit plötzlicher Gewalt gasförmig ausdehnen muß. Für die Form der entstehenden Wirkung liegt also der Grund in der Mischung des Pulvers allein, für ihren wirklichen Eintritt bringt die Glühhitze des Funkens die letzte nothwendige ergänzende Bedingung hinzu. Zu denselben Schlüssen berechtigt uns die Unvergleichbarkeit der materiellen Zustände und ihrer geistigen Folgen. [...]« (Mikrokosmus. Ideen zur Naturgeschichte und Geschichte der Menschheit. Versuch einer Anthropologie. 1. Bd. 2. Aufl. Leipzig: S. Hirzel 1869 (zuerst 1856), S. 166 f. (= 2. Buch, 1. Kap.)).

136 aber je mehr ... sein.] nicht in VEG/A.

137 wo nicht die Erzeugerin, doch die Erzieherin] in VEG/A S. 440: wo nicht die Mutter, doch die Hebeamme

138 Ein moderner Philosoph] Gemeint ist vermutlich Hegel, der in seiner Rechtsphilosophie (§ 57) das ›absolute Unrecht der Sklaverei‹ bestritten hatte; vgl. dazu die ähnlich lautende Kritik an Hegels dialektischen Entwicklungen von Herbart:

Allgemeine Praktische Philosophie. In: SW VIII S. 194.
139 Vgl. Aristoteles: Politik I 5, 1254a ff. (1. Buch, 4.–6. Kap.).
140 Gegensatz der activen, in wirklicher Thätigkeit ... begriffenen und der ruhenden Kräfte,] Vgl. Aristoteles: Metaphysik. Buch IX,3–6.
141 Gegensatz ... der latenten und der freien Kräfte.] Der Sinn der Bezeichnung ›freie Kräfte‹ bleibt unterbestimmt: entweder es handelt sich einfach um Kräfte, die u. U. frei i. S. von ›freigesetzt‹ werden, also solche, die in wirklicher Tätigkeit sind: und das wäre auch Energeia – oder aber Lazarus will hier die ›Hinleitung aus dem Zustand der Möglichkeit zu dem der Erfüllung‹ – den Entelechiegedanken – umschreiben; vgl. die folgende Anm.
142 Vgl. diese Unterscheidung bei Aristoteles: Über die Seele 417a 21ff.: »Eine Auseinandersetzung ist auch über Möglichkeit (dynamis) und Erfüllung (energeia) nötig. Bis jetzt sprachen wir in einfachem Sinne [...] davon. Es kann nämlich etwas wissend (epistemon) sein, so wie wir sagen, ein Mensch ist wissend, weil der Mensch zu den wissenden und Wissen besitzenden Wesen gehört. Oder so wie wir darüber hinaus wissend nennen, wer das ABC inne hat. Beide sind nicht in gleicher Weise vermögend, sondern der eine, weil Gattung (genos) und Materie (hyle) derart sind, der andere, weil er, sobald er will, zur Betrachtung (theorein) zu gelangen vermag, wenn kein äußerer Umstand ihn hindert. Der dritte aber ist schon Betrachter: er steht in der Erfüllung und kennt im eigentlichen Sinne (kyrios) das bestimmte A. Die beiden ersten sind der Möglichkeit (kata dynamin) nach wissend.« (Übers. u. m. Erl. hg. v. Willy Theiler. o. O. (Reinbek b. Hamburg) 1968 (= Rowohlts Klassiker der Literatur und Wissenschaft 226/227), S. 49).
143 Vgl. Aristoteles: Über die Seele 412a 9–22: »Die Materie ist Möglichkeit (dynamis), die Form Erfüllung (entelecheia), und zwar in doppeltem Sinne, einmal wie das Wissen (episteme), das andere Mal wie das Betrachten (to theorein). [...] Es gibt zweierlei Arten von Erfüllung, die eine wie das Wissen, die andere wie das Betrachten.« (a. a. O. S. 35, 145); Eudemische Ethik 1225b 11; Nikomachische Ethik 1146b 31.
144 Sempach] – »in dessen Nähe am 9. Juli 1386 Herzog Leopold von Oesterreich von den Eidgenossen durch Arnold's von Winkelried Selbstaufopferung geschlagen wurde und mit Tausenden seiner Ritter und Knechte umkam. Eine Kapelle

[...] n.ö. von Sempach, ist auf der Stelle erbaut, wo Leopold, der Neffe des Herzogs gleichen Namens, der bei Morgarten 71 Jahre früher von den Eidgenossen besiegt wurde, fiel. Der Schlachttag wird heute noch gefeiert.« (K. Baedeker: Die Schweiz nebst den angrenzenden Theilen von Oberitalien, Savoyen und Tirol. Handbuch für Reisende. 18., neu bearb. Aufl. Leipzig 1879, S. 11).

145 Laupen] – »kl. Städtchen [...] in der Schweiz berühmt durch den am 21. Juni 1339 erfochtenen Sieg der Berner unter Rudolph von Erlach [...] über die Freiburger und den Adel des Uechtlands, Aaargaus, Savoyens und Hochburgunds. Das Gedächtniss der Schlacht wird alle fünf Jahre gefeiert« (Baedeker a. a. O. S. 107).

146 am Tage von St. Jacob] – 26. Aug. 1444, »Gedächtniss des Heldeskampfs der Eidgenossen gegen das unter dem Dauphin (später Ludwig XI.) herandringende Armagnakenheer« (Baedeker a. a. O. S. 6).

147 Vgl. 1. Moses 48,16 ff.; vgl. auch EJ I § 266.

148 Continuität des geistigen Daseins.] Vgl. EJ I § 266 ff. u. Anhang Nr. 44; und *nach Register*.

149 Auf das specifisch ... hingewiesen;] nicht in VEG/A.

150 Vgl. Giambattista Vico: Die neue Wissenschaft über die gemeinschaftliche Natur der Völker. Nach der Ausg. v. 1744 übersetzt u. eingel. v. Erich Auerbach. Berlin: de Gruyter 1965, S. 129 f. (= 1. Buch, 3. Abt.).

151 Gemeingeist] Vgl. Anm. 115.

152 wie ein Proteus] Vgl. Homer: Odyssee IV, 365, 384, ferner Ovid: Metamorphosen VIII, 731 ff.

153 Vgl. in diesem Band S. 114 f.

154 Vgl. Montesquieu: »Für die rechte Auffassung der ersten vier Bücher dieses Werkes ist zu beachten, daß ich mit der Bezeichnung *Tugend* innerhalb der Republik die Vaterlandsliebe meine, das heißt: die Liebe zur Gleichheit. Sie ist weder eine moralische noch eine christliche Tugend, vielmehr eine *politische*. Diese Triebkraft setzt die republikanische Regierung in Bewegung, genauso wie die Triebkraft *Ehre* die Monarchie in Bewegung setzt. Demgemäß habe ich die Liebe zum Vaterland und zur Gleichheit *politische Tugend* genannt.« (Vom Geist der Gesetze. Hinweis des Verfassers).

155 Vgl. EJ I § 29: »Nicht genug kann dieser historische Unterschied des jüdischen gegen andere Völker hervorgehoben

werden. Überall sehen wir, – dafern die Nationen nicht ganz und gar aufgelöst, weil ihre Glieder von den siegreichen Völkern aufgesogen werden, – wie denn die späteren Griechen keine Griechen, die Römer keine Römer, die Babylonier keine Babylonier mehr sind! – überall sehen wir, dass der Zerfall des Staatslebens die Völker zum Individualismus führt. Diesen suchen dann sowohl die Stoiker wie die Epikuräer auch theoretisch zu begründen. Bei den Juden aber tritt eine neue Art geistig-sittlicher Einheit, ein ganz eigenartiges sociologisches Element hervor: schon das Festhalten am eigenen Gesetz, an den überlieferten Principien der Lebensführung, das zähe, ausdauernde, durch zahlreiche Martyrien besiegelte Festhalten, anstatt mit der geistigen Invasion des Siegers zu pactiren, war charakteristisch; dazu gesellte sich gerade jetzt der auf Gleichheit und Einheitlichkeit zielende Ausbau. – Aus der Einheit aller Satzung aber erblühte zugleich die *Allen gemeinsame Verpflichtung auf die Ehre, die Würde und den Bestand des Ganzen.*«

156 Vgl. 1. Moses 2,9; 3,22; Sprichwörter 3,18.

157 Vgl. Schiller u. Goethe: Xenien: »Wissen sie nichts Vernünftiges mehr zu erwidern, / Schieben sie's einem geschwind in das Gewissen hinein.«

158 Vgl. Schiller: Der Spaziergang, Z. 75–77: »Tausend Hände belebt *ein* Geist, hoch schläget in tausend / Brüsten, von *einem* Gefühl glühend, ein einziges Herz, / Schlägt für das Vaterland und glüht für der Ahnen Gesetze, [...]«

159 Einer für Alle, und Alle für Einen] Schweizerischer Wahlspruch, dessen Herkunft auch *Büchmann* nicht nachweist; vgl. aber EJ II § 493, u. ferner: Dumas' Drei Musketiere.

160 In VEG/A S. 453 folgt eine Ankündigung: »*Anmerkung.* / Vorbereitet durch die Erörterungen dieses Vortrags, werden wir nun im nächsten Heft, auf der Basis des Schlußgedankens versuchen, »einige Grundgesetze des geistigen Zusammenlebens« zu entwickeln. / *Lazarus.*« Die hier nachfolgende Abhandlung ›Einige synthetische Grundgedanken zur Völkerpsychologie‹ wird unten S. 135 als »eine Fortsetzung« dieser bezeichnet.

Einige synthetische Gedanken zur Völkerpsychologie
(S. 131–238)

161 Völkerpsychologie] Völkerpsychologie, von Prof. Lazarus. [Mit dieser Abhandlung eröffnete die ›Zeitschrift für Völkerpsychologie und Sprachwissenschaft‹ ihren dritten Band, und wohl deshalb enthält die ›Vorbemerkung‹ an zwei Stellen ganz allgemeine (offensichtlich nachträglich hinzugefügte) Passagen, die hier zwar vollständig wiedergegeben sind, aber jeweils nur in Fußnoten an den betreffenden Stellen. Einleitend sagt Lazarus:] Die in den vollendeten zwei Bänden dieser Zeitschrift niedergelegten Untersuchungen, Forschungen und Darstellungen haben den Gedanken einer Völkerpsychologie zum Inhalt oder zur Triebfeder gehabt. Für die weitere Ausführung dieses Gedankens scheint es vor allem nothwendig, noch einige synthetische Grundgedanken aufzustellen. [*Folgt wiedergegebener Text*]

162 Weg der Wahrheit] Vgl. Psalm 119,30; Weisheit 5,6.

163 Vgl. in diesem Band: ›Ueber das Verhältniß des Einzelnen zur Gesammtheit‹, den Abschnitt: ›Zweifel an der Berechtigung der Völkerpsychologie wird zurückgewiesen‹, S. 44 ff.

164 Vgl. die Nachweise in diesem Band nach dem Register!

165 Vgl. Anm. 161. – *Weiter heißt es an dieser Stelle:* Unsere Genossen in der Herbartschen Schule möchten wir aber besonders einladen, das Streben dieser Zeitschrift mit einigen Anregungen zu vergleichen, welche Herbart in der sechsten, siebenten und achten Abhandlung des neunten Bandes der sämmtlichen Werke [Vgl. Literaturverzeichnis] gegeben hat, von denen Hartenstein in der Vorrede [Vorwort, S. IX] mit Recht behauptet, daß sie als Erläuterung, ja selbst als Ergänzung dessen angesehen werden können, was die Einleitung zum zweiten Bande der Psychologie über die Grundzüge einer Naturlehre des Staats darbietet [vgl. Herbart: Psychologie als Wissenschaft ... In: SW VI S. 19–67]. / Bei einem Blick in die genannten Abhandlungen würden sie erkennen, daß Herbart die Aufgabe, eine Völkerpsychologie in unserem Sinne zu schaffen, weder für eine unmögliche, noch auch für eine unnöthige gehalten haben würde. Er theil dort der Psychologie so weite und große Aufgaben zu, er eröffnet | selbst die Aussicht in so tief eindringende Betrachtungen, daß man behaupten darf, sie würden im Falle der Ausführung zu einer eigenen Disciplin auch für ihn selbst sich gestaltet haben. Aber abgesehen von der Theilung, der Sache und dem Namen nach, steht es fest, daß Herbart die Aufgabe der Völkerpsychologie überall streift, nur daß er den rechten Gesichtspunkt zur Erfassung derselben immer wieder verfehlt, nur daß die hellen Streiflichter, die er auf die Sache fallen läßt, von tiefen Schlagschatten gekreuzt und durchbrochen werden. Den Beweis dafür mag man schon darin sehen, – da eine weitere Ausführung dieses Ortes nicht ist – daß Herbart überall nur von der Beziehung der Psychologie auf politische Meinungen und Bestrebungen, auf die Staatswissenschaft redet, anstatt von der weiteren und wesentlicheren zur *Geschichte*. Mit Zuversicht aber kann man dieses behaupten, daß nach den Fortschritten, welche inzwischen die Sprachwissenschaft, die Geschichte und insbesondere auch die Psychologie gemacht haben, deren letztere wir im letzten Grunde ja ihm selbst verdanken, *jetzt* in Herbarts eigenem Sinne und nach seinen bezüglichen Gedanken die Aufgabe der Völkerpsychologie, wie sie von uns gefaßt wird, an der Zeit wäre. / Es handelt sich dabei nicht darum, Herbart als Autorität für unser Bestreben anzurufen; niemals würden wir ihn nach seinem hohen Sinn verehren, wenn wir auf seine, anstatt der Wahrheit Autorität uns berufen wollten; dann, und nur dann, werden wir ihn wahrhaft verehren, wenn wir nicht an dem Maß der von ihm selbst geschöpften Erkenntniß uns begnügen, wenn wir vielmehr jede Anregung, die er selbst – oder ein Anderer – zur Entdeckung der Wahrheit gegeben, mit seinem wahrhaft vorbildlichen Ernst und Eifer verfolgen. / In diesem Sinne fordern wir die Vertreter der Herbartschen Schule auf, an dem Werke der Völkerpsychologie eifriger, als sie es bis jetzt gethan, mitzuarbeiten. / Fast als selbstverständlich aber dürfen wir es betrachten, daß wir aufs Dringendste unsere Aufforderung zur Mitarbeit an alle Diejenigen erneuern, welche sich mit der Geschichte des Culturlebens beschäftigen und für die psychologische Erläuterung und | Begründung desselben ein Interesse haben; sie mögen übrigens eigentliche Geschichtsforscher sein, oder als Juristen, Theologen, Naturforscher, Aesthetiker, Nationalökonomen usw. der Geschichte ihres Culturgebiets ihre Aufmerksamkeit zuwenden. Ihre *Darstellungen*, welche die psychologische Betrachtung herausfordern, oder Anregungen irgend welcher Art, werden uns stets willkommen, ja für einen fruchtbaren Fortgang der Untersuchungen kaum zu entbehren sein.

166 Vgl. in diesem Band S. 98 f.

167 Volksseele] Nimmt kritisch Bezug auf: Bilder aus der deutschen Vergangenheit. Hg. v. Gustav Freytag. 2. Teil. Leipzig: S. Hirzel 1859, S. 403: »Alle großen Schöpfungen der Volkskraft, angestammte Religion, Sitte, Recht, Staatsbildung, sind für uns nicht mehr die Resultate einzelner Männer, sie sind organische Schöpfungen eines höhern Lebens, welches zu jeder Zeit nur durch das Individuum zur Erscheinung kommt und zu jeder Zeit den geistigen Gehalt der Individuen in sich zu einem mächtigen Ganzen zusammenfaßt. Jeder Mensch trägt und bildet in seiner Seele die geistige Habe des Volkes, jeder besitzt die Sprache, ein Wissen, eine Empfindung für Recht und Sitte, in jedem aber erscheint dies allgemeine Nationale gefärbt, eingeengt, beschränkt durch seine Individualität. Die ganze Sprache, das gesammte sittliche Empfinden repräsentirt nicht das Individuum, sie stellen sich nur dar, wie der Accord in dem Zusammenklingen der einzelnen verbundenen Töne, in der Gesammtheit, dem Volke. So darf man wohl, ohne etwas Mystisches zu meinen, von einer Volksseele sprechen. / Und sieht man näher zu, so erkennt man mit Verwunderung, daß die Entwickelungsgesetze dieser höhern geistigen Persönlichkeit sich merkwürdig von denen unterscheiden, welche den Mann frei machen und binden [...]«.

168 Weltseele] mundi anima – Im Deutschen seit dem 17. Jahrhundert in vielerlei Bedeutungen; vgl. Grimm 28, Sp. 1691–1694 u. 15, Sp. 2919: Seele II, 23 a. – *Kritisch* insbesondere: Leibniz: Neue Abhandlungen, 3. Buch, 10. Kap. § 14; 5. Schreiben an Clarke, 81 ff. (Hauptschriften I); *ferner* Hegel: Enzyklopädie § 391.

169 Lauf durch den psychischen Organismus] Vgl. Herbart: »Eine durchgreifende, in allem Thun und Lassen gleichförmige, für die untergeordneten Interessen und Wünsche möglichst schonende, ächt sittliche Selbstbeherrschung ist ein Ideal, welches man mit dem Namen eines *psychischen Organismus* belegen kann. Denn es gehört dazu eine solche Verknüpfung und Subordination der Vorstellungen, welche nicht nur in den kleinsten wie in den grössten Verbindungen durchaus zweckmässig, sondern auch fähig sei, alle neu hinzukommenden äusseren Eindrücke sich zweckmässig anzueignen.«

(Lehrbuch zur Psychologie. In: SW V § 238, S. 165). – § 244, S. 170: »Der Begriff des Menschen von seiner Bestimmung in der Gesellschaft wird in diesem Falle gleichsam die Seele jenes psychischen Organismus«.

170 Endosmose] – hier nicht im Sinne der Kataphorese, sondern der Osmose: Die »Diffusion von Flüssigkeiten durch eine poröse Scheidewand wird von der Wissenschaft *Endosmose* genannt und ist für das Leben der Menschen, Thiere und Pflanzen von der größten Wichtigkeit«, weil die Ernährung, »der Uebertritt der Nährstoffe aus dem Darmkanal ins Blut und aus dem Boden in die Pflanzenzelle auf einem solchen Diffusionsvorgang beruht, [wobei] ein Austausch durch die Wand der Blutgefäße und der Zellen zwischen den zu beiden Seiten befindlichen verschiedenen Flüssigkeiten stattfindet.« (A. Bernstein: Naturwissenschaftliche Volksbücher. 5. Bd. 3. verb. u. verm. Aufl. Berlin 1867, S. 96 f.).

171 innern Sprachform] Vgl. W. v. Humboldt: Ueber die Verschiedenheit des menschlichen Sprachbaues und ihren Einfluss auf die geistige Entwicklung des Menschengeschlechts [= Einl. i. d. Kawisprache] § 21 u. ff.

172 Vgl. Herbart: Über einige Beziehungen zwischen Psychologie und Staatswissenschaft. In: SW IX S. 205 f.

173 Vgl. Herbart: Lehrbuch zur Psychologie. In: SW V § 240, S. 166: »In dem Ganzen jeder Gesellschaft verhalten sich die einzelnen Personen fast so, wie die Vorstellungen in der Seele des Einzelnen, [...]«.

174 In diesem Band S. 105.

175 Vgl. Heinrich von Sybel: Die deutsche Nation und das Kaiserreich. Eine historisch-politische Abhandlung. Düsseldorf: Julius Buddeus 1862, S. 1 f.

176 Eine solche Abhandlung hat Lazarus nicht erscheinen lassen.

177 Despotie in Madrid unter Anführung des berühmten Schusters)] Nicht ermittelt.

178 Apperception] Vgl. Steinthal: Die ursprüngliche Form der Sage von Prometheus. (Kuhn, Die Herabkunft des Feuers und des Göttertranks.) In: ZVPs 2/1862, S. 1–29 (= Heft 1), S. 14: »Ueber Apperception möge, wer mit ihrem Wesen noch nicht vertraut ist, nachlesen, was Herbart und seine Schüler in den betreffenden Kapiteln der Psychologie gesagt haben, und besonders wie Lazarus im 2. Bande seines ›Leben der Seele‹ das

Wesen dieses Prozesses tiefer bestimmt hat, wozu mein Aufsatz [Zur Sprachphilosophie] in der Zeitschr[ift] für Philosophie [und philosophische Kritik] von Fichte und Ulrici 32. Bd. [1858, S. 68–94] zu vergleichen. Folgende Definition versucht das dort Entwickelte zusammenzufassen: Apperception ist der Prozeß, welcher entsteht, so oft sich etwas dem Geiste zur Erkenntniß, Beurtheilung oder Aufnahme überhaupt darbietet, zwischen dem Aufzunehmenden einerseits und bestimmten älteren Vorstellungen, vermittelst deren die Aufnahme geschehen soll, andererseits. Dieser Prozeß ist natürlich kein primäres Ereigniß im Bewußtsein; er beruht auf Verschmelzungen, Verflechtungen und Verbindungen jeder Art.« Vgl. Steinthals Brief an Lazarus vom 6.11.1860, in: Belke I, S. 315 f.

179 Vgl. Cicero: De officiis II, 5 (16).

180 Es gibt keine angebornen Ideen.] Vgl. Locke: Versuch über den menschlichen Verstand. I. Buch.

181 Vgl. z. B. Descartes: 3. Meditation § 13; Leibniz: Neue Abhandlungen. 1. Buch. Kap. 2; Herder: Ideen zur Philosophie der Geschichte der Menschheit II 8, II.

182 Vgl. KrV B 151 f., 179 ff. u. ›Über eine Entdeckung ...‹ in AA 8,221 ff.

183 Bestimmung des Menschen] Hier vor allem bezogen auf: Kant: Kritik der praktischen Vernunft, 1. Teil, 2. Buch, 2. Hauptstück: »Von der praktischen Bestimmung des Menschen weislich angemessenen Proportion seiner Erkenntnißvermögen« (AA 5,146 ff.); Anthropologie in pragmatischer Hinsicht. 2. Theil. E.: Vom Charakter der Gattung. (AA 7,321 ff.) – Fichte: Die Bestimmung des Menschen (1800). In: Werke Bd. II, S. 167–319. – Herbart: Lehrbuch zur Psychologie. In: SW V S. 166–174 (§§ 240–252); Über Menschenkenntniss in ihrem Verhältnis zu den politischen Meinungen. Rede, gehalten an der Königlichen Deutschen Gesellschaft zu Königsberg am 3. August 1821. In: SW IX S. 179–197; hier S. 196.

184 Vgl. *hier* § 19: Die Fortbildung (durch Genialität).

185 Vgl. Jesaja 28,11.

186 wie auch wahr ... wie nicht minder wahr!] Vgl. Lessing: Nathan der Weise III,7.

187 moralische Persönlichkeit;] Vgl. Anm. 17.

188 Vgl. Jeremia 29,7 und Steinthals Interpretation in: Das auserwählte Volk oder Juden und Deutsche. In: Ders.: Über Juden und Judentum. Vorträge und Aufsätze. Hg. v. Gustav

Karpeles. 2. Aufl., hg. v. N. M. Nathan. Berlin: M. Poppelauer 1910, S. 12–17.

189 Vgl. 2. Korintherbrief 12,7.

190 Gemeingeistes] Vgl. Anm. 115.

191 Vgl. Leibniz: Ermahnung an die Teutsche, ihren Verstand und Sprache besser zu üben, samt beigefügten Vorschlag einer teutschgesinnten Gesellschaft (1697).

192 (»Vortheilen«)] Vgl. Goethe: Wilhelm Meisters Wanderjahre, 1. Buch, 2. Kap. u. ö.

193 Vgl. Herder: Ideen zur Philosophie der Geschichte der Menschheit III 11,I.

194 Vgl. EG S.18: »Nicht bloß in praktischer, sondern auch in theoretischer Beziehung ist, was Franklin in seiner Definition des Menschen hervorgehoben hat, von der wesentlichsten Bedeutung. ›Der Mensch ist ein Werkzeug machendes (*toolmaking*) Thier.‹ Eine Reihe von erfindenden Vorstellungen gewinnt im Werkzeug ihre Verwirklichung und wird zu einer Kraft, welche von den durch die Natur selbst gegebenen Kräften verschieden ist; sie bewirkt den Fortschritt und die Erhebung über die Natur hinaus, während alle Thiere auf die Art und das Maß der von der Natur gegebenen Kräfte beschränkt bleiben. Und das Werkzeug und sein Product wirkt wieder auf den Geist und seine That zurück: zur Erfindung anreizend und befähigend.« – Vgl. auch US S. 449: »Das Thier wirkt, der Mensch – schafft und handelt. Alles Menschliche ist ein Product der allmählichen und aufsteigenden Entwicklung sowohl innerhalb eines *jeden* Individuums als in der Folgenreihe der Geschlechter. / Der Unterschied wird völlig anschaulich zumeist durch den Begriff des Werkzeugs. *Der Instinkt schließt das Werkzeug aus;* in seinen Grenzen wird mit vorhandenen, fertigen Kräften operirt, und nur mit diesen. Der Mensch aber schafft sich nicht bloß Werke, sondern Kräfte im Werkzeug; das Werkzeug ist Vermittelung, ein Erfolg des Bewußtseins, der über die unmittelbar vorhandenen Kräfte hinausgreift.«

195 Vgl. Cicero: De officiis II, 4 (14).

196 zweite Natur] Vgl. Cicero: De finibus V, 74: »Ja selbst die Anhänger der Lust sind auf der Suche nach Ausflüchten und führen die Tugend den ganzen Tag im Munde; die Lust, so sagen sie, erstrebe man nur anfangs, dann bilde sich durch die Gewöhnung gleichsam eine Art zweiter Natur, durch die die Menschen veranlaßt würden, vieles zu tun, ohne nach irgend einer Lust zu suchen.« (De finibus bonorum et malorum. Über das höchste Gut und das größte Übel. Lateinisch/deutsch. Übersetzt u. hg. v. Harald Merklin. Stuttgart 1989, S. 471); vgl. auch Hegel: Enzyklopädie § 410: »Die Gewohnheit ist mit Recht eine zweite Natur genannt worden. *Natur*, denn sie ist ein unmittelbares Sein der Seele, – eine *zweite*, denn sie ist eine von der Seite *gesetzte* Unmittelbarkeit, eine Ein- und Durchbildung der Leiblichkeit, die den Gefühlsbestimmungen als solchen und den Vorstellungs-Willens-Bestimmungen als verleiblichten [...] zukommt.«

197 Formen der Geselligkeit] Vgl. *wörtlich* in: Bilder aus der deutschen Vergangenheit. Hg. v. Gustav Freytag. 2. Teil. Leipzig: S. Hirzel 1859, S. 4 u. Kap. 10 über ›deutsches Badeleben‹, auf das Lazarus hier wahrscheinlich Bezug nimmt. – Zum Begriff ›Geselligkeit‹ vgl. Friedrich Schleiermacher: Ethik (1812/13) §§ 233–258; § 238: »Die freie Geselligkeit tritt nur dadurch als eine eigene Organisation auf, daß sie sich hierin ganz vom Staate trennt.«

198 Vgl. S. 210 ff.

199 Vgl. Heinrich Thomas Buckle: Geschichte der Civilisation in England. Mit Bewilligung des Verfassers übersetzt v. Arnold Ruge. 1. Bd. II. Abtheilung. Leipzig u. Heidelberg: C. F. Winter 1860, S. 110 f.

200 Gesammtbewußtsein] Der Begriff Gesammtbewußtsein wird hier in SG (vgl. nach Register: Gesammtbewußtsein B) anders als in VEG (vgl. nach Register: Gesammtbewußtsein A) verwendet. Zur Bedeutung A: ›Gesammtbewußtsein im Unterschied zum individuellen Bewußtsein‹ vgl. die Anm. 104; zur Bedeutung B: ›Gesammtbewußtsein eines Individuums‹ vgl. SG § 18, wo sich zeigt, daß der hier gemeinte »personalgeschichtliche Charakter« jedes psychischen Aktes dem nahekommt, was bei Wundt ›Gesammtvorstellung‹ heißen wird (vgl. Rudolf Eisler: Wörterbuch der Philosophischen Begriffe. 2. Aufl. Berlin 1904. Bd. I, S. 376 f.): »Wundt versteht unter Gesammtvorstellung ein Product apperceptiver Synthese, »ein zusammengesetztes Ganzes, dessen Bestandteile sämtlich von früheren Sinneswahrnehmungen und deren Associationen herstammen, in welchem sich aber die Verbindung dieser Bestandteile mehr oder minder weit von den ursprünglichen Verbindungen der Eindrücke entfernen kann«. »Insofern die Vorstellungsbestandteile eines durch apperceptive Synthese entstandenen Gebildes als die Träger des übrigen Inhaltes betrachtet werden können, bezeichnen wir ein solches Gebilde allgemein als Gesammtvorstellung« (Gr. d. Psychol. 3[. Aufl.], S. 316).«

201 Gemeingeistes] Vgl. Anm. 115.

202 Vgl. Shakespeare: Ein Sommernachtstraum V,1.

203 Freie Wissenschaft ... in England] Vgl. Hegel: Enzyklopädie § 544.

204 Vgl. Anm. 200.

205 Vgl. Ludwig Häusser: Deutsche Geschichte vom Tode Friedrichs des Großen bis zur Gründung des deutschen Bundes. 1. Theil: Bis zum Frieden von Basel (1795). Leipzig: Weidmann 1854, S. 62 (Hervorhebungen von Lazarus).

206 v. Schön] Heinrich Theodor v. Schön (1773–1856), preußischer Staatsmann; hatte bei Kant studiert. Informationen von ihm verarbeitete Johann Gustav Droysen in ›Das Leben des Feldmarschalls Grafen York von Wartenburg‹ (zuerst 1850). Vgl. dort 3. Buch, 2. Kap., über die Gründung der Landwehr. Sie sei, zitiert Droysen v. Schön, ›wichtiger [gewesen] als der Brand von Moskau und die 26 Grad Kälte.‹ [...] Im weiteren Verlauf des Briefes nennt er diesen Landtag eine Quelle des Geistes und der Kraft: ›Kant lebt noch; und nur weil er lebte, ist das Leben da [...]«« (10. Aufl. 1. Bd. 1897, S. 439).

207 Vgl. Anm. 170.

208 Vgl. 5. Moses 16,13.

209 Vgl. Herbart: »Jener Taumel der Völker, da man von papiernen Constitutionen Heil erwartete, ist vorüber. Auch die Philosophen werden nun nicht mehr die Frage von der Staatsverfassung herausreissen aus dem Zusammenhange, wohin sie gehört. Auch sie werden einsehen, dass *einzelne* Fragepuncte über eine grosse *Verkettung* von Ursachen und Wirkungen nicht einmal richtig beurtheilt, vielweniger einzelne Uebel in der Wirklichkeit mit Erfolg bekämpft werden können.« (Kurze Encyklopädie der Philosophie. Hg. v. G. Hartenstein. Leipzig: Leopold Voss 1850 (= SW II), S. 382).

210 Ursprung der Sitten,] Anspielung auf US, s.u.

211 inneren Sprachform.] Vgl. Anm. 171.

212 Vgl. Steinthal: Geschichte der Sprachwissenschaft ... a.a.O. S. 5.

213 Eine solche Abhandlung hat Lazarus nicht erscheinen lassen.

214 Vgl. Lazarus: Zur Geschichte der Naturwissenschaften.

In: ZVPs 4/1866, S. 482f.: »Daß von Entwickelungsgesetzen [...] nicht die Rede sein kann, (diesem beliebten und blendenden Schlagworte, das doch nur durch eine falsche Analogie von der Bildungsgeschichte organischer Wesen auf das Gebiet geistiger Schöpfungen spielend und schielend übertragen wird) muß sehr bald einleuchten. Schon bei der bloßen Ein- und Abtheilung des historischen Stoffes steht man vor einem unlösbaren Räthsel; sollen wir in ihm die Entwickelungsgesetze der Menschheit, oder einzelner Völker, oder von einzelnen Wissenschaften, oder gar von Individuen erkennen? Sollen wir diesen Globus nach Längengraden der Zeit oder Breitengraden der Gegenstände, oder nach einer dritten Theilung in Völker eintheilen? und wird die thatsächliche Verbindung aller dreier nicht fortwährend unvergessen bleiben müssen? und wird man den Zusammenhang der bloß wissenschaftlichen Arbeit mit den übrigen Bedingungen und Erzeugnissen des Geisteslebens außer Acht lassen dürfen? sollen die Entwickelungsgesetze auch diese zugleich treffen und decken? Doch genug! So lange man sich in den allgemeinsten Abstractionen ergeht, so lange man mit weit umfassenden Kategorieen operirt, ist eine Uebersicht der gesammten Geistesarbeit der Menschheit leicht und schön; schwer und verworren, sagen wir es gradezu, unmöglich und völlig unnütz aber ist es, den wirklichen Gang der Geschichte der Geister damit erkennen zu wollen. Das Spiel mit diesen hohen und hohlen Begriffen mag ein Vergnügen sein; eine fruchtbare Arbeit ist es nicht, und diese beginnt erst da, wo man in die wirklichen, concreten Ereignisse der geistigen Entwickelung auf irgend einem Gebiete wirklich eintritt.«

215 Volksseele] Vgl. Anm. 167.

216 Vgl. Anm. 170.

217 Vgl. Herbart: »*Beide, Logik und Ethik, haben Vorschriften aufzustellen,* nach welchen sich, hier das Denken, dort das Handeln richten *soll,* obgleich es sich eins wie das andere, aus psychologischen Gründen gar oft in der Wirklichkeit nicht darnach richtet, und nicht darnach richten *kann.* Die Schärfe dieses Gegensatzes zwischen dem Sollen und Können ist die schneidenste, die es giebt; unsre Moralisten aber eben so wenig als unsre Logiker sind bis heute dahin gekommen, sie gehörig zu begreifen. [...] Die ganze reine Logik hat es mit *Verhältnissen des Gedachten,* des Inhalts unserer Vorstellungen (obgleich nicht speciell mit diesem Inhalte selbst) zu thun; aber überall

nirgends mit der *Thätigkeit des Denkens,* nirgends mit der psychologischen, also metaphysischen, Möglichkeit desselben.« (Psychologie als Wissenschaft ... In: SW VI § 119, S. 158f.).

218 Vgl. Lazarus: Geographie und Psychologie. Auf Anlaß von K. Andree, Geographische Wanderungen. Dresden 1859. In: ZVPs 1/1860, S. 212-221 (= Heft 3); S. 214f.: »Es kann auffällig erscheinen, daß immer nur von der ›Cultur-*Geschichte*‹, selbst da die Rede ist, wo es sich nicht um eine Wandelung, sondern um eine bloße Beschreibung gewisser Culturerscheinungen handelt. Dies hat zunächst gewiß seinen äußeren Grund darin, daß alle dergleichen Betrachtungen auf dem Boden und im Interesse der sogenannten Weltgeschichte, welche nach einer vielhundertjährigen Tradition sich fast ausschließlich sich auf das politische Leben im engsten Sinne beschränkt hat, emporgewachsen sind und erst allmählich sich abgesondert haben. Vielleicht wirkt auch der innere Grund mit, daß man von dem Gedanken durchdrungen war, wie sehr alle Elemente und Erscheinungen der Cultur ein durchaus und wesentlich historisch Gewordenes sind. In der That aber muß es neben der Geschichte der Cultur nicht bloß eine Beschreibung ihrer gegenwärtigen Zustände (die man Cultur-Geographie zu nennen hätte), sondern auch eine eigentliche Cultur-Wissenschaft geben, welche sich zur Culturgeschichte ganz ebenso verhielte, wie die Wissenschaft der Politik zur politischen Geschichte. Hat doch sogar auf dem praktischen Boden der Verwaltung diese Anschauung insoweit sich verwirklicht, als jeder wohlpolicirte Staat auch ein eigenes Cultus-Ministerium besitzt. Diese Wissenschaft zerfiele nun freilich in verschiedene Disciplinen, welche sich theilweise vor derselben schon selbstständig emporgearbeitet haben. Um von der Politik, der Kunst- und Kirchengeschichte usw. nicht zu reden, so gewinnt die National-Oekonomie, die Gesellschaftslehre und der gemeinsame Diener der gesammten Gelehrten-Republik, die Statistik, täglich an Raum und Inhalt. Mit Recht wird in der Sybel'schen historischen Zeitschrift bei Gelegenheit der Vilmarschen neuesten Beiträge zur Culturgeschichte bemerkt, diese gute Wissenschaft müsse einmal den Namen für alles dasjenige hergeben, was unter keinen andern Titel recht zu Markte gehen will. [Vgl. K[luckhohn]: Rez. von: Vilmar, A. F. C., *Zur neuesten Culturgeschichte Deutschlands.* Zerstreute Blätter wiederum gesammelt. 2 Thle.: Politisches und Sociales, Kirchliches und Vermischtes,

Frankfurt a. M. und Erlangen, Heyder u. Zimmer. VIII,576 VI,338 S. 8. In: Historische Zeitschrift. Hg. v. Heinrich v. Sybel. 1. Bd. 1859, S. 268: »Eine Reihe von Zeitungsartikeln, welche in den Jahren 1848–53 in dem von Hrn. Vilmar herausgegebenen ›Hessischen Volksfreund‹ veröffentlicht sind. Wir lesen hier u. a. vom Königthum und von der Republik, von Preßfreiheit und Todesstrafe, von Communismus und Jagdfreiheit, von der Demuth in politischen Dingen, vom Ehrgeize, von der Ehe, von der Gewalt über die Geister, vom Kirchengeläute, von der Zukunft des Christenthums, von Treue, Liebe und Gerechtigkeit. Was dies Alles mit der Culturgeschichte Deutschland's zu thun hat, sieht man freilich nicht ein; aber diese gute Wissenschaft muß einmal den Namen für alles dasjenige hergeben, was unter keinem andern Titel recht zu Markte gehen will.«]. / Gleichwohl ist der weitgreifende und zusammenfassende Blick in das Völkerleben, welcher in dem Begriff der Culturgeschichte seinen Ausdruck gefunden, niemals zu verachten oder zu vernachlässigen. Nicht bloß die kaum verjährte Einseitigkeit, die eigentliche Geschichte der Völker ausschließlich in ihrem politischen Thun und Treiben zu erkennen, wird sie einen wohlthätigen Schutz gewähren, sondern auch allen einzelnen oben genannten Sondergebieten, bei redlicher Pflege ihrer Forschungen, ein höheres Ziel und eine sicherere Anleitung geben.«

LITERATURVERZEICHNIS*

Karl Andree: Der Getreidemarkt von Chicago in Illinois. In: Ders.: Geographische Wanderungen. 1. Bd. Dresden: Rudolf Kuntze 1859, S. 209–213.
- Deutsches Bier in Amerika. Eine Zuschrift an den Herausgeber des Kalenders. In: Berthold Auerbach's deutscher Volks-Kalender auf das Jahr 1860. Leipzig: Ernst Keil o.J., S. 109–117.
- Natürliche Gränzen und was daran hängt. In: Berthold Auerbach's deutscher Volks-Kalender für das Jahr 1861. Leipzig: Ernst Keil o.J., S. 121–134.

Anonymus: Gut Heil!. Brief eines alten Turners aus Süddeutschland. In: Berthold Auerbach's deutscher Volks-Kalender für das Jahr 1861. Leipzig: Ernst Keil o.J., S. 151–160.

E. F. Apelt: Die Epochen der Geschichte der Menschheit. Eine historisch-philosophische Skizze. 1. Bd. Jena: Carl Hochhausen 1845. – Dass. 2. Ausg. Jena: Friedrich Mauke 1851.

Aristoteles: Eudemische Ethik.
- Metaphysik.
- Nikomachische Ethik.
- Politik.
- Über die Seele.

Berthold Auerbach's deutscher Volks-Kalender auf das Jahr 1860. Leipzig: Ernst Keil o.J.

Berthold Auerbach's deutscher Volks-Kalender für das Jahr 1861. Leipzig: Ernst Keil o.J.

Berthold Auerbach: Der Blitzschlosser von Wittenberg. In: Berthold Auerbach's deutscher Volks-Kalender für das Jahr 1861. Leipzig: Ernst Keil o.J., S. 68–94.
- Schrift und Volk. Grundzüge der volksthümlichen Literatur, angeschlossen an eine Charakteristik J. P. Hebels. Leipzig: F. A. Brockhaus 1846.

---

* Bei der Literaturrecherche und -beschaffung halfen Jutta Faehndrich M.A., Dr. Willfried Geßner, Cornelia Jaenichen M.A., André Klein M.A., Herbert Kopp-Oberstebrinck M.A. und Sabine Sander, denen ich auch manch gute Hinweise verdanke.

- Zwei Feuerreiter. In: Berthold Auerbach's deutscher Volks-Kalender für das Jahr 1861. Leipzig: Ernst Keil o.J., S.1-16.
K. Baedeker: Die Schweiz nebst den angrenzenden Theilen von Oberitalien, Savoyen und Tirol. Handbuch für Reisende. 18. neu bearb. Aufl. Leipzig 1879.
A. Bernstein: Ein alltägliches Gespräch. In: Berthold Auerbach's deutscher Volks-Kalender für das Jahr 1861. Leipzig: Ernst Keil o.J., S.135-150.
- Naturwissenschaftliche Volksbücher. 5. Bd. 3. verb. u. verm. Aufl. Berlin 1867.
- Naturwissenschaftliche Volksbücher. 6. Bd. 3. verb. u. verm. Aufl. Berlin 1867.
Bibel: AT: 1. Moses 2,9; 2,17; 3,22; 48,16ff. 3. Moses 6,5f. 5. Moses 16,13. 2. Makkabäer 8,23. Psalm 19,5 ff.; 119,30. Sprichwörter 3,18. Kohelet 7,10. Weisheit 5,6. Jesus Sirach 3,1 ff. u. 7,27-28. Jesaja 28,11. Jeremia 29,7. – NT: Matthäus 13,8 ff.; 16,3. Markus 4,8 ff. 2. Korintherbrief 4,16; 12,7.
Bibel – Die Heilige Schrift ins Deutsche übertragen v. Naftali Herz Tur-Sinai. 2.Aufl. Neuhausen-Stuttgart: Hänssler 1995.
Heinrich Thomas Buckle: Geschichte der Civilisation in England. Mit Bewilligung des Verfassers übersetzt v. Arnold Ruge. 1. Bd. II. Abtheilung. Leipzig u. Heidelberg: C. F. Winter 1860.
Jacob Burckhardt: Cultur der Renaissance in Italien. Ein Versuch. Basel: Schweighauser 1860.
Cicero: De finibus bonorum et malorum.
- De officiis.
Descartes: Meditationen.
Ferdinand Deycks: Ueber die Wechselwirkung des Dichters und seines Zeitalters, mit besonderer Rücksicht auf Goethe und Schiller. Vortrag, gehalten in einem wissenschaftlichen Vereine zu Münster, am 22. März 1860. Münster: Friedr. Regensberg 1860.
Johann Gustav Droysen: Das Leben des Feldmarschalls Grafen York von Wartenburg. 10. Aufl. Neue Ausgabe. 2 Bde. Leipzig: Veit & Co 1897.
Fichte: Der geschlossene Handelsstaat. In: Werke. Bd. III.
- Der Patriotismus und sein Gegentheil. In: Werke. Bd. XI.
- Die Bestimmung des Menschen (1800). In: Werke. Bd. II.
- Reden an die deutsche Nation. In: Werke. Bd. VII.
Johann Fischart: Das Glückhafft Schiff von Zürich.

Charles Fourier: Aus der neuen Liebeswelt. A. d. Franz. v. Eva Moldenhauer. Berlin: Klaus Wagenbach 1977.
[Gustav Freytag:] Bilder aus der deutschen Vergangenheit. Hg. v. Gustav Freytag. 2 Teile. Leipzig: S. Hirzel 1859.
Goethe: Des Künstlers Erdewallen.
– Faust I.
– Maximen und Reflexionen.
– Wilhelm Meisters Wanderjahre.
– Xenien.
Bogumil Goltz: Der Mensch und die Leute. Zur Charakteristik der barbarischen und civilisirten Nationen. Berlin: Franz Duncker 1858.
Jacob Grimm: Geschichte der deutschen Sprache. 2 Bde. Leipzig: Weidmann 1848.
O. F. Gruppe: Antäus. Ein Briefwechsel über speculative Philosophie in ihrem Conflict mit Wissenschaft und Sprache. Hg. v. O. F. Gruppe. Berlin: Nauck 1831.
Ludwig Häusser: Deutsche Geschichte vom Tode Friedrichs des Großen bis zur Gründung des deutschen Bundes. 1. Theil: Bis zum Frieden von Basel (1795). Leipzig: Weidmann 1854.
G. Hartenstein: Vorwort. In: Johann Friedrich Herbart: Sämmtliche Werke. Hg. v. G. Hartenstein. IX. Bd.: Schriften zur praktischen Philosophie. 2. Teil. Leipzig: Leopold Voss 1851, S. V–XII.
Hegel: Ästhetik.
– Einleitung in die Geschichte der Philosophie.
– Enzyklopädie der philosophischen Wissenschaften im Grundrisse.
– Grundlinien der Philosophie des Rechts.
– Vorlesungen über die Philosophie der Weltgeschichte. 1. Teilband: Die Vernunft in der Geschichte.
– Die germanische Welt (= Vorlesungen über die Philosophie der Weltgeschichte. IV. Teil).
Johann Friedrich Herbart: Allgemeine Praktische Philosophie. In: SW VIII: Schriften zur praktischen Philosophie. 1. Teil. Leipzig: Leopold Voss 1851, S. 1–212 (a. u. d. T.: Johann Friedrich Herbarts Schriften zur praktischen Philosophie. Hg. v. G. Hartenstein. 1. Theil: Kleinere Abhandlungen zur praktischen Philosophie).
– Kurze Encyklopädie der Philosophie. Hg. v. G. Hartenstein. Leipzig: Leopold Voss 1850 (= SW II).

- Lehrbuch zur Einleitung in die Philosophie. In: SW I, S. 1–336 (a. u. d. T.: Schriften zur Einleitung in die Philosophie).
- Lehrbuch zur Psychologie. 2. verb. Ausg. Königsberg: August Wilhelm Unger 1834.
- Psychologie als Wissenschaft, neu gegründet auf Erfahrung, Metaphysik und Mathematik. 2 Teile. In: SW V S. 189–514 u. SW VI.
- Schriften zur praktischen Philosophie. 2. Teil. Leipzig: Leopold Voss 1851 (= SW IX); (a. u. d. T.: Johann Friedrich Herbarts Schriften zur praktischen Philosophie. Hg. v. G. Hartenstein. 2. Theil: Kleinere Abhandlungen zur praktischen Philosophie).
- Über die Unmöglichkeit, persönliches Vertrauen im Staate durch künstliche Formen entbehrlich zu machen. Rede, gehalten in der Königlichen Deutschen Gesellschaft zu Königsberg am Krönungstage den 18. Januar 1831. In: SW IX S. 221–240.
- Über einige Beziehungen zwischen Psychologie und Staatswissenschaft. In: SW IX S. 199–219.
- Über Menschenkenntniss in ihrem Verhältnis zu den politischen Meinungen. Rede, gehalten an der Königlichen Deutschen Gesellschaft zu Königsberg am 3. August 1821. In: SW IX, S. 179–197.

Lasson: [Beurtheilung von:] Zeitschrift für Völkerpsychologie und Sprachwissenschaft. Herausgegeben von Dr. M. Lazarus und Dr. H. Steinthal. Bd. I. Heft 1–3. Berlin: Dümmler 1859. In: Archiv für das Studium der neueren Sprachen und Literaturen. Hg. v. Ludwig Herrig. XV. Jg. 27. Bd. Braunschweig: George Westermann 1860, S. 209–216.

Herder: Briefe zur Beförderung der Humanität.
- Ideen zur Philosophie der Geschichte der Menschheit.

Paul Heyse: Am Tiberufer. In: Ders.: Novellen. Berlin: Wilhelm Hertz 1855, S. 125–220.

Homer: Odyssee.

Wilhelm v. Humboldt: Ueber den Zusammenhang der Schrift mit der Sprache. In: Wilhelm von Humboldt's gesammelte Werke. 6. Bd. Berlin: G. Reimer 1848, S. 426–525.
- Ueber die Verschiedenheit des menschlichen Sprachbaues und ihren Einfluss auf die geistige Entwicklung des Menschengeschlechts [= Einl. i. d. Kawisprache].

Kant: Anthropologie in pragmatischer Hinsicht.

- Kritik der praktischen Vernunft.
- Kritik der reinen Vernunft.
- Metaphysik der Sitten.
- Religion innerhalb der Grenzen der bloßen Vernunft.

Gottfried Keller: Das Fähnlein der sieben Aufrechten. Erzählung. In: Berthold Auerbach's deutscher Volks-Kalender für das Jahr 1861. Leipzig: Ernst Keil o.J., S. 17-67.

K[luckhohn]: [Rez. von:] Vilmar, A.F.C., *Zur neuesten Culturgeschichte Deutschlands.* Zerstreute Blätter wiederum gesammelt. 2 Thle.: Politisches und Sociales, Kirchliches und Vermischtes. Frankfurt a. M. und Erlangen, Heyder u. Zimmer. VIII,576 VI,338 S. 8. In: Historische Zeitschrift. Hg. v. Heinrich v. Sybel. 1. Bd. 1859, S. 268.

Kuhn: Die Herabkunft des Feuers und des Göttertranks. In: ZVPs 2/1862, S. 1-29.

Lazarus: Geographie und Psychologie. Auf Anlaß von K. Andree, Geographische Wanderungen. Dresden 1859. In: ZVPs 1/1860, S. 212-221 (= Heft 3).
- Zur Geschichte der Naturwissenschaften. In: ZVPs 4/1866, S. 481-491.

Leibniz: Deutsche Schriften. Hg. v. G. E. Guhrauer. 2 Bde. Hildesheim 1966 (zuerst 1838).
- Die Vernunftprinzipien der Natur und der Gnade (Hauptschriften II).
- Ermahnung an die Teutsche, ihren Verstand und Sprache besser zu üben, samt beigefügten Vorschlag einer teutschgesinnten Gesellschaft (1697).
- Hauptschriften zur Grundlegung der Philosophie. Übers. v. Artur Buchenau, m. Einl. u. Anm. hg. v. Ernst Cassirer. 2 Bde. Hamburg: Felix Meiner 1996.
- Monadologie. Franz. u. deutsch. Zeitgenössische Übers. v. Heinrich Köhler ... Hg. v. Dietmar Till, Frankfurt/M. u. Leipzig: Insel 1996.
- Neue Abhandlungen über den menschlichen Verstand.
- Schreiben an Clarke (Hauptschriften I).
- Über das Kontinuitätsprinzip (Hauptschriften I).
- Unvorgreifliche Gedanken, betreffend die Ausübung und Verbesserung der teutschen Sprache (Hauptschriften II).
- Von dem Verhängnisse (Hauptschriften II).

Lessing: Nathan der Weise.

Locke: Versuch über den menschlichen Verstand.

Hermann Lotze: Mikrokosmus. Ideen zur Naturgeschichte und Geschichte der Menschheit. Versuch einer Anthropologie. 1. Bd. 2. Aufl. Leipzig: S. Hirzel 1869 (zuerst 1856).

W. Lübke: Der gothische Styl und die Nationalitäten. In: ZVPs 2/1862, S. 257–278.

Montesquieu: Vom Geist der Gesetze.

Ovid: Metamorphosen.

Clemens Theodor Perthes: Friedrich Perthes Leben. Nach dessen schriftlichen und mündlichen Mittheilungen aufgezeichnet. 3. Bd. Gotha: Friedrich Andreas Perthes 1855.

Georg Heinrich Pertz: Über die politische Bedeutung des Jahres 1810 (gelesen in der Akademie der Wissenschaften am 11. April 1861). In: Abhandlungen der Königlichen Akademie der Wissenschaften zu Berlin. Aus dem Jahre 1861. Berlin 1862, S. 177–222.

Plato: Gesetze.
– Kratylos.
– Kriton.
– Phädrus.
– Philebos.
– Politeia.
– Theaitetos.

Radicke: Die Bedeutung und der Werth arithmetischer Mittel mit besonderer Beziehung auf die neueren physiologischen Versuche zur Bestimmung des Einflusses gegebener Momente auf den Stoffwechsel, und Regeln zur exacteren Beurtheilung dieses Einflusses. In: Archiv für Physiologische Heilkunde, unter Mitwirkung v. W. Roser, W. Griesinger u. K. Vierordt hg. v. C. A. Wunderlich. NF. 2. Bd. Stuttgart: Ebner & Seubert 1858, S. 145–219.

H. Rink: Die Nikobarischen Inseln. Eine geographische Skizze, mit specieller Berücksichtigung der Geognosie. Kopenhagen: H. C. Klein 1847.

Carl Ritter: Die Erdkunde im Verhältniß zur Natur und zur Geschichte des Menschen, oder allgemeine vergleichende Geographie, als sichere Grundlage des Studiums und Unterrichts in physikalischen und historischen Wissenschaften. 1. Theil, 1. Buch: Afrika. Berlin: G. Reimer 1822.

Friedrich Rückert: Waldstille. In: Ders.: Haus- und Jahrslieder. 1. Bd. (= Gesammelte Gedichte 5. Bd.) Erlangen: Carl Heyder 1838, S. 45–49.

Schiller: Der Spaziergang.
- Die Ideale.
- Don Carlos.
- Philosophische Briefe.

Friedrich Schleiermacher: Ethik (1812/13).

Shakespeare: Ein Sommernachtstraum.

Berthold Sigismund: Weltgeschichte im Dorfe. In: Berthold Auerbach's deutscher Volks-Kalender für das Jahr 1861. Leipzig: Ernst Keil o. J., S. 106–120.

H. Steinthal: Der Durchbruch der subjectiven Persönlichkeit bei den Griechen. Ein geschichtspsychologischer Versuch. In: ZVPs 2/1862, S. 279–342.
- Geschichte der Sprachwissenschaft bei den Griechen und Römern mit besonderer Rücksicht auf die Logik. Berlin: Ferd. Dümmler / Harrwitz u. Gossmann 1863.
- Über Juden und Judentum. Vorträge und Aufsätze. Hg. v. Gustav Karpeles. 2. Aufl., hg. v. N. M. Nathan. Berlin: M. Poppelauer 1910.
- Zur Sprachphilosophie. In: Zeitschrift für Philosophie und philosophische Kritik. 32. Bd. 1858, S. 68–94.

[F. Stiehl:] Die drei Preußischen Regulative vom 1., 2. und 3. October 1854 über Einrichtung des evangelischen Seminar-, Präparanden- und Elementarschul-Unterrichts. Im amtlichen Auftrage zusammengestellt und zum Drucke befördert von F. Stiehl, Geheimem Regierungs- und vortragendem Rath in dem Königlichen Ministerium der geistlichen, Unterrichts- und Medicinal-Angelegenheiten. Berlin: Wilhelm Hertz (Bessersche Buchhandlung) 1854.
- Aktenstücke zur Geschichte und zum Verständniß der Preußischen Regulative vom 1., 2. und 3. October 1854. Mit erläuternden Bemerkungen hg. v. F. Stiehl ... Berlin: Wilhelm Hertz (Bessersche Buchhandlung) 1855.

Heinrich von Sybel: Die deutsche Nation und das Kaiserreich. Eine historisch-politische Abhandlung. Düsseldorf: Julius Buddeus 1862.

Friedrich Ueberweg: Ueber die sogenannte ›Logik der Thatsachen‹ in naturwissenschaftlicher und insbesondere in pharmakodynamischer Forschung. In: Archiv für pathologische Anatomie und Physiologie und für klinische Medicin. Hg. v. R. Virchow. XVI. Bd. Neue Folge: 6. Bd. 1859, S. 400–407.

Giambattista Vico: Die neue Wissenschaft über die gemeinschaftliche Natur der Völker. Nach der Ausg. v. 1744 übers. u. eingel. v. Erich Auerbach. Berlin: de Gruyter 1965.

Karl Vierordt: Bemerkungen über medicinische Statistik. In: Archiv für Physiologische Heilkunde, unter Mitwirkung v. W. Roser, W. Griesinger u. K. Vierordt hg. v. C. A. Wunderlich. NF. 2. Bd. Stuttgart: Ebner & Seubert 1858, S. 220–227.

Rudolf Virchow: Das Fieber. Vortrag, gehalten im wissenschaftlichen Verein der Sing-Akademie zu Berlin, den 11. Januar 1862. In: Ders: Vier Reden über Leben und Kranksein. Berlin: Georg Reimer 1862, S. 103–136.

– Wie der Mensch wächst. Eine Erinnerung. In: Berthold Auerbach's deutscher Volks-Kalender für das Jahr 1861. Leipzig: Ernst Keil o. J., S. 95–105.

Wilhelm Fridolin Volkmann: Grundriss der Psychologie vom Standpunkte des philosophischen Realismus und nach genetischer Methode als Leitfaden für academische Vorlesungen und zum Selbststudium. Halle: J. Fricke 1856.

Volksthümliches Handbuch der Staatswissenschaften und Politik. Ein Staatslexicon für das Volk. Hg. v. Robert Blum. 2 Bde. Leipzig: Robert Blum u. Comp. 1848–1851.

Christoph Martin Wieland: Geschichte der Abderiten.

PERSONENREGISTER

Aischylos 15
Alba, Herzog v. 55
Andree, K. 33
Anonymus 33
Apelt, E.F. 198
Aristoteles 114f.
Auerbach, B. 33
Azanza, Graf v. 86

Babeuf, F.N. 61
Basedow, J.B. 115
Benzo v. Alba 67
Bernstein, A. 33, 35f.
Boeckh, A. 8
Bourbonen 86
Buckle, H.Th. 200
Burckhardt, J. 64, 66, 134

Campe, J.H. v. 115

Dante 67
Descartes, R. 43
Deycks, F. 106

Fichte, J.G. 91, 195
Fourier, Ch. 61
Freytag, G. 134
Friedrich d. Gr. 97, 140, 210f.

Goethe, J.W. v. 47, 106, 146, 155
Goltz, B. 47, 49
Gregor VII. 67
Grimm, J. 7, 9
Gruppe, O.F. 7

Häusser, L. 211
Hegel, G.W.F. 5ff., 30, 60, 175, 217
Herbart, J.F. 22, 24, 51, 115, 138, 153, 220
Heyse, P. 191
Hipparchos 34
Hohenstaufen 67
Homer 19, 70
Humboldt, A. v. 8
Humboldt, W. v. 7, 47f., 115

Joseph v. Spanien 85f., 114

Kant, I. 43, 104, 106, 150, 195, 210, 212
Keller, G. 33
Koheleth 29
Kopernikus, N. 34

Lessing, G.E. 106, 140
Locke, J. 195
Lübke, W. 103
Ludwig XIV. 97
Luitprand 67
Luther, M. 106, 140

Maria Theresia 211
Montesquieu 102
Moses 19

Napoleon I. 55, 85, 111, 140
Newton, I. 146

Perikles 164
Perthes, C.Th. 54f.

Pertz, G. H. 111
Pestalozzi, J. H. 115
Phidias 15
Pizarro, F. 55
Plato 10, 15, 27f., 59f., 62, 109, 169
Prometheus 28
Proteus 121
Ptolemaios 34
Pythagoras 27, 198

Riehl, W. H. 135
Rink, H. 111
Ritter, C. 8, 47f.
Romana 55
Rousseau, J. J. 61
Rückert, F. 42

Saint-Simon, Cl.-H. de 61

Salomo 29
Schiller, F. 106
Schön, H. Th. v. 211
Sigismund, B. 33
Sokrates 28, 43, 106, 169
Spinoza, B. de 109, 195
Steinthal, H. 7, 64, 223
Sybel, H. v. 141

Talleyrand-Perigord, Ch. M. 86
Thouvenot 86

Vico, G. 119
Virchow, R. 33, 76
Volkmann, W. F. 227

Watt, J. 182

ORTS- UND LÄNDERVERZEICHNIS, ETHNOGRAPHISCHES

Afrika 18
Ägypter 19
Amerika 55
Araber 67
Arakan 40
Asien, Asiaten 67, 126

Basken 86
Belgien 167
Bergen 79
Bern 39, 59, 118

Carolina 40
celtisch 54
Chicago 40
China, Chinesen 170, 183, 186

Deutschland, Deutsche 19f., 27, 43, 54, 85, 89, 91, 139, 141, 155, 172, 188, 211, 232

Elbe 156
England, Engländer 85, 167, 188, 206
Europa 40, 54, 67, 79, 90, 126, 184

Finnen 79f.
Frankreich, Franzosen 59, 85f., 89, 91, 167, 170, 188

Gaban 18
Germanien, Germanen 53f., 142

Griechen 7f., 13, 15, 19, 21, 64, 67, 70, 92, 113, 125, 170, 198, 203

Hamburg 156
Holländer 188

iberisch 54
Indoeuropäer 90
Ionier 7
Israeliten 19
Italien, Italiener 64, 66f., 134, 162, 206

Juden 203

kaukasisch 90

Lappen 79f.
Laupen 118
Leipzig 139

Madrid 145
Mosleme 40
Mpongwe 18

Neufundland 40
Nicobaren 111
Niederlande 55
Nordamerikaner 89
norddeutsch 155
Normannen 79f.

Österreich 206
Ostrom 203

Papuas 232

Perser 13, 19
Phönizier 125
Preußen 73, 115, 211 f.

romanisch 54
Römer 23, 106, 125, 142, 165, 203
Rostock 156
Rußland 116

Schweiz, Schweizer 80, 85, 116, 118, 156, 167
Sempach 118
Slaven 84

Spanien, Spanier 40, 54 f., 84 ff., 111, 145, 188
Straßburg 41

Tamulen 85
Türken 7, 188

Ungarn 90

Weser 156
Wilden, die 50, 205

Zulu 232
Zürich 41

BEGRIFFS- UND SACHREGISTER*

Abstammung 48, 87f., 90
Analogie 16, 20, 63, 74f., 89, 133, 136ff., 173, 200, 210, 217, 219
analytisch* 39, 131–134
Aneignung; aneignen 16, 29, 35, 70ff., 173, 194, 222
Anthropologie; anthropologisch 6f., 188, 191, 229
Apperzeption 146, 191, 208, 217, 219, 235
Arbeit, Teilung der 30, 34, 132, 202
Atom; atomistisch 62, 68f., 75, 123

Bibel 70, 72

Denkmäler 102, 170, 180
Dialekt 155

Eigentum 18, 58ff., 70, 72, 167, 200
Elternliebe 61, 119
Enge des menschlichen Geistes 22f.
Entwicklungsgesetze* 229–232, 237
Erinnerung 119, 139, 171, 215
Erziehung 21, 24, 115, 167, 169, 172, 195, 215, 219

Fahnen 63, 101, 119
Familie 42, 50f., 58–62, 66, 76, 78, 87, 92, 103, 120, 215
Feste 81, 113, 215
Frauen 18, 125f., 188
Freiheit 15–18, 20, 37, 66, 82, 87, 91, 118, 122, 124, 127, 157, 199f., 206

Geist* 3f., 11, 22f., 49f., 179f.
Geist, objektiver 175, 177–183, 186–204, 206–214, 216, 219, 221, 225, 228, 230, 234
Geist, öffentlicher 30, 106, 110, 114–117, 119, 138, 163ff., 186f., 203, 211, 217, 225, 229, 234, 238
Gemeinde 42, 44, 59f., 80f., 95, 113, 166, 189
Gemeingeist 95, 120, 171, 201
Gemeinsamkeit 37, 50, 59, 74, 79f., 127
Gemeinsinn 80f., 112f., 162f., 169, 217
Genie; Genius; Genialität 32, 99, 101, 104–107, 110, 116, 149, 151, 190, 209, 211f., 226
Gesammtbewußtsein A 84, 93

---

* Bei den mit einem Asterisk gekennzeichneten Begriffen sind nur Begriffsbestimmungen in das Register aufgenommen worden.

Gesammtbewußtsein B 200, 207, 210
Geselligkeit; gesellig 52, 101, 148, 166, 189
Gesellung 53, 82, 96
Gesetze, historische 233
Gesetze, logische 233
Gesetze, psychologische 21, 23, 69, 76, 132f., 159, 196, 207, 209, 228, 233f., 238
Gesetzmäßigkeit 5f., 77, 156, 171, 176f., 227–235, 237f.
Gruppen 142, 152

Handarbeit 181f.
Heer 78, 83, 93f., 96, 104, 116, 171
Herrnhuter 162
Historische, das 60, 213f., 221

Ich 57, 89, 91
Identität 208f.
Individualismus 67, 123, 161f.
Individualität* 64f., 107f., 127, 226
Individuum* 57ff., 63–66, 224f.
Institutionen 18, 32, 57, 91, 111, 113, 146, 162, 168, 189, 191, 217f., 221

Jugend 125ff., 169

Kampf 42
Kasten 18f., 120f.
Kindheit 9, 47
Kirche 44, 102, 145, 152, 162, 205f.

Klassen 20, 27, 87, 120, 161, 202f.
Klassiker; klassisch 72f., 191
Konstruktion 8, 61
Kontinuität 117–120, 122, 149, 190
Kulturgeschichte; kulturhistorisch 9, 33, 134, 213, 218
Kulturwissenschaft 234
Kulturzweck 79f.
Kunstausdrücke; -wörter 154f.
Kunstwerke 14, 32ff., 103, 146, 180, 190, 194

Literatur 67, 70, 205

Maschine 180–184, 186, 191
Massen 27, 49, 69f., 73, 89, 93ff., 101f., 104f., 108, 110f., 114, 118, 123f., 143, 157, 159, 201, 204, 206
Mechanismus 74, 182
Meinung, öffentliche 113, 170
Mensch, der ganze 115, 134, 175, 219
Menschen, Bestimmung des 50, 150
Methode, genetische 227
Moral; Moralität 123f., 161

Nationalbewußtsein 97, 172
Nationalerziehung 24
Nationalgeist 4, 20, 24, 54, 78, 97f., 109, 120f., 126, 141, 157, 164, 187f.
Nationalität 54f., 90f., 128
Nationalökonomie 40f., 45, 72, 116

Natur, zweite 188, 193
Naturwissenschaft 140, 195, 231

Organismus 12, 74, 76f., 123, 127, 136, 156, 165, 171, 185, 191f., 200, 206

Patriotismus 163
Persönlichkeit 51, 56ff., 60, 65, 67, 81f., 91, 129, 147, 163f., 178, 210f., 225
Persönlichkeit, moralische 11, 163
Philosophie der Geschichte 3f., 6f., 10, 136
Physiologie 46, 48, 56
Politik 18, 60, 62, 100, 113f., 152, 214
Presse 113, 170

Rassen 66f., 87f., 90
Religion 13, 43, 53, 107, 140, 156, 161, 206, 236

Schriftsprache 155f.
Seele* 10f., 228, 232
Selbst, das 65, 85, 91f., 95, 193
Selbstbewußtsein 57, 66, 83-87, 89-97, 211, 236
Selbstgefühl 65, 84, 91, 211
Sitte; Sitten 9, 13, 16, 21, 32, 62, 146, 197, 199, 204, 220-224, 236
Sprache 9, 13, 16, 18, 27, 31f., 35, 48, 62, 69-73, 87f., 90, 146, 148f., 154f., 172, 174, 176f., 179, 187, 197, 219ff., 223f., 236
Sprachform 32, 137, 222, 224

Stand; Stände; ständisch 13, 18, 21, 51, 59, 83, 92f., 111, 121, 123, 151, 157-160, 202f., 206, 236
Statistik; statistisch 161, 180f., 199, 205
Streit 42
Subjektivität 64ff., 193
Symbol; Symbolik; symbolisch 119, 180, 189f.

Tradition 120, 149

Überlieferung 50, 62, 117, 126, 149, 191f., 197f., 211

Verdichtung; verdichtet 27, 29-32, 34-38, 112, 140, 142, 183, 196f., 217, 235
Vereine 145, 164, 166f., 189
Versammlungen 81, 110, 145
Volk* 12, 18, 52, 83-92
Völkerpsychologie 3, 6, 8, 10ff., 14, 20f., 23ff., 40, 43-47, 52f., 78, 87, 131, 135, 137, 208, 220, 238
Volkheit 47
Volksgeist* 3f., 11-14, 43-47, 54, 69f., 89ff., 136
Volksschriften 70ff.
Volksseele 136, 230
Voraussetzungslosigkeit 37

Wappen 118
Wechselwirkung 14-17, 20, 42, 101, 106f., 127f., 187
Weltseele 136
Werkzeug 180, 183-186, 191
Werthe 157, 198
Wir 85, 118

Zeitgeist; Zeitbewußtsein 23, 97, 99
Zelle 75, 230
Zufall; zufällig 4, 6, 16, 34, 55, 63, 105, 119, 168, 196, 215f., 218

Zünfte 59f.
Zusammenleben 52, 61, 81, 140–146, 166f., 169, 171, 173, 175, 177, 194, 212

MEINER   PHILOSOPHISCHE BIBLIOTHEK

IMMANUEL KANT

Die Religion innerhalb der Grenzen der
bloßen Vernunft

*Mit einer Einleitung und Anmerkungen
herausgegeben von Bettina Stangneth.*
PhB 545 · ISBN 3-7873-1618-3 · LXXVI, 368 S. · Ln.

Kant selbst sah in seiner »Philosophischen Religionslehre« den Übergang von der Kritik zur Doktrin und verstand sie ausdrücklich als Versuch einer Antwort auf die Frage: »Was darf ich hoffen?«

Diese auf der Grundlage der B-Auflage von 1794 sorgfältig edierte Neuausgabe bietet außer dem Text einen umfassenden Nachweis der zeitgeschichtlichen Bezüge.

Neben nützlichen Informationen zur Textgeschichte, zum Zensurstreit und zur zeitgenössischen Rezeption enthält der Band auch erstmalig ein umfangreiches Register der von Kant direkt und indirekt zitierten Bibelstellen.

Bitte fordern Sie unser ausführliches Gesamtverzeichnis an und besuchen Sie uns im Internet unter www.meiner.de!

FELIX MEINER VERLAG   HAMBURG

MEINER   PHILOSOPHISCHE BIBLIOTHEK

MAURICE MERLEAU-PONTY

Das Auge und der Geist.
Philosophische Essays

*Mit einer Einleitung und Anmerkungen
herausgegeben von Christian Bermes.
PhB 530 · ISBN 3-7873-1545-4 · ca. XXX, 369 S. · Kt.*

Die hier versammelten Aufsätze skizzieren den Denkweg des französischen Phänomenologen Maurice Merleau-Ponty (1908–1961) seit der *Phänomenologie der Wahrnehmung* (1945).
 Die kunsttheoretischen, sprachphilosophischen und soziologischen Untersuchungen versuchen einen Logos zur Sprache zu bringen, der sich in der natürlichen Erfahrung indirekt und auf Umwegen manifestiert. Im Wahrnehmen, Sprechen und Handeln entdeckt Merleau-Ponty eine Rationalität, die, gebunden an den Leib, nicht von einem luziden Bewußtsein beherrscht oder von selbstgenügsamen Dingen an sich dirigiert wird, sondern sich zwischen dem Auge und dem Geist und in der Intersubjektivität inszeniert.

Bitte fordern Sie unser ausführliches Gesamtverzeichnis an und besuchen Sie uns im Internet unter www.meiner.de!

FELIX MEINER VERLAG   HAMBURG